Freude und Erholung?
Kinderverschickung in Baden-Württemberg 1949–1980

Herausgegeben von Christian Keitel,
Corinna Keunecke und Johanna Weiler

Unter Mitarbeit von Sina Fritsche und
Nora Wohlfarth

Jan Thorbecke Verlag 2024

Begleitbuch zur Ausstellung, Hauptstaatsarchiv Stuttgart, 1.10.–6.12.2024

Titelbild: Collage von Katharina Schmid unter Verwendung einer Postkarte des Kinderkurheims Nickersberg.
Vorlage: Stadtgeschichtliches Institut/Stadtmuseum Bühl, Illustrationen von Birgit Weyhe.

Gefördert durch

Baden-Württemberg Stiftung
WIR STIFTEN ZUKUNFT

Druckprodukt CO_2 kompensiert
klima-druck.de
ID-Nr. 24182033
Mehr Informationen zur Berechnungsmethodik, zur Kompensation und dem gewählten Goldstandard-Klimaschutzprojekt finden Sie unter klima-druck.de/ID.
VDM+

Gedruckt auf alterungsbeständigem, säurefreiem Papier.

Umschlag und Kapitelseiten: Katharina Schmid
Comics und Illustrationen: Birgit Weyhe
Satz und Druck: Offizin Scheufele Druck & Medien GmbH & Co. KG, Stuttgart
Kommissionsverlag: Jan Thorbecke Verlag, Verlagsgruppe Patmos in der Schwabenverlag AG, Ostfildern
www.thorbecke.de
Printed in Germany
ISBN 978-3-7995-9599-5

Inhalt

Archivierung und Forschung

Katalog

Anhang

Vorwort

Als 2012 im Landesarchiv die Projektstelle *Archivrecherchen und historische Aufarbeitung der Heimerziehung zwischen 1949 und 1975 in Baden-Württemberg* (kurz: *Projekt Heimerziehung*, 2012–2018) eingerichtet wurde, hätte sich wohl kaum jemand vorstellen können, dass sie den Grundstein für eine inzwischen mehr als zehn Jahre andauernde Arbeit legen würde. Doch das Projekt zeigte eindrucksvoll, welch großen Beitrag Archive zu gesellschaftlichen Aufarbeitungsprozessen leisten können. Auf dieses erste Projekt folgte ein zweites: Auch im *Dokumentationsprojekt Zwangsunterbringung* (2019–2022) wurden Betroffene bei der Rekonstruktion und Klärung ihrer Biografien unterstützt, mehrere langfristig nutzbare Recherchehilfen erarbeitet und die Thematik niedrigschwellig und öffentlichkeitswirksam aufbereitet. Das Vorgehen in allen Projekten – nämlich eine enge Zusammenarbeit mit und Unterstützung der Betroffenen, kombiniert mit Grundlagenforschung und Hilfe zur Selbsthilfe – hatte sich bewährt. Und so konnte das Landesarchiv ab Mai 2022 auch die Diskussion, Forschung und Aufarbeitung der Kinderverschickung in der baden-württembergischen Nachkriegszeit mit seiner Expertise begleiten.

In enger Zusammenarbeit mit Betroffenen und dem Runden Tisch des Sozialministeriums wurde die Aufarbeitung fortgesetzt und an die spezifischen Gegebenheiten der Thematik angepasst: Aufgrund der großen Zahl der Betroffenen, die bundesweit damit begannen, ihre eigenen Erfahrungen zu erforschen, wurde die Unterstützung Betroffener durch Recherchen und Hilfe zur Selbsthilfe ein zentraler Bestandteil. Die ursprüngliche Vermutung, dass es zur Kinderverschickung praktisch keine Unterlagen mehr gäbe, ließ sich nicht bestätigen; die Annahme, dass es kaum personenbezogene Unterlagen gäbe, jedoch schon. So rückte die Erfassung und Dokumentation der einzelnen Einrichtungen und der dazugehörigen Aktenlage noch mehr in den Fokus. Viele Betroffene wiesen außerdem zu Recht auf strukturelle Mängel hin, wie die fehlende Entnazifizierung in den Erholungsheimen und die teilweise weit über den damaligen Zeitgeist hinausgehende Gewalt in verschiedensten Formen. Generell kann kaum genug betont werden, wie entscheidend die Erinnerungen, das Wissen und auch die geleistete Recherchearbeit der Betroffenen dafür ist, dem Thema die angemessene Aufmerksamkeit zu verschaffen.

Die in dem vorliegenden Sammelband dokumentierte Ausstellung führt die bisherigen Erkenntnisse der Forschung und der Betroffenenberichte zusammen. Bereichert um die eindrücklichen Illustrationen der Comic-Künstlerin Birgit Weyhe werden die Erfahrungen der ehemaligen Verschickungskinder für eine – hoffentlich – breite Öffentlichkeit aufbereitet.

Dieser Sammelband zum Thema Verschickung ergänzt die Ausstellung um vertiefte und differenzierte Fragestellungen. Weiterhin war der Anspruch, die Themen verschiedener *Heimkindheiten* wieder ein Stück weit zusammenzuführen und daher auch Fragen zu diskutieren, die Kinderheime ebenso betrafen wie Kurheime oder Einrichtungen für behinderte Kinder. Dies entspricht den Ergebnissen aus den vergangenen zwölf Jahren, denn viele Kinder erlebten in stationären Einrichtungen – mit einer Aufenthaltszeit von sechs Wochen bis hin zu 18 Jahren – vergleichbare Formen von Leid und Unrecht. Eine weitere Differenzierung ist daher ebenso geboten wie die ganzheitliche Betrachtung dieser nur scheinbar getrennten Themenbereiche.

Für die langjährige Unterstützung danke ich herzlich dem Ministerium für Soziales und Integration Baden-Württemberg. In den letzten Jahren war es außerdem die Baden-Württemberg Stiftung, die unsere Arbeit finanziell unterstützt und ermöglicht hat.

Den Autorinnen und Autoren des Sammelbandes danke ich für ihre vielfältigen Blickwinkel auf das Thema, die es uns ermöglicht haben, so facettenreich zur Erforschung des Themas beizutragen. Corinna Keunecke und Nora Wohlfarth haben das Projekt von Anfang an mit großem Engagement gestaltet und mit Leben gefüllt. Sina Fritsche und Johanna Weiler ist es gelungen, in vergleichsweise kurzer Zeit ganz entscheidend zum Gelingen des Projektes und zum heutigen Stand beizutragen. Alle Projektmitarbeiterinnen standen nicht selten vor der Herausforderung, dem emotional forderndem Thema mit fachlicher Kompetenz zu begegnen, ohne die Bedürfnisse und Sorgen der Betroffenen aus dem Blick zu verlieren. Prof. Dr. Christian Keitel leitete diese besonderen und nicht ganz fachtypischen Projekte des Landesarchivs von Beginn an mit Umsicht, fachlicher Expertise und der notwendigen Flexibilität. Mein Dank geht auch an Lydia Christine Michel und Dr. Verena Schweizer für die Redaktion und Drucklegung sowie an unsere Gestalterin Katharina Schmid von adposit design und die Künstlerin Birgit Weyhe.

Wie auch in den Vorgängerprojekten gilt mein Dank außerdem den Kolleginnen und Kollegen in der Archivwelt und in den Abteilungen des Landesarchivs.

Am Anfang all dieser Prozesse standen immer die Betroffenen. Ohne ihre Fragen und auch Antworten, ohne ihre Erinnerungen, ihr Wissen und in erster Linie ihr großes Engagement hätte diese gesellschaftliche Auseinandersetzung wohl kaum stattgefunden. Hoffentlich können viele von ihnen in den noch vorhandenen Quellen – im Landesarchiv und in anderen Archiven – Antworten auf ihre Fragen finden. Einige Antworten und Anregungen bieten hoffentlich die folgenden Seiten.

Prof. Dr. Gerald Maier
Präsident des Landesarchivs
Baden-Württemberg

Einleitung

Christian Keitel, Corinna Keunecke und Johanna Weiler

Mitte der 2020er Jahre leben in der Bundesrepublik Deutschland deutlich mehr als eine Million Menschen, die in ihrer Kindheit für einige Wochen in ein sogenanntes Erholungsheim geschickt wurden. Diese so genannten *Verschickungskinder* sollten sich in den Heimen körperlich und psychisch regenerieren. Tatsächlich haben die meisten belastende und manchmal auch traumatische Erfahrungen gemacht. Wie konnte es sein, dass eine zunächst sehr positive und harmlos scheinende Absicht – den Kindern Erholung von Ihrem Alltag anzubieten – so ins Gegenteil umgeschlagen ist? Was waren die ausschlaggebenden Faktoren, welche Strukturen wirkten im Hintergrund? Welche Entwicklungen und Denkmuster aus der Zeit des Nationalsozialismus konnten sich auch nach 1945 noch halten und kamen im Bereich der Kindererholung zum Tragen? Wo gibt es Parallelen zwischen der Kinderverschickung und dem in den Nachkriegsjahren ebenfalls vielfach katastrophalem System der Heimerziehung, in dem Kinder große Teile ihrer Kindheit verbringen mussten? Welche Konsequenzen hatte die Kinderverschickung für die Betroffenen, für die Politik, die Forschung, die Archive und letztlich auch für die ganze Gesellschaft?

Der vorliegende Band versucht, einzelne Bausteine für eine Beantwortung dieser großen und drängenden Fragen bereitzustellen. Er enthält die Dokumentation der Ausstellung *Freude und Erholung? Kinderverschickung in Baden-Württemberg 1949–1980* sowie vertiefende Aufsätze, die zur Beantwortung der genannten Fragen beitragen sollen. Verzahnt ist der Band zudem mit dem LEO-Themenmodul *Heimkindheiten. Kinder und Jugendliche in stationären Einrichtungen der baden-württembergischen Nachkriegszeit: Erfahrungen von Leid und Unrecht*, das weitere, zumeist kürzere Beiträge zur Kinderverschickung und Heimerziehung enthält.[1] Das Projektteam hofft, dass sich die nur wenige Wochen gezeigte Ausstellung, das LEO-Themenmodul und die vorliegende Publikation wechselseitig ergänzen.

Die Publikation, die Ausstellung und die auf Kinderverschickung bezogenen Teile im Themenmodul entstanden im Rahmen des Projekts *Verschickungskinder – archivische Aufarbeitung als Basis für Forschung und Biografierecherchen*. Das Projekt wird von der Baden-Württemberg Stiftung gefördert. Es startete am 1. Mai 2022 und endet am 31. Oktober 2024. Weitere Ergebnisse sind u.a. das Verzeichnis der baden-württembergischen Kinderkur- und Kindererholungsheime, das aktuell in der zweiten Fassung vorliegt[2] und ein Rechercheführer, der es Betroffenen und Interessierten ermöglichen soll, selbständig zu diesem Themenfeld zu recherchieren.

Dieses Vorgehen schließt an zwei vorausgegangene Projekte an, die sich dem Themenfeld der Heimerziehung widmeten. Während ihrer Laufzeit hatten Betroffene die Möglichkeit, umfangreiche und kostenlose Unterstützung bei der Recherche zur eigenen Kindheit im Heim zu erhalten. Die dadurch gewonnenen Erkenntnisse flossen in die Erforschung der Heimerziehung in Baden-Württemberg ein. Im Laufe des ersten Projekts veröffentlichte das Landesarchiv Baden-Württemberg zwei Bände, die die Ergebnisse zusammenstellte.[3]

Im Folgeprojekt wurde das Themenmodul Heimkindheiten erstellt. Diese Blaupause haben wir auch für das aktuell noch laufende Vorhaben zur Kinderverschickung übernommen und den vorliegenden Band erarbeitet.

Dennoch gestaltete sich einiges anders als in den beiden vorausgegangenen Projekten: Es gibt im Bereich der Kinderverschickung nur sehr wenige personenbezogene Akten. Da die Aufenthalte zumeist nur wenige Wochen andauerten, sollte dieser Befund nicht erstaunen. Allerdings gelang es uns, viel mehr Akten zu den Einrichtungen selbst nachzuweisen, als dies zu Beginn des Projekts erwartet worden war. Die konkreten Hinweise finden sich in den Einträgen zu den einzelnen Heimen im bereits erwähnten Verzeichnis. Ehemaligen Verschickungskindern konnten wir so manchmal wenigstens die Rahmendaten zu ihrer Zeit im Heim zukommen lassen.

Allem Anschein nach führten die verhältnismäßig kurzen Aufenthalte in Verbindung mit den hohen Kosten der Heime zu einer permanenten Stimulierung der Nachfrage nach solchen Aufenthalten. Nur gut ausgelastete Heime waren auch halbwegs rentabel. Tatsächlich sprechen wir heute deutschlandweit von über acht bis zwölf Millionen ehemaligen Verschickungskindern. Bei der Antragstellung war noch unbekannt, wie viele ehemalige Verschickungskinder tatsächlich mit der Bitte um Unterstützung an uns herantreten würden. Im Projekt selbst erreichten uns knapp 100 Anfragen. Diese Zahl konnten wir im Projekt gut bewältigen, es wäre aber ebenso wie in den beiden vorausgegangenen Projekten vollkommen ausgeschlossen gewesen, für sämtliche Verschickungskinder derartige Recherchen durchzuführen.

Diese Unterschiede sollen aber nicht über die vielen Gemeinsamkeiten der drei Projekte hinwegtäuschen. Gleichgeblieben ist der geographische Bezugsrahmen des Projekts. Ebenso wie bei den beiden vorangegangenen Projekten haben wir uns auf die Heime und Betroffenen aus Baden-Württemberg konzentriert. Darüber hinaus haben wir auch recherchiert, wenn Betroffene nach Baden-Württemberg verschickt worden sind. Nicht zuletzt zeigt sich in allen drei Projekten der politische Wille des Ministeriums für Soziales, Gesundheit und Integration Baden-Württemberg, das vielfache Leid der ehemaligen Heim- und Verschickungskinder öffentlich anzuerkennen, diese Themenfelder zu erforschen und das Wissen darüber auch in der Gesellschaft dauerhaft zu verankern. Gerade im Vergleich mit anderen Bundesländern zeigt sich, was hier alles möglich gemacht wurde. Das Landesarchiv Baden-Württemberg bedankt sich sehr für die langjährige Förderung.

Die vielen Härten und die oft unwürdige Behandlung, die Kinder in den Erholungsheimen erfahren mussten, kennen wir oft nur aus den Erzählungen der Betroffenen. In den Akten finden sich hiervon nur wenige Spuren. Wir freuen uns daher, dass wir mit Birgit Weyhe eine international renommierte und vielfach ausgezeichnete Künstlerin gewinnen konnten, um mit mehreren Short Comics exemplarisch Szenen darzustellen, die uns in ähnlicher Form von vielen ehemaligen Verschickungskindern berichtet wurden. Bis auf eine kenntlich gemachte Ausnahme gehen die Szenen jeweils auf den Bericht von einem ehemaligen Verschickungskind zurück. Die Ausgangstexte finden sich im LEO-Themenmodul.

Zugleich können wir nicht auf die Akten verzichten, wenn wir Licht in die Geschichte der Kinderverschickung bringen möchten. Sie ermöglichen es, unter anderem den Fragen nach dem Weiterwirken nationalsozialistischen Gedankenguts, zu Finanzierung und Struktur der Kinderverschickung nachzugehen. Diesen Fragen widmet sich der vorliegende Band in den Beiträgen des ersten Abschnitts.

Nach den ersten übergreifenden Beiträgen zu strukturellen Fragen konzentrieren wir uns auf den Bereich des Alltags und der Erziehung: Was bedeutete es für die oft sehr kleinen Kinder, nachts allein in einer fremden Anstalt zu sein? Wie behandelte sie das Personal, wenn sie ins Bett gemacht hatten? Weshalb und in welcher Form wurde Gewalt angewendet? Nicht zuletzt gehen wir der Frage nach, welche Vorstellungen in den Nachkriegsjahrzehnten diese Praktiken erst ermöglicht haben. Welche Konzepte kursierten zur Erziehung, welche zur Sinnhaftigkeit von Kuren?

Im Abschnitt über Medizin fragen wir nach dem damaligen Stand in der Kinderheilkunde und bei der Medikamentenvergabe. Wir fragen aber auch, welche Folgen diese Aufenthalte aus heutiger medizinischer und psychologischer Sicht bei den Kindern hatten.

In dem Bereich zu Archivierung und Forschung kehren wir wieder zu den Quellen zurück. Die Kinderverschickung stellt auch die für die Erhaltung und Auswertung dieser Quellen tätigen Fachleute vor einige sehr spezielle Herausforderungen. Hier werden auch offene Fragen zur weiteren Erforschung dieses Themenfeldes formuliert.

Der zweite Teil des Bandes gibt die Texte und eine Auswahl an Bildern wieder, die auch in der Ausstellung gezeigt wurden. Wir versuchen, die Ausstellung auf diesem Weg all jenen zugänglich zu machen, die sie während der Laufzeit nicht in Stuttgart besuchten konnten.

Die Herausgeberinnen und der Herausgeber bedanken sich an erster Stelle zunächst bei den Betroffenen, die mit ihrer Beharrlichkeit, ihrer Offenheit und ihrem Engagement den Anstoß zur Aufarbeitung dieses Themas gegeben und wesentlich dazu beigetragen haben, dass das Thema Verschickung in die Öffentlichkeit kommt und jetzt allmählich erforscht wird. Den beiden Kolleginnen Nora Wohlfarth und Sina Fritsche danken wir für ihre unermüdliche Mitwirkung an dieser Publikation. Wir bedanken uns bei den Betroffenen, einer gezeichneten Abbildung ihrer Erlebnisse zuzustimmen, bei Birgit Weyhe für die gelungene graphische Umsetzung dieser Erfahrungen und Erlebnisse der Betroffenen und bei Katharina Schmid von adposit Design für die ansprechende und sensible Gestaltung der Ausstellung. Ein großes Dankeschön geht auch an alle Kolleginnen und Kollegen im Landesarchiv Baden-Württemberg und in anderen Archiven und Behörden für die vielfältige Unterstützung dieses Projekts und dem Runden Tisch Kinderverschickung. Nicht zuletzt danken wir dem Sozialministerium und der Baden-Württemberg Stiftung für die nachhaltige Förderung und Unterstützung.

1 Das Themenmodul kann über die Internetadresse https://www.leo-bw.de/web/guest/themenmodul/heimkindheiten aufgerufen werden.
2 Corinna Keunecke, Sina Fritsche und Nora Wohlfarth: Verzeichnis der Kinderkurheime in Baden-Württemberg (1949 – ca. 1980). Stand 14.07.2023. https://www.landesarchiv-bw.de/sixcms/media.php/120/75764/Verzeichnis_KinderkurheimeBW_2.Fassung.pdf (aufgerufen am 16.08.2024).
3 Aufarbeiten im Archiv. Beiträge zur Heimerziehung in der baden-württembergischen Nachkriegszeit. Hg. von Christian *Keitel*, Nastasja *Pilz* und Nora *Wohlfarth*. Stuttgart 2018. Verwahrlost und gefährdet? Heimerziehung in Baden-Württemberg 1949 – 1975. Hg. von Christian *Keitel*, Nastasja *Pilz* und Nadine *Seidu*. Stuttgart 2015.

Das *Projekt Kinderverschickung* im Kontext. Entstehungsgeschichte, Ergebnisse und Reflektionen

Corinna Keunecke und Nora Wohlfarth

Wenn ein Archiv Betroffene von Unrecht durch bundesweite Recherchen, neuartige Hilfsmittel und eigene Grundlagenforschung unterstützt, geht es weit über das hinaus, was oft als sein Kernbereich bezeichnet wird. Und doch hängen die drei am Landesarchiv Baden-Württemberg (LABW) angesiedelten Projekte zur stationären Unterbringung von Kindern und Jugendlichen in der Nachkriegszeit eng mit Fragen der Archivierung, Erschließung und Nutzung zusammen.[1]

Für das Landesarchiv waren diese Projekte zweierlei: Einerseits eine logische Fortsetzung der bisherigen archivischen Kernaufgaben – und zugleich auch die Erkundung von Neuland. Sie haben sich im Laufe von zwölf Jahren immer weiter vertieft, ausdifferenziert und miteinander verflochten. Diese drei Projekte sollen in diesem Beitrag mit einem Schwerpunkt auf dem *Projekt Kinderverschickung*, aber auch in ihrer wechselseitigen Abhängigkeit, dargestellt und reflektiert werden.

Entstehungsgeschichte des *Projekts Kinderverschickung*

Dieser Band markiert einerseits das Ende des Projekts *Verschickungskinder – archivische Aufarbeitung als Basis für Forschung und Biografierecherchen* im Oktober 2024. Andererseits ermöglicht er, Bilanz zu ziehen nach zwölf Jahren Aufarbeitung am Landesarchiv im Rahmen mehrerer Projekte zur Dokumentation und Erforschung von *Heimkindheiten* und den zahlreichen Missständen in den verschiedenen Einrichtungen.

Da das *Projekt Kinderverschickung* sowohl formal als auch inhaltlich in vielerlei Hinsicht auf den beiden Vorgängerprojekten aufbaut, sollen sie und ihre Entstehungsgeschichte hier kurz dargestellt werden.[2]

Die Vorgängerprojekte

2012 wurde am Landesarchiv das erste dieser Projekte eingerichtet. Das *Projekt Heimerziehung* (kurz für: *Archivrecherchen und historische Aufarbeitung der Heimerziehung zwischen 1949 und 1975 in Baden-Württemberg*) entstand im Rahmen eines umfangreichen, durch ehemalige Heimkinder initiierten Aufarbeitungsprozesses[3] und legte den Grundstein für eine jahrelange Arbeit am LABW. Das bundesweit einzigartige Projekt unterstützte – in enger Zusammenarbeit mit der baden-württembergischen Anlauf- und Beratungsstelle des *Fonds Heimerziehung* – Betroffene bei der Nachweissuche, betrieb Grundlagenforschung zum Thema und erarbeitete Materialien, um sowohl für Betroffene als auch Forschende die Recherchen zu vereinfachen. Konkret waren dies ein Inventar relevanter Unterlagen im Landesarchiv, ein Verzeichnis der Heime in Baden-Württemberg (*Verzeichnis der Kinder- und Jugendheime in Baden Württemberg (1949 – 1975)*)[4] und ein Rechercheratgeber. Sämtliche Erkenntnisse wurden in Form einer Wanderausstellung und zweier Publikationen

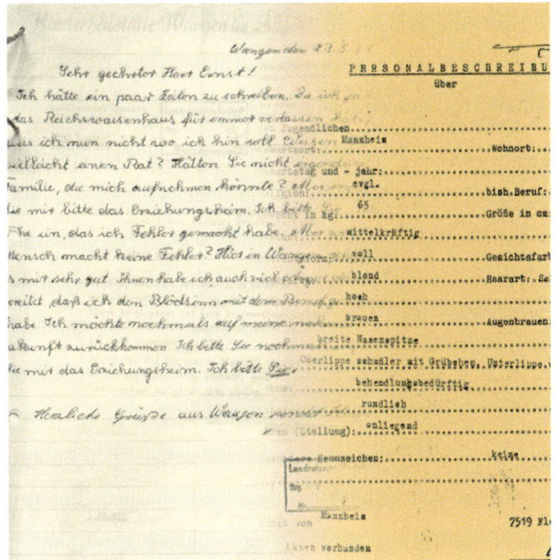

1 Titelbild der Publikation »Aufarbeiten im Archiv.« Collage aus einem Brief eines ehemaligen Heimkinds an das Jugendamt und aus einem Aufnahmebogens eines Kinderheims. Vorlage: Aktenauszüge aus Recherchen der Projektstelle. Collage von xDream GmbH, Karlsruhe.

veröffentlicht.[5] Das Projekt endete 2018 mit einer gut besuchten Abschlussveranstaltung.

Dass sich dieses Projekt nicht mit den Bedingungen in Einrichtungen der Behindertenhilfe befasste, lässt sich nicht inhaltlich begründen, sondern folgte vielmehr politischen Entscheidungen. Dennoch wurde während dieses Projekts bereits für Menschen recherchiert, die als Kinder im Rahmen der Kinder- und Jugendhilfe in psychiatrischen Einrichtungen untergebracht waren. Und die Missstände in Einrichtungen der Behindertenhilfe waren bekanntermaßen denen in der Heimerziehung sehr ähnlich.[6] Die Möglichkeit, finanzielle Anerkennungsleistungen zu erhalten, hatten Menschen, die in diesen Einrichtungen waren, jedoch erst mit der 2017 eingerichteten Stiftung *Anerkennung und Hilfe*.

Nachdem sich das Landesarchiv als wichtiger Akteur im Aufarbeitungsprozess etabliert hatte, konnte 2019 die Arbeit mit einem Schwerpunkt auf Einrichtungen der Behindertenhilfe und der Psychiatrie fortgesetzt und nun auch diese Betroffenen im Rahmen des *Dokumentationsprojekts Zwangsunterbringung* konkret unterstützt werden. Die Kontinuitäten zum vorigen Projekt waren stark ausgeprägt. Einerseits waren diese inhaltlicher Art: Die Betroffenen waren ebenfalls viele Jahre außerhalb ihrer Familien untergebracht; oftmals verbrachten sie ihre gesamte Kindheit in der Einrichtung. Formal ähnelten sich die Projekte insofern, als dass Recherchen für Betroffene durchgeführt wurden, analog zum Vorgängerprojekt ein Verzeichnis der Einrichtungen der Behindertenhilfe und der Psychiatrie entstand (*Verzeichnis der Einrichtungen der Behindertenhilfe und Psychiatrie für Kinder- und Jugendliche in Baden-Württemberg (1949–1975)*)[7] und der existierende Rechercheratgeber erweitert wurde. Auch ein Inventar für Unterlagen im Landesarchiv wurde erstellt. Ein neues Arbeitsergebnis war das Themenmodul *Heimkindheiten. Kinder und Jugendliche in stationären Einrichtungen der baden-württembergischen Nachkriegszeit: Erfahrungen von Leid und Unrecht* im landeskundlichen Portal LEO-BW; es führte die Themen Kinder- und Jugendhilfe, Behindertenhilfe und Psychiatrie zusammen.

Um der Zielgruppe dieses Projekts Rechnung zu tragen, wurden einige Texte in Deutsche Gebärdensprache und Leichte Sprache übersetzt und dies ebenso bei der Erstellung von Flyern mitgedacht.

Zudem gab es auch einige projektübergreifende Themen: So haben die Mitarbeiterinnen häufig mit der *Unabhängigen Kommission zur Aufarbeitung sexuellen Kindesmissbrauchs* zusammengearbeitet, nachdem sie im Rahmen von Recherchen für ehemalige Heimkinder auch mit diesem Thema konfrontiert worden waren und Unterlagen dazu ermittelt hatten.[8] Eine der Autorinnen vertritt zudem das Landesarchiv in der Arbeitsgruppe *Archivierung und Zugänglichmachung von Unterlagen zur Aufarbeitung des sexuellen Kindesmissbrauchs* der Konferenz der Archivleiterinnen und -leiter. Besonders letztere trägt dazu bei, die Rolle von Archiven in Aufarbeitungsprozessen zu stärken. Die Projektstelle etablierte sich außerdem als neutrale Ansprechpartner beratend für Träger, Archive und Betroffene.

Die große Präsenz dieser beiden ersten Projekte in der Aufarbeitungsdebatte führte dazu, dass sich ehemalige Verschickungskinder ab 2018 an die Projektstelle wandten und um Unterstützung baten.

Aufarbeitung auf Bundesebene

Das Thema Verschickung gewann zunächst bundesweit, dann bald auch in Baden-Württemberg, immer mehr an Bedeutung. Im Gegensatz zum Leid in den Behindertenheimen, das bereits vom *Runden Tisch Heimerziehung* thematisiert wurde, fanden die Verschickungskinder zumindest in diesem Kontext noch keine Erwähnung. Einen wichtigen Anstoß dafür, auch ihr Leid zu reflektieren, gab Anja Röhl, die bereits 2009 einen Bericht über ihre Erfahrungen veröffentlichte.[9] Daraufhin gingen bei ihr hunderte Berichte ehemaliger Verschickungskinder ein, die sich über die unmittelbare Nachkriegszeit bis Mitte der 1990er Jahre erstreckten und in denen die oft lebenslange Prägung und Belastung durch die in den Kurheimen gemachten Erfahrungen deutlich wurde.[10] Diese Berichte waren der Ausgangspunkt für die bundesweite Vernetzung und die Gründung des Vereins *Aufarbeitung und Erforschung von Kinderverschickung AEKV e. V.* im Jahr 2019, der schwerpunktmäßig die Forschung vorantreibt. Bis dahin spielte die Kinderverschickung weder in der pädagogischen noch der historischen oder medizinischen Forschung eine Rolle. Im selben Jahr versammelten sich Betroffene auf Sylt, gründeten dort die *Initiative Verschickungskinder* und forderten in einer Erklärung *Unterstützung bei der Einzelrecherche mittels einer Bürgerforschung, die Anerkennung ihres Leids sowie Hilfe und Unterstützung bei der individuellen und gesellschaftlichen Aufarbeitung.*[11] Bei der Initiative handelt es sich um eine Selbsthilfegruppe mit Schwerpunkt auf Vernetzung.[12]

Den Aktivistinnen und Aktivisten ist es gelungen, ihr Anliegen in die Politik zu tragen: Bundesarbeitsminister Hubertus Heil hat das Leid der Verschickungskinder und den Bedarf an wissenschaftlicher Aufarbeitung im Januar 2021 anerkannt und das Thema wurde, auf Initiative aus Baden-Württemberg, im Frühjahr 2022 auf die Agenda der Konferenz für Kinder-, Jugend- und Familienpolitik (JFMK) gesetzt. In einem am 13.05.2020 einstimmig angenommenen Antrag wird der Bund aufgefordert, eine bundesweite Aufklärung der Vorkommnisse gemeinsam mit Vertreterinnen und Vertretern der ehemaligen Verschickungskinder und den damals involvierten Institutionen vorzunehmen.[13] Bis heute engagieren sich die Betroffenen dafür, dass auch der Bund Verantwortung übernimmt und in enger Zusammenarbeit mit den Betroffenen die Missstände aufarbeitet.[14]

Parallel zum Engagement der Betroffenen regte sich das Medieninteresse. Die Initiative führt auf ihrer Website zahlreiche Artikel ab 2009 auf. Ab etwa 2019 intensivierte sich die Berichterstattung.[15]

Das *Projekt Kinderverschickung* ging nicht zuletzt auf den Kontakt zu Anja Röhl zurück, die sich bereits im August 2018 das erste Mal mit der Bitte um Unterstützung an das damalige *Projekt Heimerziehung* gewandt hatte. Zu diesem Zeitpunkt war allerdings noch unklar, welche Dynamik dieser Aufarbeitungsprozess entwickeln und ob das Landesarchiv weitere Mittel bekommen würde. Es muss deutlich betont werden, dass der Erfolg dieses Prozesses – in dem Sinne, dass eine gesellschaftliche Debatte überhaupt stattfand – der beharrlichen Arbeit von Betroffenen zu verdanken ist.

Aufarbeitung in Baden-Württemberg

Die Entwicklung in Baden-Württemberg verlief teilweise analog zu der bundesweiten Entwicklung: Betroffene organisierten sich, gingen mit Forderungen auf die Politik und Presse zu. Das Landesarchiv war von Anfang Teil dieser Diskussion.

Betroffene aus Baden-Württemberg organisierten sich zunächst in der bundesweiten Initiative und nahmen in dieser Funktion auch am *Runden Tisch Verschickung* in Baden-Württemberg teil, der im Februar 2020 erstmalig zusammenkam.[16] Dieser wurde gegründet, nachdem das Kinderschutzreferat des Ministeriums für Soziales, Gesundheit und Integration in Folge der Presseberichte das Gespräch mit Betroffenen suchte[17] und wird seitdem von diesem moderiert. Der *Runde Tisch* – von der Corona-Pandemie zeitweise stark beeinträchtigt – trifft sich zwei Mal im Jahr. Die verschiedenen Akteure der Aufarbeitung tauschen sich aus und *mithilfe der Arbeitsgruppe* [wurden] *mehrere Institutionen motiviert […], eine historische Aufarbeitung des Themas Verschickungskinder innerhalb ihrer eigenen Reihen zu beginnen.*[18]

Der Verein *Aufarbeitung Kinderverschickungen Baden-Württemberg e.V.* (AKVBW) gründete sich im Oktober 2020, organisierte aber schon vorher Selbsthilfetreffen sowie eine Hotline. Neben der politischen Arbeit, u.a. am *Runden Tisch*, war der Verein sehr aktiv in der Vernetzung verschiedener Betroffener, die zu einzelnen Heimorten und Einrichtungen recherchieren. Er erstellte eine umfassende Sammlung von Unterlagen, die zu verschiedenen Einrichtungen und Themenschwerpunkten ermittelt wurden, sowie Literatur zum Thema.[19] Durch eine Förderung des Sozialministeriums mit jährlich 30.000 Euro konnte eine Verwaltungskraft eingestellt werden; ein Großteil der Arbeit wurde aber weiterhin ehrenamtlich geleistet. Im September 2021 organisierte der Verein ein zweitägiges Symposium. In diesem Rahmen gab es auch eine Führung durch die Ausstellung des *Projekts Heimerziehung*. Das Landesarchiv war auch mit einem weiteren Beitrag über Möglichkeiten der Recherche in Archiven dort vertreten und seitdem mit dem Verein in einem regelmäßigen Austausch.

In dieser Zeit entstand aus Diskussionen am *Runden Tisch* und besonders auch im Austausch mit Betroffenen ein so genanntes Kassationsmoratorium. Das Landesarchiv Baden-Württemberg veröffentlichte es im Dezember 2020 gemeinsam mit den Arbeitsgruppen der Archive im Städte- und im Kreistag und fordert darin Behörden auf, bis Ende 2025 keine Unterlagen mit Bezug zum Thema Verschickung Archiven zur Bewertung anzubieten.[20] So wird vermieden, dass Akten, die nicht dauerhaft archivwürdig sind, vernichtet werden, während der Aufarbeitungsprozess noch in vollem Gange ist. Zugleich werden Betroffene aufgefordert, ihre Anliegen nach Möglichkeit bis Ende 2025 abzuklären. Der Umgang mit Unterlagen, die für Aufarbeitungsprozesse relevant, aber nicht (vollumfänglich) archivwürdig sind, wird aktuell in Fachkreisen intensiv diskutiert.[21] Das Moratorium ist ein Weg, damit umzugehen.

Neben dem Projekt des Landesarchivs gab und gibt es aus Baden-Württemberg weitere Aufarbeitungsprojekte sowie Veröffentlichungen: Als eines der ersten Bücher zum Thema erschien im Jahr 2021 *Die Akte Verschickungskinder. Wie Kurheime für Generationen zum Albtraum wurden* der Stuttgarter Journalistin Hilke Lorenz.[22] Die Diakonie Württemberg beauftragte Gudrun Silberzahn-Jandt mit einer Vorstudie zur Aktenlage in Bezug auf die diakonischen Einrichtungen, die im Juni 2022 erschien; aktuell wird die Studie erstellt.[23] Der badische Landesverband des Deutschen Roten Kreuzes erarbeitet aktuell eine Quellenedition zum DRK-Kindersolbad in Bad Dürrheim.[24] Einige der Akteure am *Runden Tisch* sind in bundesweite Aufarbeitungsprojekte eingebunden.[25]

Für manche Betroffene war dieser Prozess jedoch zu zähflüssig: *Die Frage ist also nicht abwegig, ob nicht vieles, was die Betroffenen selbst zutage gefördert haben, Aufgabe der Träger der ehemaligen Heime oder von ihnen initiierter Forschung gewesen wäre. Haben die Betroffenen im Land ein Tempo vorgelegt, dem die Nachfolger der ehemaligen Verantwortlichen nicht folgen konnten oder wollten?*[26] fragt die ehemalige Vereinsvorsitzende Andrea Weyrauch im Jahr 2024 in einem Interview und formuliert weitere Kritik: *Aber nach Corona wurde auch am Runden Tisch immer deutlicher, dass wir kein gemeinsames Ziel haben, dass wir nicht effizient arbeiten und dass es niemanden gibt, der umfassend Verantwortung in diesem beinahe unerforschten Kapitel der deutschen Nachkriegsgeschichte für unser Bundesland in Gänze übernehmen will.* Sie kritisiert zudem fehlende Sensibilität im Umgang mit Betroffenen und wünscht sich, *[d]ass jemand das Heft in die Hand nimmt und aus der Moderatorenrolle herausgeht*. Die ehrenamtliche Arbeit habe schließlich nicht mehr zu leistende Ausmaße angenommen, weshalb der Vorstand im April 2024 zurückgetreten ist.[27] Stand Juli 2024 befindet sich der Verein in einem Umorientierungsprozess – ob eine Auflösung abzuwenden ist, ist zum Zeitpunkt der Drucklegung dieses Textes noch unklar.[28]

Ergebnisse des Projekts

Die oben genannten Ergebnisse der Vorgängerprojekte waren Vorbild und Blaupause für das *Projekt Kinderverschickung*, das im Mai 2022 die Arbeit aufnahm. Die Ziele waren dementsprechend ebenso die Erforschung individueller Verschickungserfahrungen, die Vermittlung des Themas in die Öffentlichkeit sowie Hilfsmittel für die eigene Recherche.

Erforschung individueller Verschickungserfahrungen: Einzelfallrecherchen

Gegen Ende des *Dokumentationsprojekts Zwangsunterbringung* wandten sich bereits zahlreiche Betroffene der Kinderverschickung mit der Bitte um Recherchen an die Projektstelle. Die frühesten Anfragen erreichten uns bereits 2018, 2019 nahmen diese dann weiter zu. Dies dürfte mit der zunehmenden Vernetzung von Betroffenen sowie der Medienberichterstattung zusammenhängen. In dieser Zeit bestanden bereits Kontakte zu Aktiven in Baden-Württemberg und bundesweit, jedoch war eine Recherche für diese Betroffene aus zeitlichen Gründen nicht zu leisten, da das laufende Projekt zum Abschluss gebracht wurde. Daher umfasste die eingerichtete Warteliste bereits 83 Personen, als im Mai 2022 das Projekt *Kinderverschickung Baden-Württemberg* starten konnte. Kriterium für eine Einzelfallrecherche war ein Baden-Württemberg-Bezug, also, dass die Person von oder nach Baden-Württemberg verschickt wurde.

Im Rahmen der Recherchen wurde der Versuch unternommen, die individuellen Verschickungserfahrungen entweder nachzuweisen oder das bereits vorhandene Wissen um weitere Informationen zu ergänzen. Gefragt wurde häufig nach dem genauen Ort bzw. Heim, in das verschickt wurde, nach den beteiligten Institutionen oder auch nach Informationen über die Einrichtung, wenn sie bereits bekannt war. Es wurden Recherchen für insgesamt 97 Personen durchgeführt.

Auffällig ist, dass von diesen 97 Recherchen der Großteil auf Kontakten von vor dem Projektstart beruhte: 75 Anfragen gingen vor Mai 2022 ein, nur 22 während der Projektlaufzeit. Es meldeten sich deutlich mehr Frauen als Männer, nämlich 62 Frauen und 35 Männer. Von den durch die Recherchen dokumentierten Aufenthalte fanden die meisten in den 1960er und 1970er Jahren statt. Diese Tendenz deckt sich mit weiteren erhobenen Zahlen, wie zum Beispiel von Hans-Walter Schmuhl für die Heime der DAK.[29]

Die Recherchen dienten einerseits der individuellen Aufarbeitung der Betroffenen, andererseits halfen sie dem Projektteam bei der Erforschung der hinter der Verschickung stehenden Verwaltungsprozesse. Dabei haben sich die kurzen Aufbewahrungsfristen für medizinische oder rechnungsrelevante Unterlagen als Problem herausgestellt: So sind beispielsweise in der Regel keine

2 Die Entwicklung der Anfragen an das Projekt. Vorlage: Projekt Kinderverschickung.

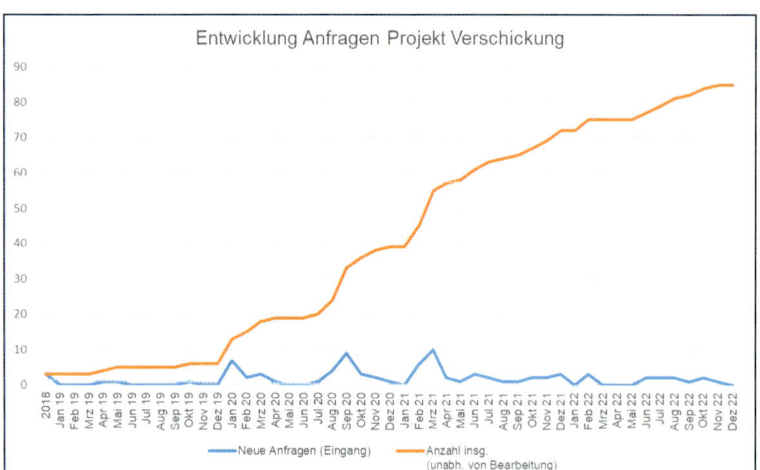

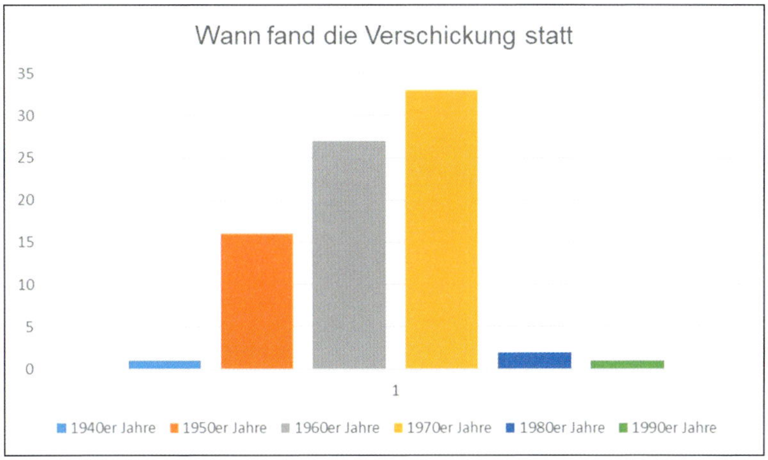

3 In welchen Jahren fand die Verschickung statt? Vorlage: Projekt Kinderverschickung.

Unterlagen der Krankenkassen und der einweisenden Arztpraxen mehr vorhanden. Insgesamt muss man leider sagen, dass nur sehr selten die Ermittlung individueller Belege und personenbezogener Unterlagen möglich war, da diese nur noch vereinzelt existieren.[30] Hier hat sich eine Befürchtung vieler Forschender erfüllt. Oft ließ sich jedoch immerhin belegen, in welcher Einrichtung Betroffene untergebracht waren oder die Auswahl infrage kommender Einrichtungen auf wenige begrenzen. Damit unterschieden sich die Recherchen für die Betroffenen der Kinderverschickung erheblich von den in den Vorgängerprojekten geleisteten Recherchen.

Die Ermittlung von Informationen und Unterlagen über die Einrichtung war das häufigste Rechercheergebnis. Dies konnten Fotos oder Broschüren sein, Verwaltungsdokumente wie erteilte Betriebsgenehmigungen oder Baupläne oder auch Angaben über den Träger oder die Leitung des Hauses. Teilweise konnten wir auch Aufsichtsakten (vor allem aus Gesundheitsämtern, aber auch der Landesjugendämter[31]) ermitteln. In einem Fall konnte der Kontakt zu anderen Betroffenen aus derselben Einrichtung vermittelt werden. Nicht zuletzt baten viele der Anfragenden um Informationen über die Strukturen und die Organisation der Verschickung. Hier verwiesen wir auf die (anfangs noch wenigen) Publikationen und den noch laufenden Forschungsprozess.

Eine indirekte Erkenntnis aus den Recherchen war die Bedeutung von Zufallsfunden: Die wenigen erhaltenen personenbezogenen Unterlagen begegneten uns manchmal überraschend, wie eine Akte, die den Ausbruch der Ruhr in einer Einrichtung dokumentiert. Hier sind – dieser meldepflichtigen Erkrankung sei Dank – zahlreiche Namen von Kindern enthalten.[32]

Wenn sich unsere Rechercheergebnisse als *kein Ergebnis* zusammenfassen ließen, hängt das häufig mit der genauen Fragestellung und den zu Recherchebeginn vorhandenen Informationen zusammen. War beispielsweise nur bekannt, dass eine Verschickung in den Schwarzwald stattfand, hatten wir kaum Chancen, mehr zu finden. Kannten Betroffene bereits *ihre* Einrichtung und konnten wir hierzu keine Unterlagen ermitteln, so gab es in beiden skizzierten Fällen von unserer Seite kein Ergebnis – die Betroffenen standen danach aber an sehr unterschiedlichen Punkten in ihrer persönlichen Aufarbeitung.

Diese Situation war für die Anfragenden oft frustrierend, dennoch ist bei dem Projektteam der Eindruck entstanden, dass es gleichzeitig hilfreich war zu wissen, dass jemand – ernst-

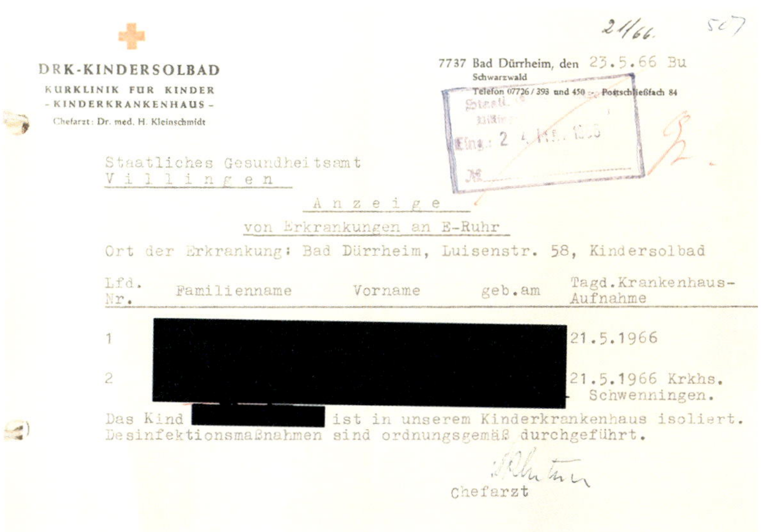
DRK-KINDERSOLBAD
KURKLINIK FÜR KINDER
- KINDERKRANKENHAUS -
Chefarzt: Dr. med. H. Kleinschmidt

7737 Bad Dürrheim, den 23.5.66 Bu
Schwarzwald
Telefon 07726/393 und 450 - Postschließfach 84

Staatliches Gesundheitsamt
Villingen

Anzeige
von Erkrankungen an E-Ruhr

Ort der Erkrankung: Bad Dürrheim, Luisenstr. 58, Kindersolbad

Lfd. Nr.	Familienname	Vorname	geb.am	Tagd.Krankenhaus-Aufnahme
1	[geschwärzt]			21.5.1966
2	[geschwärzt]			21.5.1966 Krkhs. Schwenningen.

Das Kind [geschwärzt] ist in unserem Kinderkrankenhaus isoliert. Desinfektionsmaßnahmen sind ordnungsgemäß durchgeführt.

Chefarzt

4 Anzeige der Ruhr-Erkrankung eines Kindes beim Gesundheitsamt. Vorlage: Landesarchiv Baden-Württemberg, Staatsarchiv Freiburg G 1184-3_169.

5 Selbstportrait des Betroffenen Willy Dorn (Zeichnung). Vorlage: Willy Dorn.

haft und qualifiziert – Recherchen unternommen hat. Auch waren diese Kontakte für die Betroffenen eine Möglichkeit, von den eigenen Erfahrungen zu berichten, mit diesen ernst genommen und gehört zu werden. Dies den Betroffenen zu vermitteln, war uns sehr wichtig.

Doch auch die aus Sicht der Betroffenen (eher) erfolglosen Recherchen ermöglichten Einblicke in die Überlieferung zum Thema in den Archiven und Registraturen und damit hilfreiche Erkenntnisse über das weitere Vorgehen bei Recherchen; außerdem ließen sich daraus zunehmend Informationen über die Organisation der Kinderverschickung in Baden-Württemberg gewinnen.

Von der Anzahl waren die Recherchen im Projekt Kinderverschickung vergleichbar mit den Recherchen im *Dokumentationsprojekt Zwangsunterbringung,*[33] während im Projekt Heimerziehung etwa 1.800 Anfragen eingingen.[34] Für beide Gruppen ließen sich zahlreiche personenbezogene Akten ermitteln, konkrete biografische Fragen klären und teilweise ganze Biografien rekonstruieren. Dies ist in einem vergleichbaren Ausmaß im *Projekt Kinderverschickung* aufgrund der völlig anderen Aktenlage nicht möglich gewesen.

6 Inhalt des Rechercheworkshops. Vorlage: Landesarchiv Baden-Württemberg.

Hilfe zur Selbsthilfe: Rechercheworkshops und -ratgeber

Die Rechercheworkshops haben ihren Ursprung schon vor Projektbeginn und hängen mit der dargestellten Situation zusammen, zahlreiche Anfragen zu einer Zeit zu bekommen, in der ihre Bearbeitung nicht möglich war. Um zumindest Betroffene bei eigenen Recherchen unterstützen zu können, wurde ein Online-Workshop konzipiert und ein erster bereits beim Kongress der Verschickungskinder im November 2020, also vor Projektbeginn, angeboten.

In den stets gut nachgefragten Workshops, die auch für Betroffene aus anderen Bundesländern geöffnet wurden, stellten die Autorinnen den aktuellen Wissenstand vor und gaben hilfreiche Tipps zu Archivrecherchen allgemein. Auch wenn nicht immer alle Fragen geklärt werden konnten, schien es doch für die Teilnehmenden hilfreich, niedrigschwellig über den sinnvollen Ablauf einer Recherche informiert zu werden, einmal gehört zu haben, wie Archive ganz grundsätzlich arbeiten und nicht zuletzt ermutigt zu werden, sich an die Recherche heranzuwagen. Unser Eindruck war, dass viele ehemals Verschickte eine große

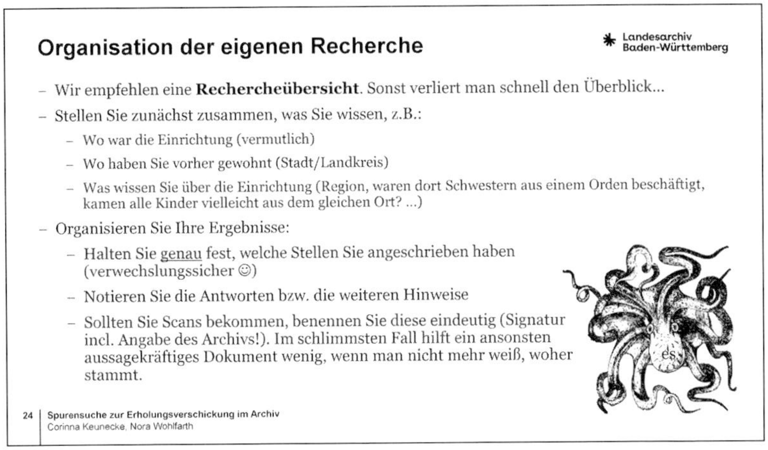

7 Hinweise für die eigene Recherche. Rechercheworkshops und -ratgeber geben Hilfestellung für das Vorgehen bei eigenen Recherchen. Vorlage: Landesarchiv Baden-Württemberg.

Motivation hatten, die Recherche selbst in die Hand zu nehmen.

Wie auch die Workshops gibt der Rechercheführer Hinweise dazu, wie Betroffene zu ihrem Aufenthalt recherchieren und wie diese eigenen Recherchen strukturiert und organisiert werden können.[35] Er hilft, die Aktenlage zum Thema Kinderverschickung besser einschätzen zu können und erläutert auch grundlegende Fragen zur Archivierung von Unterlagen. Bis Abschluss des Projektes wird eine zweite Fassung veröffentlicht werden, die darüber hinaus einen Fokus auf die im Landesarchiv Baden-Württemberg vorhandenen Unterlagen legt.

Grundlagenforschung: Verzeichnis der Kinderkurheime

Das *Verzeichnis der Kinderkurheime in Baden-Württemberg (1949 – ca. 1980)*[36] ist – neben seiner Funktion als internes Arbeitsmittel – als Grundlagenforschung zu begreifen. Es speist sich aus mehreren Quellen: Auf der einen Seite stehen Einrichtungen, die uns bereits aus den Vorgängerprojekten bekannt sind. Es sind entweder solche, die sowohl Einrichtungen der Kinder- und Jugendhilfe/Behindertenhilfe/Psychiatrie als auch Einrichtungen für Erholung waren oder solche, von denen wir schon damals Kenntnis hatten, die aber ausschließlich dem Zweck der Erholung dienten und die wir deshalb nicht in die früheren Verzeichnisse aufgenommen hatten.

Die zweite Quelle sind die beiden Publikationen von Sepp Folberth.[37] Er war Kinderarzt, die von ihm erstellten Verzeichnisse von Kinderkureinrichtungen Standardwerke. Die darin außerdem enthaltenen Texte zu Grundsätzen und Durchführung von Erholungskuren lesen sich *aus heutiger Sicht wie die Anleitung zur Errichtung eines kinderfeindlichen Ortes*.[38] Drittens flossen selbstverständlich Erkenntnisse aus unseren eigenen Recherchen in das Verzeichnis ein; Hinweise von Betroffenen führten – nach Prüfung durch das Projektteam – in mehreren Fällen zur Aufnahme von Einrichtungen in das Verzeichnis.

Die Einträge sind nach einem *Zwiebelprinzip* aufgebaut: Veröffentlicht werden mindestens Basisinformationen über die Einrichtung wie Name, Ort und, wenn möglich, Zeitpunkt von Gründung und Schließung. Ausgehend von diesen Minimalinformationen werden nach Möglichkeit weitere Informationen ergänzt, wie die genaue Adresse, der Träger, Angaben zu Personal und Aktenlage. In das Verzeichnis aufgenommen werden nur Einrichtungen, deren Existenz wir in dem Zeitraum zwischen 1949 und ca. 1980 anhand historischer Quellen belegen können.

In der ersten Fassung des Verzeichnisses wurden die Angaben aus den beiden Publikationen von Folberth mit einer lediglich minimalen redaktionellen Bearbeitung übernommen, ohne die Angaben zu verifizieren oder Fehler zu korrigieren. Auch von den Einrichtungen selbst getroffene Aussagen wie *familiäre Atmosphäre* oder *liebevolle Betreuung* wurden kommentarlos übernommen – in dem Wissen, dass diese Beschreibungen nur selten der Wahrheit entsprachen. Dieses pragmatische Vorgehen ermöglichte es, in kurzer Zeit eine große Zahl von Einrichtungen zu ermitteln und veröffentlichen. Generell ist wichtig zu betonen, dass in und mit dem Verzeichnis keine Bewertung der Zustände in den Einrichtungen vorgenommen wird.

Die Aufnahme einer Einrichtung in das Verzeichnis bedeutet lediglich, dass wir die Existenz dieser Einrichtung belegen können.[39]

Nachdem diese Grundlagen des Verzeichnisses gelegt wurden, war ein Schwerpunkt die Ermittlung relevanter Aktenbestände. Während Trägerschaft und Ort in vielen Fällen bereits durch Folberths Verzeichnisse bekannt waren, stellen diese Angaben zur Aktenlange eine entscheidende Neuerung dar. Zu 234 Einrichtungen konnten bislang Unterlagen ermittelt werden, sowohl in den eigenen Beständen und vor allem auch in Kreisarchiven. Dabei handelt es sich um sehr verschiedene Dokumententypen: 41 Aufsichtsakten des Landesjugendamtes sind dokumentiert, weitere Aufsichtsakten der Gesundheitsämter wurden (noch) nicht separat erfasst, *Unterlagen* können außerdem Bauakten, Werbebroschüren der Einrichtungen oder auch Fotos sein. Die Unterlagen werden im Verzeichnis kurz charakterisiert und zusammen mit den Kontaktdaten der aktenführenden Stelle aufgeführt.

8 Werbung für Kindererholungsheime. Vorlage: Heime, Heilstätten und Anstalten in der Bundesrepublik Deutschland, Österreich und der Schweiz. Hg. von Sepp Folberth. 2. Auflage. München 1964. S. 48.

Eine weitere und vertiefte Dokumentation der Aktenlage, die über die Erschließungsangaben der Archive hinausgeht, wäre wünschenswert. Es würde den Mehrwert des Verzeichnisses als Werkzeug für Forschende noch weiter erhöhen. In jedem Fall hat die bisher dokumentierte Aktenlage deutlich gezeigt, dass ein großer Fundus an relevanten Unterlagen für die Erforschung der Kinderverschickung in den Archiven in Baden-Württemberg, nicht zuletzt im Landesarchiv selbst, vorhanden ist.

Das Verzeichnis liegt aktuell in der 2. Fassung vor, enthält 468 Einrichtungen (Stand Juli 2024) und wird in der Projektlaufzeit noch ein weiteres Mal ergänzt werden. Aus dem Verzeichnis lassen sich einige Informationen über die *Heimlandschaft* der Kinderverschickung ableiten: Deutlich zu sehen ist der geographische Schwerpunkt im Schwarzwald – etwa 100 Einrichtungen, also knapp ein Viertel der uns bekannten, befinden sich in den Landkreisen Breisgau-Hochschwarzwald (49) und Schwarzwald-Baar-Kreis (56). Bei der Trägerschaft dominieren private Träger: 212 der Heime wurden durch Einzelpersonen geführt, knapp 50 durch Vereine. Knapp 120 Heime waren konfessionell geführt, dazu zählen Einrichtungen der Diakonie, der Caritas bzw. der Inneren Mission sowie von Orden. Weitere relevante Träger waren die Arbeiterwohlfahrt (26) und das Deutsche Rote Kreuz (17). 28 Einrichtungen waren in der Trägerschaft von Landkreisen oder Städten. In gut 50 Fällen ist die Trägerschaft unbekannt.[40]

Inzwischen existieren also drei Verzeichnisse für stationäre Einrichtungen für Kinder und Jugendliche in Baden-Württemberg. Inhaltlich wäre es durchaus sinnvoll, diese zusammenzuführen, insbesondere aufgrund der teilweise wechselnden oder parallelen Nutzung der Einrichtungen: Manches Kinderheim nahm auch Erholungskinder auf, nicht-behinderte Kinder wurden in Einrichtungen der Behindertenhilfe eingewiesen oder Kinder, die eine spezifische Förderung benötigt hätten, wurden in Einrichtungen der Jugendhilfe untergebracht. Dass eine solche Zusammenführung bisher nicht erfolgte, liegt auch daran, dass jedes der drei Projekte ein eigenes Drittmittelprojekt mit spezifischer Zielvereinbarung war. Perspektivisch wäre es durchaus lohnenswert, diese Überschneidungen bei den Einrichtungen in den Blick zu nehmen.

Vermittlung: Ausstellung und Sammelband

Kurz und prägnant, das wurde in einer der Planungssitzungen als Ziel für die Ausstellung festgehalten. Den Projektmitarbeiterinnen war es wichtig, einen kompakten Überblick über den Wissensstand zur Kinderverschickung in Baden-Württemberg zu geben und zugleich immer deutlich zu machen, dass es sich um eine Momentaufnahme handelt. Viele Fragen sind aktuell noch offen.[41] Dennoch lohnt es sich, den heutigen Stand zusammenzufassen und niedrigschwellig einer breiten Öffentlichkeit zugänglich zu machen. Die Ausstellung versteht sich als Impulsgeber für weiteren Austausch, sowohl auf gesellschaftlicher Ebene als auch im Privaten, denn es sind viel mehr Menschen im persönlichen Umfeld betroffen, als einem bewusst ist. Daher gibt es am Ende der Ausstellung die Möglichkeit, mittels einer Postkarte eigene Gedanken zu teilen.

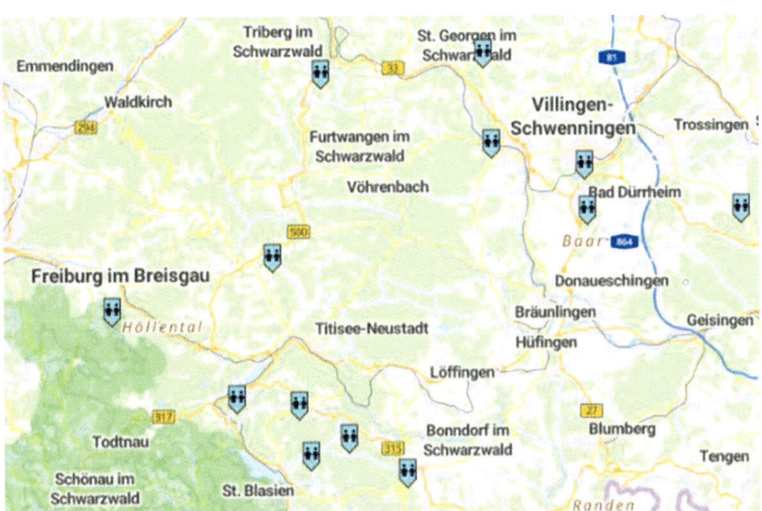

9 Ein Ausschnitt aus dem Kartenmodul. Vorlage: Landesarchiv Baden-Württemberg.

Um die Ausstellung nicht mit Text zu überladen, sind wir auch hier nach einem *Zwiebelprinzip* vorgegangen und haben das Themenmodul in LEO-BW und den vorliegenden Sammelband als weitere Schichten um die Ausstellung herum konzipiert.

Vermittlung: Themenmodul Heimkindheiten

Das Themenmodul *Heimkindheiten* auf dem landeskundlichen Portal LEO-BW wurde im Laufe des Jahres 2024 um Inhalte zum Thema Kinderverschickung ergänzt. Auch diese neuen Texte sind den Themenbereichen *Einrichtungen*, *Rahmenbedingungen*, *Alltag*, *Zeitzeugenberichte* und *Aufarbeitung* zugeordnet. Dabei ist es uns wichtig, das Thema Kinderverschickung und deren Aufarbeitung aus möglichst vielen verschiedenen Perspektiven zu beleuchten. Das Themenmodul ermöglicht eine große Freiheit im Format: es enthält sowohl wissenschaftliche Artikel als auch Interviews, eher journalistische Texte als auch sehr persönliche Berichte und Überblicksartikel.

Im Modul sind außerdem Daten aus den Einrichtungsverzeichnissen integriert: So ist es möglich, sich die Einrichtungen – differenziert nach Kinder- und Jugendhilfe, Behindertenhilfe, Erholungsheimen und psychiatrischen Kliniken – auf einer Karte anzeigen zu lassen. Geografische Zusammenhänge und Häufungen werden so deutlich.

Die Entscheidung, das Modul themenübergreifend zu gestalten und so den Zusammenhang zwischen den verschiedenen Arten stationärer Unterbringung herzustellen, war uns sehr wichtig. Die Erfahrungen von Leid und Unrecht, die Kinder in den verschiedenen Formen der Heime machten, verbindet mehr, als sie trennt.

Vermittlung: Newsletter und Veranstaltung

Aufgrund der positiven Erfahrungen im vergangenen Projekt wurden auch in diesem drei bis vier Newsletter pro Jahr verschickt. Der Verteiler enthält viele Personen, die sich bereits während des *Dokumentationsprojekts Zwangsunterbringung* dafür angemeldet hatten und ist im Laufe des *Projekts Kinderverschickung* auf rund 200 Personen angewachsen. Der Newsletter beinhaltet Informationen zur Arbeit im Projekt und stets auch einen *Blick über den Tellerrand:* Denn auch in diesem Rahmen ist es uns wichtig, Fragen der Aufarbeitung von Leid und Unrecht über Projektgrenzen hinaus in den Blick nehmen.[42]

Desweiteren organisierten wir im Oktober 2023 im Hauptstaatsarchiv Stuttgart eine Informationsveranstaltung zum Thema *Quellen zur Erforschung der Kinderverschickung.* Da sich bei der Erarbeitung des Einrichtungsverzeichnisses deutlich zeigte, dass doch viel mehr Unterlagen vorhanden sind als zunächst angenommen, sollte diese Quellenbasis öffentlich für Forschende und andere Interessierte präsentiert werden. Das Verzeichnis wurde vorgestellt, seine Erstellung erläutert und der aktuelle Wissensstand aufgezeigt. In mehreren Vorträgen wurde anhand von Beispielen auf die vielfältigen Möglichkeiten hingewiesen, das Thema Kinderverschickung zu erforschen. Der AKVBW e.V. stellte zudem sein Zeitzeugenarchiv vor. Forschende konnten sich nach der Veranstaltung über eine Online-Pinnwand vernetzen.

10 Veranstaltung »Quellen zur Erforschung der Kinderverschickung.« Vorlage: Sina Fitsche.

Leid in Heimen – Ähnlichkeiten und Unterschiede

Die drei Projekte des Landesarchivs zu den verschiedenen Formen stationärer Unterbringung von Kindern und Jugendlichen in der Nachkriegszeit wurden nicht nur wegen der nötigen sprachliche Kürze von unseren Kolleginnen und Kollegen im Landesarchiv oft nur *die Heimkinderprojekte* genannt. Sie zeichneten sich auch durch viele Gemeinsamkeiten aus, da die Strukturen und Haltungen zu Kindern in allen Einrichtungen ähnlich waren.[43] Alle betroffenen Kinder litten unter *Schwarzer Pädagogik*, der Logik der *Totalen Institutionen,*[44] verschiedenen Formen von Gewalt und einem Alltag, der ihr Funktionieren über ihr Wohlbefinden und ihre Entfaltung stellte. Dass zumeist Forschende zum Thema Verschickung arbeiten, die vorher zu den Bereichen Heimerziehung, Behindertenhilfe u.ä. publiziert haben, unterstreicht, dass die im Bereich der Heimerziehung gewonnenen Erkenntnisse hilfreich sind, um die Kinderverschickung historisch einzuordnen und zu analysieren.[45]

Neben der Betonung dieser Ähnlichkeiten erscheint es uns jedoch ebenso wichtig, den strukturellen Besonderheiten der verschiedenen Einrichtungsformen gerecht zu werden. Ein offensichtlicher Unterschied ist die Dauer des Aufenthaltes in den Einrichtungen. Während die meisten Kinder für sechs Wochen zur Kur verschickt wurden, kennen wir ehemalige Heimkinder, die bis zu 21 Jahre ihres Lebens in Einrichtungen verbrachten. Viele Menschen, die ihre Kindheit in Einrichtungen der Behindertenhilfe verbrachten, blieben auch für den Rest ihres Lebens dort.[46]

Wichtig ist auch zu erwähnen, dass die Abgrenzung zwischen Kindern mit und ohne Behinderung bzw. die Frage, ob sie Leistungen aus der *Stiftung Anerkennung und Hilfe* erhalten konnten, nicht von den Kindern und ihrer Diagnose, sondern von der Art ihrer Unterbringung abhing. Durch unsere Recherchen für die Betroffenen wissen wir zudem, dass die Zuordnung der Kinder in die Heime mindestens aus heutiger Sicht, teils auch schon nach damaligen Maßstäben, nicht immer sinnvoll war; es kam des Öfteren zu Fehlplatzierungen. Für gehörlose Betroffene wiederum stellte sich die Frage, die für viele andere ehemalige Heimkinder zentral war – *Warum war ich im Heim?* – gar nicht, da Gehörlosenschulen und -Internate damals als alternativlos wahrgenommen wurden.

Ein weiterer Unterschied ist die Rolle des Elternhauses. Viele Betroffene der Kinderverschickung wurden von Eltern verschickt, die es gut mit ihnen meinten. Dass es dann nicht gut war und diese Eltern oftmals nach Ende der Kur ihre Augen, Ohren und Herzen für die Berichte und Veränderungen ihrer Kinder verschlossen, steht indes auf einem anderen Blatt. Aber diese Kinder kamen oft aus – weitgehend intakten – Familien und kehrten nach einer begrenzten Zeit (auch, wenn sie dies aus ihrer kindlichen Perspektive und mit ihrem kindlichen Zeithorizont oftmals anders erlebten[47]) zu diesen zurück. Der Bruch zwischen der Erfahrung der Kur und der Rückkehr scheint häufig für die Kinder zusätzlich verstörend gewesen zu sein.

Für alle Themenbereiche kommt immer wieder die Frage auf, inwiefern es sich bei den Erziehungsmethoden um ein Überbleibsel bzw. um Tradierungen aus der Zeit des Nationalsozialismus handelt. Peter Wensierski, der mit *Schläge im Namen des Herrn* einen wichtigen Beitrag zur Aufarbeitung der Heimerziehung leistete, hat Beispiele für Kontinuitäten in den Einrichtungen gefunden, vor allem im Hinblick auf das Personal.[48] Es gibt keinen Grund anzunehmen, dass in den Einrichtungen erfolgreicher *entnazifiziert* wurde als im Rest der Republik – auch nicht im Bereich der Kinderverschickung. Die Frage nach NS-Kontinuitäten spielt im aktuellen Aufarbeitungsprozess rund um die Kinderverschickung eine größere Rolle und wird auch von Betroffenen stärker eingefordert, als das bei den Heimkindern der Fall war.[49] Möglicherweise band bei letzteren der teils mühsame Prozess, Mittel aus dem *Fonds Heimerziehung* zu erhalten, bereits einen Großteil ihrer zeitlichen und auch emotionalen Kapazitäten.

Nicht zuletzt ist der zeitliche Ablauf nach unserer Einschätzung in diesem Zusammenhang relevant: Zu Beginn der Aufarbeitung der Kinderverschickung waren die Missstände in den verschiedenen Einrichtungen bereits seit vielen Jahren bekannt. Zum Thema Heimerziehung wurde bis dato schon viel geforscht, so dass nun auch neue Aspekte in den Blick genommen werden können, die diesen Raum nicht bekamen, als ab etwa 2010 die Thematisierung, Erforschung und Aufarbeitung der Heimerziehung begann. Ein solcher Aspekt könnte eine Vertiefung und Konkretisierung der Frage nach NS-Kontinuitäten sein.

Ein weiterer Unterschied war das uns größer erscheinende Interesse bei den Betroffenen der Kinderverschickung an den gesetzlichen und administrativen Strukturen hinter ihrem Heimaufenthalt. Dies hängt vermutlich auch damit zusammen, dass sich früh abzeichnete, dass nur wenige personenbezogene Unterlagen vorhanden und deshalb individuelle Recherchen oftmals nur begrenzt erfolgreich sind. Außerdem haben die kurzen Aufenthalte die Kinder und heute Erwachsenen zwar emotional nachhaltig geprägt, ihr Leben aber dennoch selten so verändert, wie es ein jahrelanger Heimaufenthalt oft tat. Ehemalige Heimkinder wechselten oft mehrmals das Heim, verloren teilweise den Kontakt zur Herkunftsfamilie und der Heimaufenthalt beeinflusste massiv ihre Schulausbildung und berufliche Zukunft. Dies soll keine Wertung oder Hierarchisierung der emotionalen Belastungen darstellen, sondern eine Erklärung dafür liefern, dass für viele ehemalige Heimkinder die Strukturen meist zweitrangig waren gegenüber persönlichen und drängenden Fragen wie *Warum kam ich ins Heim?* Die Strukturen der Verschickung zu verstehen wiederum konnte ehemals Verschickten manche brennende Frage beantworten helfen: *Wie konnten meine Eltern mich wegschicken?* oder *Wie konnte es in den Heimen zu solchen Missständen kommen?*

Auch die Verarbeitung der Erfahrungen in den Heimen unterschied sich. Für viele ehemalige Heimkinder kam zusätzlich zu den psychischen und physischen Folgen der Gewalt, die sie in den Einrichtungen erleiden mussten, noch die Scham hinzu, im Heim gewesen zu sein. Viele litten unter dem Stigma *Heimkind* und versuchten deshalb, ihren Heimaufenthalt zu verbergen, häufig sogar vor dem engsten Umfeld.[50] Wir vermuten, dass sich nur wenige Betroffene, die in psychiatrischen Einrichtungen waren, bei uns meldeten und auch nur selten Mittel bei der *Stiftung Anerkennung und Hilfe* beantragten, da ein Psychiatrie-Aufenthalt bedauerlicherweise auch heute noch oftmals mit Schamgefühlen verbunden ist. Verschickt zu sein hingegen ist eine Erfahrung, die man mit Millionen anderer Kinder teilt(e). Dennoch berichten Betroffene der Kinderverschickung häufig, dass sie sich mit ihren Erfahrungen vollkommen allein fühlten, bis sie in den letzten Jahren auf Medienbeiträge zum Thema stießen.

Die Frage nach einer finanziellen Entschädigung stellt ebenfalls einen Unterschied dar: Betroffene, die in Einrichtungen der Kinder-, Jugend- und der Behindertenhilfe waren, konnten Mittel aus dem *Fonds Heimerziehung* und der *Stiftung Anerkennung und Hilfe* erhalten. Für ehemals Verschickte ist nach aktuellem Stand keine finanzielle Entschädigung vorgesehen.

Alles aufgearbeitet?[51]

Der Begriff *Aufarbeitung* wird zwar häufig eingesetzt, aber selten definiert. Oft wird er mit moralischem Impetus verwendet und als Forderung formuliert, bleibt dabei aber zumeist vage und diffus. In der Alltagssprache steht der Begriff […], weil Konzepte und Standards fehlen, zuweilen als Synonym für das wissenschaftliche oder auch juristische Erforschen eines Themas, das eines moralischen oder rechtlichen Urteils bedarf und mit dem Vorliegen eines Berichts oder einer Studie als abgeschlossen gilt. Daraus folgt: der Begriff braucht eine Klärung seines Konzepts. Dabei könnten folgende Fragen hilfreich sein:
An wen wird der Prozess der Aufarbeitung adressiert? Wer ist verantwortlich und zeigt sich solidarisch? Was ist das Ziel? Geht es um Versöhnung, Entschuldigung, das Lernen aus der Vergangenheit und sind dies angemessene Ziele? Ist »Aufarbeitung« überhaupt ein Prozess, der abgeschlossen werden kann oder verändert sie sich vielmehr fortgesetzt?[52]

Auch die Projektlogik mit ihrem Ende nach meist nur wenigen Jahren suggeriert, dass *Aufarbeitung* zu einem Ende kommen, in einer bestimmten, eher kurzen und zudem vorher festgelegten Zeit abgehandelt werden könne und dass die Bedarfe, Bedürfnisse, Forderungen und Wünsche von Betroffenen in dieser begrenzten Zeit ausreichend bearbeitet und berücksichtigt werden können – was unserer Erfahrung nach, nach vielen Jahren Arbeit in den dargestellten Aufarbeitungsprozessen, definitiv nicht möglich ist. Wir würden uns daher wünschen, dass das Ende des *Projekts Kinderverschickung* eher als Zwischenstand, denn als Fazit eines Aufarbeitungsprozesses verstanden wird, dass die Betroffenen weiterhin die gesellschaftliche Aufmerksamkeit bekommen, die sie und diese Themen verdienen und dass auch weiterhin finanzielle Mittel zur besseren Erforschung dieses Themenkomplexes bereitgestellt werden. Denn, wie Hans-Walter Schmuhl so treffend schrieb: *Die Kinderkurheime sollten in einem größeren Kontext betrachtet werden. Sie reihen sich ein in ein breites Spektrum anderer Orte […], in die Menschen abgeschoben wurden, die aufgrund von körperlicher oder geistiger Behinderung, psychischer Erkrankung, abweichendem Verhalten oder Delinquenz nicht in die herrschende gesellschaftliche Ordnung passten. Die Forschung zum Kinderkurwesen lässt erkennen, […] dass sehr viel mehr Menschen als bisher angenommen in Kontakt mit diesen Sonderwelten gekommen sind. Daraus ergibt sich die Frage, welche Rückwirkungen diese fast schon kollektive Erfahrung auf die gesellschaftliche Ordnung hatte […]. Es ist von daher nur folgerichtig, dass die Schwarze Pädagogik und ihre Auswirkungen auf mehrere Generationen von Kindern und Jugendlichen in der frühen Bundesrepublik jetzt wieder stärker in den Fokus des Forschungsdiskurses geraten sind.*[53]

Es ist zum Schluss wichtig zu betonen, dass im *Projekt Kinderverschickung* am Landesarchiv Baden-Württemberg Grundlagenforschung geleistet wurde. Erste Schritte wurden gegangen, aber viele stehen noch aus, um die Kinderkur- und Erholungsverschickung der bundesdeutschen Nachkriegsjahrzehnte umfangreich zu erforschen, zu verstehen und in die Geschichte von Kinder- und Jugendfürsorge, Heimerziehung, Gesundheits- und Familienpolitik der BRD, in die *Heimlandschaften* von Baden-Württemberg sowie bundesweit einzuordnen.

1 Vgl. Nora *Wohlfarth*: Aufarbeiten im Archiv. In: Themenmodul *Heimkindheiten*. Stand: 21.03.2022. https://www.leo-bw.de/en-GB/web/guest/themenmodul/heimkindheiten/aufarbeitung/aufarbeiten-im-archiv (aufgerufen am 27.06.2024).

2 Alle drei Projekte wurden in folgendem Beitrag ausführlich reflektiert: Corinna *Keunecke* und Nora *Wohlfarth*: Leid und Unrecht in stationären Einrichtungen für Kinder und Jugendliche nach 1945 – Was tun Archive, um die Recherche nach Quellen zu vereinfachen? In: Marcus *Stumpf* und Katharina *Tiemann* (Hg.): Profilierungen durch Zusammenarbeit – Herausforderungen und Chancen. Beiträge des 30. Fortbildungsseminars der Bundeskonferenz der Kommunalarchive (BKK) vom 30. November – 2. Dezember 2022. Münster 2023. S. 141 – 160.

3 Neben eindeutigen Erfolgen wie der finanziellen Unterstützung Betroffener und Gesprächsangeboten in den Anlauf- und Beratungsstellen gibt es am Vorgehen des *Runden Tischs Heimerziehung* auch Kritik, siehe Manfred *Kappeler*: Die Asymmetrie der Macht am Runden Heimerziehung. In: Widersprüche: Zeitschrift für sozialistische Politik im Bildungs-, Gesundheits- und Sozialbereich 132 (2012) S. 83 – 105.

4 Nastasja Pilz u.a.: Verzeichnis der Kinder- und Jugendheime in Baden-Württemberg 1949-1975. Stand: 03. September 2019. https://www.landesarchiv-bw.de/sixcms/media.php/120/76666/Heimverzeichnis_korr_2024.pdf (aufgerufen am 16.08.2024).

5 Die Ergebnisse v.a. des Projekts Heimerziehung wurden an mehreren Stellen bilanziert: Nastasja *Pilz*: Das Projekt Heimerziehung in der Rückschau – Einordnung und Bilanz. In: Christian *Keitel*, Nastasja *Pilz* und Nora *Wohlfarth* (Hg.): Aufarbeiten im Archiv. Stuttgart 2018. 6 – 27. Weitere Überlegungen zur Rolle von Archiven in Aufarbeitungsprozessen siehe Nora *Wohlfarth*: Aufarbeiten durchs Archiv – was bedeutet das? Ein Blick in Vergangenheit und Zukunft der archivischen Aufarbeitung von Heimerziehung. In: Archivar 72 (2019) S. 138 – 142.

6 Holger *Wendelin* (Redaktion): Zwischenbericht des Runden Tisches »Heimerziehung in den 50er und 60er Jahren«. Berlin 2010. https://afet-ev.de/assets/themenplattform/2010-12-21_RTH_Zwischenbericht-01 – 2010.pdf (aufgerufen am 21.06.2024) S. 4.

7 Nastasja Pilz und Nora Wohlfarth: Verzeichnis der stationären Einrichtungen der Behindertenhilfe und Psychiatrie für Kinder- und Jugendliche in Baden-Württemberg 1949-1975. Stand 24. Mai 2022. https://www.landesarchiv-bw.de/sixcms/media.php/120/Einrichtungsverzeichnis_Dok.Projekt_Zwangsunterbringung.pdf (aufgerufen am 16.08.2024).

8 Zum Beispiel durch die Teilnahme an der Tagung *Aufarbeitung, Akten, Archive – Zum Umgang mit sensiblen Dokumenten* im Juni 2022 in Berlin.

9 Auf ihrer Website (https://anjaroehl.de/) sind die zahlreichen Publikationen aufgezählt. Die besagte Veröffentlichung in einer Tageszeitung war diese: Anja *Röhl*: Und dann bin ich verloren, Hände hoch. In: Literaturbeilage junge Welt. 09.09.2009. S. 13.

10 Im Folgenden siehe Anja *Röhl*: Das Schweigen beenden. In: Sabine *Andresen*, Daniel *Deckers* und Kirsti *Kriegel* (Unabhängige Kommission zur Aufarbeitung sexuellen Kindesmissbrauchs) (Hg.): Beiträge zur Aufarbeitung sexuellen Kindsmissbrauchs. Berlin 2022. https://www.aufarbeitungskommission.de/mediathek/das-schweigen-beenden/ (aufgerufen am 21.06.2024). S. 40 – 45.

11 *Röhl*, wie Anm. 8, S. 44.

12 *Aufarbeitung und Erforschung von Kinder-Verschickung e.V. / AEKV e.V. (Anja Röhl)*: Verschickungsheime. Das vergessene Trauma (Website der Initiative Verschickungskinder e.V.). https://verschickungsheime.de (aufgerufen am 28.06.2024).

13 *Ministerium für Soziales, Gesundheit und Integration Baden-Württemberg*: Aufarbeitung des Leids der Verschickungskinder (Pressemitteilung). 13.05.2020. https://sozialministerium.baden-wuerttemberg.de/de/service/presse/pressemitteilung/pid/aufarbeitung-des-leids-der-verschickungskinder/ (aufgerufen am 07.07.2024).

14 Im Bundestagsausschuss für Familie, Senioren, Frauen und Jugend gab es in der Sitzung am 20.03.2024 eine öffentliche Anhörung zum Thema Kinderverschickung. Einen Mitschnitt findet man hier: https://www.bundestag.de/dokumente/textarchiv/2024/kw12-pa-familie-63-sitzung-992770 (aufgerufen am 18.07.2024).

15 *Aufarbeitung und Erforschung von Kinder-Verschickung e.V. / AEKV e.V. (Anja Röhl)*: Verschickungsheime. Das vergessene Trauma (Website der Initiative Verschickungskinder e.V.) – Presse-Echo. https://verschickungsheime.de/presse-echo/ (aufgerufen am 28.06.2024).

16 Vgl. Anm. 16 für die Teilnehmenden am Runden Tisch.

17 Hilke *Lorenz*: Wurde der Verein zur Aufarbeitung Opfer des eigenen Erfolgs? In: Stuttgarter Zeitung 03.04.2024. https://www.stuttgarter-zeitung.de/inhalt.verschickungskinder-wurde-der-verein-opfer-des-eigenen-erfolgs.0e3adb0a-e981-4a3f- 89f6-5fd4b1073942.html (aufgerufen am 07.07.2024).

18 *Landtag von Baden-Württemberg*: Antrag der Abgeordneten Andreas Kenner und Dr. Dorothea Kliche-Behnke u.a. (SPD) und Stellungnahme des Ministeriums für Soziales, Gesundheit und Integration: Aufarbeitungsprozess zur Kinderverschickung in Baden-Württemberg. 17. Wahlperiode. Drucksache 17/5257 v. 08. August 2023. https://www.landtag-bw.de/files/live/sites/LTBW/files/dokumente/WP17/Drucksachen/5000/17_5257_D.pdf (Nachfrage zum Stand der Aufarbeitung in Baden-Württemberg). *Der Arbeitsgruppe (sog. Runder Tisch), die vom Ministerium für Soziales, Gesundheit und Integration moderiert wird, gehören folgende Institutionen an: Aufarbeitung Kinderverschickungen Baden-Württemberg e. V. (AKVBW e. V.), Allgemeine Ortskrankenkasse Baden-Württemberg (AOK), Bündnis Kinder- und Jugendreha e. V., Diakonisches Werk der evangelischen Kirche in Württemberg e. V., Kommunale Landesverbände, Deutsches Rotes Kreuz Landesverband Baden-Württemberg, Landesarchiv Baden-Württemberg, Kommunalverband für Jugend und Soziales Baden-Württemberg (KVJS), DAK-Gesundheit, Landesärztekammer Baden-Württemberg, Caritasverband Baden-Württemberg, Deutsche Rentenversicherung, Verband der Ersatzkassen Landesvertretung Baden-Württemberg.* [Stand August 2023]

19 *AKVBW. e.V.*: Aufarbeitung Kinderverschickungen BW. Das Zeitzeugen-Archiv des AKVBW e.V. Präsentation auf der *Veranstaltung zu Quellen zur Erforschung der Kinderverschickung* des Projekts am 24.10.2023. https://www.landesarchiv-bw.de/sixcms/media.php/120/76200/AKVBWeV_Zeitzeugenarchiv.pdf (aufgerufen am 07.07.2024).

20 *Landesarchiv Baden-Württemberg*: Anbietungsmoratorium Verschickungskinderakten. 9. Dezember 2020. https://www.landesarchiv-bw.de/sixcms/media.php/120/76662/Anbietungsmoratorium_unterzeichnet.pdf (aufgerufen am 09.07.2024).

21 Für weitere Ideen in dieser Diskussion siehe Christian *Keitel*: Unterlagen von persönlicher Relevanz. In: *Unabhängige Kommission zur Aufarbeitung sexuellen Kindesmissbrauchs* (Hg.): Aufarbeitung, Akten, Archive – zum Umgang mit sensiblen Dokumenten. Berlin 2023. https://www.aufarbeitungskommission.de/wp-content/uploads/Tagungsband_Aufarbeitung_Akten_Archive_bf.pdf (aufgerufen am 09.07.2024); Clemens *Rehm*: Fristarchivgut und Kassationsmoratorium. Erinnerung für Betroffene im Archiv. In: Sabine *Andresen* und Johannes *Kistenich-Zerfaß* (Hg.): Archive und Aufarbeitung sexuellen Kindesmissbrauchs. Beiträge zu einer Tagung der Unabhängigen Kommission zur Aufarbeitung sexuellen Kindesmissbrauchs am 27. März 2019. Darmstadt 2020. S. 39 – 54; *Keunecke/Wohlfarth*, wie Anm. 2.

22 Hilke *Lorenz*: Die Akte Verschickungskinder. Wie Kurheime für Generationen zum Albtraum wurden. Weinheim 2021.

23 Gudrun *Silberzahn-Jandt*: Abschlussbericht des unabhängigen Forschungsauftrags zur Praxis der Verschickungskinder. Beauftragt vom Diakonischen Werk Württemberg. Stand Juni 2022 https://www.diakonie-wuerttemberg.de/fileadmin/Diakonie_Website/Meta_Menue/06_Abschlussbericht_Forschungsauftrag.pdf (aufgerufen am 28.06.2024).

24 *Deutsches Rotes Kreuz*: Aufarbeitung der Kinderkurheime. Aktivitäten des DRK. https://www.drk.de/das-drk/geschichte/verschickungskinder/aktivitaeten-des-drk/ (aufgerufen am 28.06.2024).

25 Wie beispielsweise die Deutsche Rentenversicherung Bund, der Deutsche Caritasverband, die Diakonie Deutschland und das Deutsche Rote Kreuz am Forschungsprojekt der Humboldt-Universität zu Berlin. Siehe *Humboldt-Universität zu Berlin, Institut für Geschichtswissenschaften*: Die Geschichte der Kinderkuren und Kindererholungsmaßnahmen in der Bundesrepublik Deutschland zwischen 1945 und 1989. https://www.geschichte.hu-berlin.de/de/bereiche-und-lehrstuehle/sozial-wirtschaftsgeschichte/forschungsprojekte/kindererholungskuren-1945-1989-brd (aufgerufen am 28.06.2024).

26 *Lorenz*, wie Anm. 15.

27 Hilke *Lorenz: Ich wusste, dass wir gegen Widerstände kämpfen müssen*. In: Stuttgarter Zeitung 01.04.2024. https://www.stuttgarter-zeitung.de/inhalt.verschickungskinder-loesen-verein-auf-ich-wusste-dass-wir-gegen-widerstaende-kaempfen-muessen.0abd61cc-d530-493a-ad47-4e4cbdf2cfba.html (aufgerufen am 07.07.2024).

28 Aus diesem Grund ist leider auch die Vereinswebsite mit zahlreichen Informationen zur bisherigen Arbeit aktuell nicht mehr zugänglich.

29 Hans Walter *Schmuhl*: Kur oder Verschickung? Die Kinderkuren der DAK zwischen Anspruch und Wirklichkeit. München 2023, S. 80.

30 Weitere Überlegungen zur Überlieferungslage in Kreisarchiven siehe *Berner* in diesem Band sowie die Ausführungen zur Aktenlage im Ausstellungsteil.

31 Für eine Analyse der Heimaufsichtsakten der Landesjugendämter in Bezug auf Einrichtungen der Jugendhilfe siehe Nastasja *Pilz*: Wo Vorwürfe von Staatsversagen zutreffen – Ein Blick in die Quellen der baden-württembergischen Heimaufsicht 1919 – 1975. In: Aufarbeiten im Archiv, wie Anm. 4, hier S. 88 – 111.

32 Akte aus dem Gesundheitsamt Villingen-Schwenningen über Ruhr-Erkrankungsfälle 1966 im Kindersolbad Bad Dürrheim. Landesarchiv Baden-Württemberg, Staatsarchiv Freiburg G 1184-3_169.

33 Für eine Auswertung dieser Recherchen siehe Nora *Wohlfarth*: Die Recherchen. In: Themenmodul *Heimkindheiten*. Stand: 16. 11. 2022. https://www.leo-bw.de/en-GB/web/guest/themenmodul/heimkindheiten/aufarbeitung/aufarbeiten-im-archiv/recherchen (aufgerufen am 09.07.2024).

34 Für eine Auswertung dieser Recherchen vgl. Nastasja *Pilz*, wie Anm. 4.

35 Alle Ratgeber, Folien der Workshops und sämtliche in den Projekten erarbeiteten Ergebnisse sind über die Website des Landesarchivs www.landesarchiv-bw.de erreichbar oder direkt über die Startseite der Projekte: www.heimerziehung-bw.de.

36 Corinna Keunecke und Nora Wohlfarth: Verzeichnis der Kinderkurheime in Baden-Württemberg (1949 – ca. 1980). Stand 14.07.2023. https://www.landesarchiv-bw.de/sixcms/media.php/120/75764/Verzeichnis_KinderkurheimeBW_2.Fassung.pdf (aufgerufen am 16.08.2024).
37 Sepp *Folberth* (Hg.): Kinderheime. Kinderheilstätten in der westdeutschen Bundesrepublik, Österreich und der Schweiz. München 1956; Sepp *Folberth* (Hg.): Kinderheime. Kinderheilstätten in der westdeutschen Bundesrepublik, Österreich und der Schweiz. 2. Auflage. München 1964. Die in einem separaten Kapitel aufgelisteten Einrichtungen der Behindertenhilfe, orthopädischen Kliniken, psychiatrischen Einrichtungen sowie ganz auf die Behandlung von Asthma, Tuberkulose und Rheuma ausgerichtete Einrichtungen wurden nicht übernommen.
38 Angela *Kalisch*: Erholungskur mit Spätfolgen. In: Pharmazeutische Zeitung (30.11.2020). https://www.pharmazeutische-zeitung.de/erholungskur-mit-spaetfolgen-122142/seite/2/?cHash=e49caba11690d52ebbd933c3bc9ebfd9 (aufgerufen am 05.07.2024). Hans *Kleinschmidt*: Über die Durchführung von Kindererholungs- und Heilkuren. In: Sepp *Folberth* 1964, wie Anm. 34, S. 25–89, hier: S. 72 f. Zu *Kleinschmidt* siehe auch den Beitrag von Anton *Maegerle* in diesem Band.
39 Basierend auf einem Vortrag von Corinna *Keunecke* beim Kongress der Verschickungskinder in Bad Sassendorf im September 2022.
40 Eine Grafik über die Verteilung der Heime auf die Landkreise ist im Katalogteil des Bandes im Kapitel Einrichtungen in Baden-Württemberg enthalten, ebenso Angaben zur Trägerschaft.
41 Vgl. dazu den Beitrag von Hans-Walter *Schmuhl* über Perspektiven der Forschung in diesem Band.
42 Alle Newsletter sind über www.heimerziehung-bw.de abzurufen.
43 Für die Vorstellungen zu Erziehung im 20. Jahrhundert vgl. auch den Beitrag von Miriam *Gebhardt* in diesem Band.
44 Vgl. den Beitrag zu diesem Thema von Gudrun *Silberzahn-Jandt* in diesem Band.
45 Zum Beispiel Hans-Walter *Schmuhl*, Gudrun *Silberzahn-Jandt*, Sylvia *Wagner* oder Niklas *Lenhard-Schramm*.
46 Diese Einrichtungen haben sich in der Lebenszeit der Menschen dann sehr verändert. Ein Beispiel ist die Diakonie Stetten, die sich intensiv mit ihrer Geschichte befasst hat. Vgl. Gudrun *Silberzahn-Jandt*: *... und da gab's noch ein Tor, das geschlossen war*. Alltag und Entwicklung in der Anstalt Stetten 1945 bis 1975. Stetten 2018. https://www.diakonie-stetten.de/fileadmin/diakonie-stetten/Ueber_uns/Geschichte/2018_12_Buch_Heimgeschichte/Und_da_gabs_noch_ein_Tor__das_geschlossen_war_-_Anstalt_Stetten_1945-1975.pdf (aufgerufen am 09.07.2024).
47 Schmuhl, wie Anm. 27, S. 203 ff.
48 Peter *Wensierski*: Schläge im Namen des Herrn: Die verdrängte Geschichte der Heimkinder in der Bundesrepublik. Hamburg 2006.
49 Den Hinweisen der Betroffenen auf NS-Kontinuitäten im Kinderkurwesen und ihren Forderungen nach einer weiteren Erforschung dieses Themenbereichs soll mit dem Beitrag von Anton *Maegerle* in diesem Band Rechnung getragen werden.
50 Corinna *Keunecke*: Das »Stigma Heimkind«. In: Themenmodul *Heimkindheiten*. Stand: 17.02.2022. https://www.leo-bw.de/en-GB/web/guest/themenmodul/heimkindheiten/aufarbeitung/aufarbeitung-im-archiv/das-stigma-heimkind (aufgerufen am 27.06.2024).
51 Vielen Dank an Sina *Fritsche* für zahlreiche kluge Gedanken zu diesem Abschnitt.
52 Gudrun *Silberzahn-Jandt*: »Aufarbeitung – eine Auseinandersetzung mit diesem Begriff“, im Bereich *Aufarbeitung* des Themenmoduls *Heimkindheiten* bei LEO-BW (im Erscheinen; Stand 19.07.2024)
53 Siehe den Beitrag von Hans-Walter *Schmuhl* zu Perspektiven der Forschung in diesem Band.

Wissenschaftliche Beiträge

Strukturen

Heime als »totale Institution«

Gudrun Silberzahn-Jandt

Bis Ende der 1960er war der Alltag von Heimbewohnerinnen und Heimbewohnern den Zielen und Erfordernissen der Anstalt, in der sie untergebracht waren, untergeordnet.[1] Der US-amerikanische Soziologe Erving Goffman hat für solche Einrichtungen den Begriff der *totalen Institution* entwickelt.[2] Als Kennzeichen einer *totalen Institution* formulierte Goffman, dass alle Angelegenheiten des Lebens wie das Arbeiten, Wohnen und Lernen am gleichen Ort mit anderen und meist gemeinsam ausgeführt werden. Die individuellen Bedürfnisse der dort betreuten Menschen standen nicht im Mittelpunkt, vielmehr waren sie dem Funktionieren der Anstalt untergeordnet. Diese konnten sein: Ordnung und Gehorsam oder auch Fleiß bei der jeweils zugewiesenen Tätigkeit. Von den kirchlichen Trägern wurde oft eine ausgeprägte Frömmigkeit eingefordert, die sich in vielerlei Alltagshandlungen wie Tischgebeten oder dem Besuch der Gottesdienste zeigte.

Ab dem Ende der 1960er Jahre begannen die Heime für Menschen mit Behinderung, die bis dahin Merkmale einer *totalen Institution* trugen, sich aufgrund breiter politischer Diskussionen und sich verändernder pädagogischer Konzepte nach außen zu öffnen. Oft waren sie bis dahin – architektonisch sichtbar – eine gänzlich eigene Welt hinter Mauern oder verschlossenen Toren. Denn auch die Beschäftigten wohnten dort und hatten wenig Kontakt zum Dorf oder der Stadt, in der sich die Einrichtung befand. Die Öffnung konnte bedeuten, dass Tore offenstanden oder abgebaut wurden, Kooperationen mit Vereinen vor Ort entstanden, Mitarbeitende nicht mehr ausschließlich auf dem Gelände der Anstalt wohnten und die dort betreuten Personen selbstständig und nicht nur um zur Arbeit zu gehen, die Einrichtung verlassen durften.

Goffman benennt als Merkmale einer *totalen Institution*: *1. Alle Angelegenheiten des Lebens finden an ein und derselben Stelle, unter ein und derselben Autorität statt. 2. Die Mitglieder der Institution führen alle Phasen ihrer täglichen Arbeit in unmittelbarer Gesellschaft einer großen Gruppe von Schicksalsgenossen aus, wobei allen die gleiche Behandlung zuteil wird und alle die gleichen Tätigkeit gemeinsam verrichten müssen. 3. Alle Phasen des Arbeitsalltages sind exakt geplant, eine geht zu einem vorher bestimmten Zeitpunkt in die nächste über, und die ganze Folge der Tätigkeiten wird von oben durch ein System explizit formaler Regeln und durch einen Stab von Funktionären vorgeschrieben 4. Die verschiedenen erzwungenen Tätigkeiten werden in einem einzigen rationalen Plan vereinigt, der angeblich dazu dient, die offiziellen Ziele der Institution zu erreichen.*

Totale Institutionen finden sich in Organisationen, die in Bereichen wie Gesundheit, Erziehung oder Sicherheit wichtige gesellschaftliche oder gar hoheitliche Aufgaben meist auf eng begrenztem und klar definiertem Raum mit wenig Personal und wenigen finanziellen und materiellen Ressourcen wahrnehmen. Mitarbeiterinnen und Mitarbeiter identifizierten sich in aller Regel mit den Zielen ihrer Einrichtung wie Erziehung, Pflege oder Förderung der Menschen. Sie nahmen den Widerspruch, der ihnen auferlegten und von ihnen stabilisierten strengen Strukturen entweder nicht wahr oder blendeten sie aus. Dies zeigte sich in der Zielsetzung dieser Einrichtungen, die nicht Fürsorge, Nächstenliebe und Gerechtigkeit für den Einzelnen im

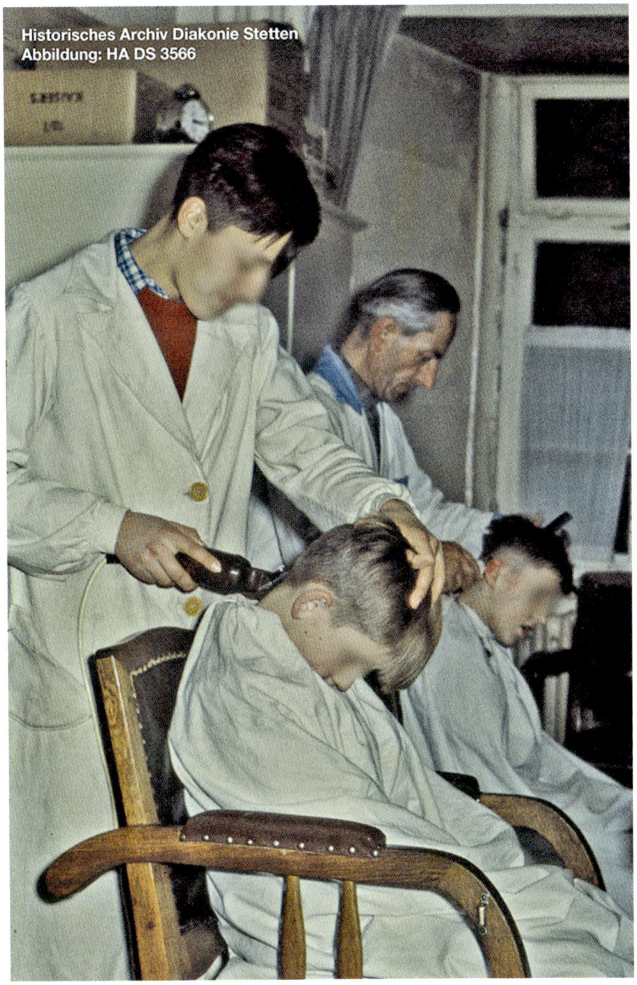

1 In gleichen zeitlichen Abständen kam der Friseur in die Einrichtung und alle Jungen erhielten den gleichen Haarschnitt. Vorlage: Historisches Archiv Diakonie Stetten 3566. Aus rechtlichen Gründen wurden die Gesichtszüge der abgebildeten Personen anonymisiert.

Blick hatte, sondern zuallererst die Ordnung der Anstalt. Oft war der Alltag deshalb bestimmt von Gehorsam und Unterordnung der Bedürftigen. Nach Goffman entwickeln die dort untergebrachten Menschen verschiedene Strategien mit den Strukturen einer *totalen Institution* umzugehen: die der Auflehnung und Rebellion, der Anpassung oder der Übernahme der Ideologie der Anstalt. Letzteres führt oft dazu, dass sie innerhalb der Einrichtungshierarchie aufsteigen können und Aufgaben von Hilfskräften übernehmen. Sie sind somit diejenigen, die von den Strukturen betroffen sind. Gleichzeitig schaffen und stabilisieren sie diese aufgrund ihrer Funktion. Gründe, solche Funktionen zu übernehmen, waren vor allem der Wunsch nach Anerkennung und Wertschätzung durch die Mitarbeitenden und die Idee, selber Macht ausüben zu können.

Meist jedoch sind diese Reaktionen nicht in Reinform, sondern unterschiedlich stark ausgeprägt und als Mischform zu finden.

Die fehlende Trennung zwischen den einzelnen Lebensbereichen zeigte sich auch darin, dass sich sowohl Schule als auch Arbeitsplätze auf dem Gelände der jeweiligen Einrichtung befanden. Aufsteh-, Zubettgeh-, Gebets-, Essens- und Arbeitszeiten legte die Leitung der Einrichtung für alle gleichermaßen fest. Wieder standen die Bedürfnisse der Bewohnerinnen und Bewohner im Hintergrund. So finden sich in den Einrichtungen einheitliche Regeln zur Nachtruhe, zum Duschen und zur Körperpflege, bis hin zu einem einheitlichen, in einem vorgegebenen Rhythmus durchgeführten Haarschnitt. Selbst die Weihnachtsgeschenke waren lange nicht individualisiert, sondern – den Prinzipien der Gleichheit, Gerechtigkeit und Sparsamkeit folgend – für die jeweilige Altersgruppe gleich. Die Maxime der Zweckmäßigkeit und Unterordnung unter die Ziele der Organisation und ihr Funktionieren zeigte sich ebenso bei dem Thema Kleidung: Auch, wenn in den Nachkriegsjahren keine Uniformen mehr üblich waren, so hatten die Mädchen in Einrichtungen der Behindertenhilfe, wie auch in solchen der Psychiatrie, unter der Woche bunte und sonntags weiße Schürzen zu tragen und die Buben oft Lederhosen.

1 Dieser Text erschien zuerst im Themenmodul Heimkindheiten: Gudrun *Silberzahn-Jandt*: Heime als »totale Institution«. In: Themenmodul Heimkindheiten. Stand: 21.02.2022. https://www.leo-bw.de/themenmodul/heimkindheiten/rahmenbedingungen/totale-institution (aufgerufen am 01.07.2024).
2 Im Folgenden siehe Erving *Goffman*: Asyle. Über die soziale Situation psychiatrischer Patienten und anderer Insassen. Frankfurt am Main 1973.

Braune Schatten in Kinderkurheimen und Kinderkrankenhäusern der Bundesrepublik

Anton Maegerle
Unter Mitarbeit von Corinna Keunecke

Zwischen den 1950er und 1990er Jahren wurden in Westdeutschland zwischen acht und zwölf Millionen Kinder und Jugendliche auf Anraten von Kinder-, Schul- und Hausärzten zur gesundheitlichen Stärkung in Kinderkurheime und Kliniken an die See, die Mittelgebirge oder in die Berge verschickt. In den Kinderkurheimen und Kliniken herrschte vielfach ein Regime, das nicht den minderjährigen Menschen und dessen körperliche und seelische Gesundheit in den Fokus stellte, sondern mit deren Konstitution und den Ängsten und Sorgen der Eltern Kasse machte. In vielen Kurheimen gehörten autoritäre Erziehungsmethoden aus Kaiser- und NS-Zeit zur Tagesordnung. Erholungskuren waren von Anfang an primär nicht als humanitäre oder pädagogische Maßnahme gedacht, sondern als Investition in die spätere Leistungsfähigkeit der Kinder.

Die Verschickung knüpfte offenbar an die NS-Kinderlandverschickung an. Auch die Nationalsozialisten hatten, solange es der von ihnen entfesselte Weltkrieg zuließ, die Kinderlandverschickung praktiziert. Die NS-Erziehungsmethoden setzten mit Gefühlskälte auf Drill, Ertüchtigung, Leistung und griffen eine lange Tradition auf. Nach der Machtübertragung an Hitler 1933 erhob die NS-Volkswohlfahrt (NSV) als neu geschaffene Parteiorganisation einen Führungsanspruch im Bereich der Familien-, Kinder- und Jugendfürsorge. Im Bereich der Erholungsfürsorge legte die NSV ihren Schwerpunkt auf die Kinderlandverschickung. Deutlich zeigte sich die NS-Ideologie im Auswahlverfahren, das an den rassen- und bevölkerungspolitischen Zielen des Regimes ausgerichtet war. So gab eine Richtlinie für die Kinderlandverschickung vor, dass zwischen *erbbiologisch einwandfreien* und *erbminderwertigen* Kindern und Familien unterschieden werden müsse. Elemente des Kinderkurwesens während der NS-Zeit waren unter anderem die *völkische* Ausrichtung mit einer Erziehung zur *Volksgemeinschaft* und das Konzept der NS-Leistungsmedizin. Praktiziert wurden typische Formen der *Wehrerziehung* wie Flaggenhissen, Aufmärsche und militärische Gymnastik. Das Horst-Wessel-Lied wurde gesungen, ein Kampflied der SA, das später zur Parteihymne der NSDAP avancierte. Veranstaltungen wurden mit einem *Sieg Heil!* auf den Führer beendet. Grundlegende Richtlinien und Praktiken, die nach 1945 aus der Kurkonzeption gestrichen wurden, deren pädagogisches Momentum, sprich Kontinuitätslinien in den Erziehungspraktiken, jedoch erhalten und wirksam blieben und weiterhin umgesetzt wurden. Eine grundlegende Entnazifizierung fand im Deutschland der Nachkriegszeit auch im Kinderkurwesen weder in personeller noch in ideologischer Hinsicht statt. Fakt ist, dass hochrangige Akteure aus den Jahren der nationalsozialistischen Gewaltherrschaft auch in der demokratischen Bundesrepublik in Kinderkur-Strukturen eingebunden waren. Mehrere Heime wurden von ehemaligen NS- und SS-Tätern geleitet. Diese hatten sich in den selten kontrollierten und oft isolierten Kinderkurheimen und -Kliniken eine neue Existenz geschaffen. Auch viele der sogenannten *Tanten* (Betreuungspersonal) haben ihre Kindheitsprägungen und ihre beruflichen Hauptprägungen während der NS-Zeit erworben, so dass die Ideologie des Regimes in den Kurheimen weiterleben konnte. Mentale, inhaltliche und personelle Kontinuitäten, die in die NS-Zeit zurückreichten, waren jedoch kein Thema in der Öffentlichkeit. Bis heute stehen Studien darüber aus, wie sich die ideologischen und pädagogischen Vorstellungen der NS-Zeit in späteren Jahrzehnten bei den Kinderkuren ausgewirkt haben.[1]

NS-Akteure und Kinderkurheime

Im Jahr 2020 informierte *Report Mainz* über drei Fälle hochrangiger NS-Akteure, die Kurheime leiteten und dort die Verantwortung für zehntausende Kinder trugen.

Im Fokus der investigativen Recherchen des Teams (bei denen der Autor dieses Aufsatzes tätig war) standen die aus NS-Zusammenhängen bekannten Täter Werner Scheu, Albert Viethen und Hugo Kraas.[2]

Kinderkurheim Möwennest auf Borkum

Der verurteilte Kriegsverbrecher und Holocaust-Täter Werner Scheu (1910 – 1989) leitete in den 1950er Jahren das Kinderkurheim Möwennest auf der Nordseeinsel Borkum. Scheu, Mitglied der NSDAP und der Waffen-SS, war 1941 als Offizier an der Erschießung von 220 litauischen Jüdinnen und Juden beteiligt. Er selbst tötete mehrere und wurde deshalb später zu lebenslanger Haft verurteilt. In seinem Heim wurden Kinder drangsaliert und gequält. Eine Betroffene, die in Scheus Heim zur Kur war, erinnerte sich im Gespräch mit *Report Mainz*, zur Strafe in der Nacht stundenlang barfuß auf dem kalten Fußboden gestanden zu haben.

Kinderkurheim Schönsicht in Berchtesgaden

Im bayerischen Berchtesgaden war Albert Viethen (1897 – 1978) ärztlicher Leiter des Kinderkurheims Schönsicht. Darüber hinaus arbeitete er in weiteren Kinderkurheimen. In der NS-Zeit war Viethen Mitglied in rund einem Dutzend NS-Organisationen – von der NSDAP über den NS-Ärztebund bis zur SS. Außerdem war Viethen bis 1945 Lehrstuhlinhaber für Kinderheilkunde an der Universität Erlangen und dort an *Euthanasie*-Verbrechen beteiligt. Aus seiner Klinik wurden während der NS-Zeit rund 20 Kinder in eine Tötungsanstalt überwiesen. Sieben wurden daraufhin dort nachweislich ermordet. Auch im Kinderkurheim Schönsicht wurden Kinder gequält, berichteten Betroffene im Gespräch mit *Report Mainz*. 1963 wurde der einstige SS-Obersturmführer Viethen wegen Beihilfe zum Mord angeklagt. Er kam davon, weil er von den Mordaktionen später nichts gewusst haben wollte. Historiker werten das als unglaubwürdige Ausrede.

Kinderkurheim Seeschloß in St. Peter-Ording

In St. Peter-Ording führte Hugo Kraas (1911 – 1980) von 1969 bis zu seinem Tod das Kinderkurheim Seeschloß mit 60 Betten (inoffiziell, da seine Frau Sünne als Inhaberin geführt wurde). Kraas, SS-Brigadeführer und Generalmajor der Waffen-SS, war einer der ranghöchsten Generäle der Waffen-SS und ebenfalls Mitglied in der NSDAP. Während des Krieges kämpfte der aus der katholischen Kirche ausgetretene und dann *gottgläubige* Kraas im Dauereinsatz nahezu auf allen Schlachtfeldern Europas. *Gottgläubigkeit* war ein religiöses und gleichzeitig nationalsozialistisches Bekenntnis. Kraas war als SS-Untersturmbannführer der Leibstandarte Adolf Hitler mit einer Panzerjägerkompanie am Überfall auf Polen beteiligt, kämpfte auf dem

Balkan und in der Sowjetunion und übernahm 1942 ein Panzergrenadier-Regiment, das er zum Angriff auf Charkow (in der heutigen Ukraine, heute Charkiw) führte. Kraas war nicht nur Träger mehrerer SS-Auszeichnungen, darunter dem Ehrendegen *RFSS* und dem *Totenkopfring*, sondern wurde auch mit anderen höchsten Auszeichnungen förmlich überhäuft: Er erhielt das *Deutsche Kreuz* in Gold und das *Ritterkreuz des Eisernen Kreuzes*. Der Höhepunkt fand am 24. Januar 1944 statt: Hitler überreichte Kraas auf dem Obersalzberg persönlich das Eichenlaub zum Ritterkreuz des Eisernen Kreuzes. Zu den Verleihungsgründen wurde damals ausgeführt, dass das von Kraas geführte Regiment unter anderem 91 Feindpanzer (davon 29 im Nahkampf), 63 Panzerabwehrkanonen, 15 Geschütze, drei Flugzeuge und 36 LKW erbeutete sowie 900 Gefangene machte. Mit Hitler und dem Propagandaminister Joseph Goebbels war Kraas persönlich bekannt: Hitler gratulierte ihm beispielsweise in einem persönlichen Brief zur Hochzeit. Kraas blieb bis zu seinem Tod ein überzeugter Nationalsozialist. So nahm er etwa 1966 an der Beerdigung des SS-Oberst-Gruppenführers Sepp Dietrich teil, einem verurteilten Kriegsverbrecher. Dietrich war im NS-Staat von 1942 bis 1945 der höchste Generalsrang der *Schutzstaffel* unter dem Reichsführer SS. Auf der Beerdigung präsentierte sich Kraas mit Ritterkreuz und weiteren NS-Orden. Er war letzter Kommandeur der 12. SS-Panzer-Division *Hitlerjugend* und in der Nachkriegszeit Mitglied in der *Hilfsgemeinschaft auf Gegenseitigkeit der Angehörigen der ehemaligen Waffen-SS* (HIAG), die zeitweise vom Verfassungsschutz als rechtsextrem bewertet und beobachtet wurde. In den 1950er Jahren war Kraas zeitweilig Geschäftsführer des von Alt-Nazis unterwanderten Bezirksverbands der FDP Nordrhein-Westfalen in Düsseldorf. Den Tod von Kraas vermeldete die antisemitische und Holocaust-leugnende Zeitschrift *Die Bauernschaft* von Thies Christophersen, vormals SS-Sonderführer bei Auschwitz.

1997 starb Kraas' Ehefrau Sünne. *Die Familie nimmt Abschied* war in der Todesanzeige in den *Kieler Nachrichten* zu lesen. Sünne und Hugo Kraas sind auf dem Friedhof in Haddeby bei Schleswig beerdigt. Ihren Grabstein schmücken die Lebens- und die Todesrune. Die Lebensrune wurde in der NS-Zeit als Zeichen des *Lebensborn e.V.* genutzt, einem Verein zur *Zucht der arischen Elite*. Sie war auch Abzeichen im Sanitätsdienst der SA sowie des *Nationalsozialistischen Kraftfahrkorps* und des *Deutschen Frauenwerks*.

Mehrere Mitglieder der Familie Kraas sind aus rechtsextremen Zusammenhängen hinlänglich bekannt. Der zeitweilig nach Argentinien ausgewanderte Rolf Dieter Böhm, ein Schwiegersohn von Kraas, war Betreiber des Thulehof in Sandwehle bei St. Peter-Ording. Der Thulehof galt als Stützpunkt der Hitler-treuen NSDAP/AO (NSDAP-Aufbau- und Auslandsorganisation). Die neonazistische Organisation mit Hauptsitz in den USA wurde 1972 durch den Neonazi Gary Lauck gegründet. Das Familienmitglied Sunnihilt Wellmer gehörte in führender Funktion der *Vereinigung Ur-Europa, gemeinnützige Gesellschaft für europäische Urgeschichte e.V.* an. Bei *Ur-Europa* wird dem Forschungsgeschwurbel von Herman Wirth gehuldigt. Wirth, *geistiger Vater des SS-Ahnenerbes*, glaubte an die Existenz einer höherwertigen, nordisch-germanischen Rasse. Er war *der Überzeugung, dass die Arier von den Hyperboräern abstammen, die von ihrer Urheimat, dem arktischen Ultima Thule in alle Welt ausgeströmt seien*, so die rechtsextreme Zeitschrift *Compact*. Dabei, so die *Erkenntnisse* von Wirth, *hätten sie auch Indien besiedelt, um die ansässige farbige Bevölkerung zu unterwerfen und mit dem Kastensystem die* Rassereinheit *zu garantieren.* [3] An Vortragsveranstaltungen von *Ur-Europa* nahmen szenebekannte Rechtsextremisten wie Andreas Thierry oder Roland Wuttke teil. 1994 war Sunnihilt Wellmer Kreistagskandidatin der rechtsextremen Republikaner in Schleswig-Holstein.

Thorolf Wellmer ist der älteste Enkelsohn von Kraas. Wellmer berichtete 2006 in der

Waffen-SS-treuen Zeitschrift *Der Freiwillige* über seinen *altehrwürdigen Großvater*. Sein anderer Großvater, Jakob Wellmer, war Kriegsberichter in der Kriegsmarine-Propagandakompanie Potsdam. *Ich bin stolz und hochgemut angesichts von Euch außerordentlichen Großvätern* bekannte Wellmer im Freiwilligen.[4]

Kinderkurheim Goldene Schlüssel in St. Peter-Ording

Nach dem Bericht von *Report Mainz* geriet eine einstige Ortsgröße von St. Peter-Ording in den Blick der Öffentlichkeit: Dr. Richard Felten. Der Allgemeinmediziner, SS-Untersturmführer und NSDAP-Mitglied wurde 1943 Bürgermeister von St. Peter-Ording. 1949 wurde Felten wegen Verbrechens gegen die Menschlichkeit angeklagt: Ihm wurde vorgeworfen, an einer Einweisung in ein Konzentrationslager beteiligt gewesen zu sein. Die Anklage wurde jedoch fallen gelassen. Felten leitete von 1913 bis 1955 das Kurheim Goldene Schlüssel in St. Peter-Ording, in das auch Kinder mit Atemwegserkrankungen aus Baden-Württemberg verschickt wurden.

Im Jahr 1955 übergab Felten die Einrichtung an das Deutsche Rote Kreuz, das seitdem die Klinik betreibt. 1967 wurde der im Folgejahr verstorbene Felten zum ersten Ehrenbürger von St. Peter-Ording ernannt.

In einer einstimmigen Entscheidung beschloss die Gemeindevertretung von St. Peter-Ording am 29. Januar 2024 die Umbenennung des Dr.-Felten-Wegs sowie die Aberkennung der Ehrenbürgerschaft für Felten. Der Gemeinderat stützte sich bei seiner Entscheidung auf ein Gutachten von Dr. Helge-Fabien Hertz von der Christian-Albrechts-Universität zu Kiel. Demnach habe Felten *den Nationalsozialismus offen begrüßt und in verantwortlicher Position aktiv zu dessen Etablierung in St. Peter-Ording beigetragen.*

1 Der Dr.-Felten-Weg in St. Peter-Ording. Vorlage: Helge-Fabian Hertz.

Kinderheim Köhlbrand in St. Peter-Ording

Langjähriger Vorsitzender des Vereins *Hamburger Kinderheim Köhlbrand in Ording e.V.* war Gerhard Kreyenberg (1899–1996). Der Verein führte das gleichnamige Kinderheim in St. Peter-Ording. Kreyenberg war Mitglied von NSDAP und SA, Psychiater und in der NS-Zeit stellvertretender Direktor der Alsterdorfer Anstalten in Hamburg. Diese gilt als eine der ältesten Einrichtungen der stationären Versorgung von Menschen mit geistigen Behinderungen in Deutschland. Im Zuge der *Euthanasie*-Maßnahmen autorisierte Kreyenberg Verlegungen von Insassen der Alsterdorfer Anstalten in andere Einrichtungen, wo diese größtenteils durch Verhungernlassen oder das Verabreichen von Medikamenten starben. Als Beisitzer am Hamburger Erbgesundheitsgericht befürwortete Kreyenberg, seit 1934 Gaustellenleiter des Rassenpolitischen Amts der NSDAP, Zwangssterilisationen von sogenannten *Schwachsinnigen* nach dem Gesetz zur Verhütung erbkranken Nachwuchses, auch in den Alsterdorfer Anstalten. Als Autor wollte er die angebliche Erblichkeit von *Schwachsinn* belegen.

Haus Nickersberg bei Bühl im Schwarzwald

Hier bemühen sich Schwestern und Kindergärtnerinnen, die Gesundheit überwacht die Kinderärztin, der Onkel Doktor und Tante Else freuen sich, wenn ihr zu uns kommt, versprach das Kinderkurheim Haus Nickersberg bei Bühl im Schwarzwald in Prospekten in den 1950er Jahren.[5] Doch der *Onkel Doktor* war kein Facharzt, die Kinder wurden eher verwahrt als betreut. Leiter der Einrichtung von 1950 bis 1963 war Dr. Paul Bartsch (1893–1977), ein Berliner Berufsschullehrer. Verschickungskinder erinnern sich an lieblose Betreuerinnen, die mit den Kindern Gewaltmärsche durch den Wald unternahmen, Kinder kalt abduschten und Post zensierten. Das oft ekelerregende Essen musste zwangsweise gegessen werden, ebenso Erbrochenes. Postkarten an die Eltern wurden zensiert – oder bei der Ankunft gleich ein *euphorischer Text diktiert*.[6] NSDAP-Mitglied Bartsch wurde 1934 im Lehrerbund Reichsfachgruppenleiter für das Anstaltserziehungswesen und übernahm in der Fachzeitschrift *Die Deutsche Sonderschule* die Schriftleitung und den Bereich Anstaltserziehungswesen. In Aufsätzen forderte er die Kollegen auf: *Sichert als Amtswalter des nationalsozialistischen Staates durch Auslese und Ausmerze in eurer Schülerschaft das Gesamtschicksal unseres Volkes.* 1935 wurde Bartsch Mitarbeiter im *Rassenpolitischen Amt* der NSDAP-Reichsleitung. Nach 1945 fälschte Bartsch seinen Lebenslauf, gab sich als praktischer Psychologe aus und baute das Kinderkurheim Haus Nickersberg auf. Im April 1977 verstarb Bartsch im Alter von 84 Jahren in Mainz.[7]

Haus Aichhorn in Dornhan im Schwarzwald

Christian Worch war längere Zeit in einem Jungenheim untergebracht, das zuvor als Kindererholungsheim gedient hatte. Der in Szene-Kreisen bundesweit bekannte Neonazi wurde 1956 in Hamburg geboren. Er saß mehrfach Haftstrafen wegen Delikten wie Volkverhetzung und Aufstachelung zum Rassenhass ab. Worch ist Adoptivkind eines ehemaligen Truppenarztes der Waffen-SS. Seine Großmutter war Fluchthelferin für den SS-Verbrecher Klaus Barbie, den *Schlächter von Lyon*. Später engagierte sie sich für die *Hilfsgemeinschaft Freiheit für Rudolf Heß*. Im Bücherregal der Mutter stand Adolf Hitlers *Mein Kampf*. Bereits im Alter von 14 Jahren will Worch sich laut eigenen Angaben mit den Ideen des historischen Nationalsozialismus beschäftigt haben. Zwischen seinem 12. und 14. Lebensjahr verbrachte er zwei Jahre in einem Jungenheim im Schwarzwald, wie er in einem Interview im Februar 2010 bei *Altermedia Deutschland – Störtebeker-Netz* erzählte, dem damals bundesweit bedeutendsten rechtsextremen Internet-Nachrichtenportal. *Altermedia* war ein internationales neonazistisches Internetportal; der bundesdeutsche Ableger, eine als Blog konzipierte Internetplattform, wurde 13 Jahre nach Inbetriebnahme im Jahr 2016 durch den Bundesminister des Innern verboten.

Untergebracht war Worch im Haus Aichhorn in Dornhan, einer Kleinstadt im baden-württembergischen Landkreis Rottweil. Den Heimleiter konnte er damals *nicht leiden*, weil er als Scheidungshalbwaise *nicht positiv auf die Autorität eines erwachsenen Mannes* reagiert habe, so erklärte er sich seine Abneigung später selbst. Dem einstigen Heimleiter begegnete Worch Jahrzehnte später wieder: Worch will ihm am Tag vor der Demonstration gegen die *Anti-Wehrmacht-Ausstellung* in München 1997 begegnet sein. Von April 1995 bis Oktober 1999 wurde in bundesdeutschen und österreichischen Städten die Wanderausstellung *Vernichtungskrieg. Verbrechen der Wehrmacht 1941 bis 1944* gezeigt, die das Hamburger Institut für Sozialforschung organisiert und finanziert hatte. Thema der Ausstellung war die Beteiligung der Wehrmacht am Vernichtungskrieg des NS-Regimes gegen die Sowjetunion, am Holocaust sowie am Porajmos, dem Völkermord an den europäischen Sinti und Roma in der Zeit des Nationalsozialismus. An der NPD-Demonstration gegen die Wehrmachtsausstellung am 1. März 1997 in München nahmen fast 5.000 Rechtsextremistinnen und Rechtsextremisten teil. Es war der teilnehmerstärkste rechtsextreme Aufmarsch seit NS-Zeiten. Der Heimleiter habe ihm in München *eine Geschichte erzählt*, die ihm *die Tränen in die Augen getrieben hat*, berichtete Worch bei *Altermedia*.[8] Demnach war Karl-Heinz Nischak, der spätere Heimleiter im Schwarzwald, im Krieg bei der Waffen-SS, Funktruppführer und Kommandant eines Funkpanzers bei der 17. SS-Panzergrenadier-Division *Götz von Berlichingen* – und somit ein Gesinnungskamerad von Worch.

Nischak und seine Frau Ortrun hatten das Haus in Dornhan, das nach dem Zweiten Weltkrieg als Kindererholungsheim betrieben wurde, nach ihrer Übernahme zu einem Jungenheim umgestaltet. Den Namen des Jungenheimes hatte Nischak gewählt: *August Aichhorn, das war der „Guru" von meinem Vater* erinnerte sich Jahrzehnte später Sigmund Nischak. Der Österreicher Aichhorn (1878–1949) gilt als der Begründer der psychoanalytischen Pädagogik. Der Freud-Schüler war als einer der ganz wenigen Psychoanalytiker während der NS-Zeit in Wien verblieben. Weshalb der einstige SS-Mann einen Mann mit positivem Menschenverständnis zum *Guru* erkor, kann an dieser Stelle nicht nachgegangen werden. Zunächst als gemischtgeschlechtliches Haus geführt, wurde daraus später ein reines Jungenheim mit 28 Plätzen. *Karl-Heinz Nischak setzte damals eine Pädagogik ein, die seinem Sohn reichlich suspekt vorkam*, wie er später sagte. *Wer in den späten 1960er und 1970er Jahren studierte, für den steht alles, was Disziplin und mitunter scharfen Ton betrifft, dazu diese Exkursionen in abenteuerliche Landschaften, unter Generalverdacht*, berichtete der *Schwarzwälder Bote* im Jahr 2013.[9]

NS-Akteure und Kinderheilkunde

Der 1894 in Mannheim geborene Werner Catel (1894–1981), ebenfalls Angehöriger mehrerer NS-Organisationen und einer der Haupttäter der NS-Kinder-*Euthanasie*, war von 1933 bis 1945 Professor für Kinderheilkunde an der Universität Leipzig und von Mitte der 1950er Jahre bis 1960 in gleicher Stellung an der Christian-Albrechts-Universität zu Kiel. Als Ordinarius für Kinderheilkunde und Direktor der Universitäts-Kinderklinik in Kiel ging er aufgrund öffentlichen Drucks und der Debatte um seine Rolle im Nationalsozialismus vorzeitig in den Ruhestand. Die *Euthanasie* an Kindern mit *geistigen und körperlichen Behinderungen* propagierte Catel auch nach 1945 weiterhin öffentlich. In seinem Buch *Leidminderung richtig verstanden* verteidigte er 1966 *Euthanasie* an *vollidiotischen Kindern* als ärztlich gerechtfertigt. Catel wirkte zwischen 1940 und 1944 als einer von drei Gutachtern im sogenannten *Reichsausschuss zur wissenschaftlichen Erfassung schwerer erb- und anlagebedingter Leiden* mit – und entschied damit über Leben oder Tod der von den Gesundheitsämtern des Reiches gemeldeten, behinderten – oder auch nur angeblich behinderten – Kinder mit. Ab 18. August 1939 galt die Meldepflicht für *missgebildete Kinder* an den Ausschuss. Dieser hatte die Tötung der Kinder zu organisieren. Bei dem *Reichsausschuss* handelte es sich um eine Tarnorganisation für das Hauptamt der *Kanzlei des Führers*. Von 1947 bis 1954 leitete Catel die hessische Landeskinderheilstätte Mammolshöhe in Königstein bei Frankfurt.[10]

Catel hielt nach 1945 den Kontakt zu seinen früheren Assistenzärztinnen und -ärzten; so war auf der Mammolshöhe zeitweilig Dr. Hannah Uflacker (1906-1964) tätig, die an den Morden in der *Kinderfachabteilung* der Universitätskinderklinik Leipzig beteiligt war. Uflacker folgte später Catel auch nach Kiel. Als ihr wegen ihrer Vergangenheit der Entzug der Approbation drohte, suizidierte sich die Kinderärztin. Ihr Erziehungsratgeber *Mutter und Kind*, der von 1956 bis 1964 in 38 Auflagen erschien, kann auch heute noch erworben werden.

In der Mammolshöhe wurden nicht zugelassene Medikamente erprobt, bei denen mindestens vier Kinder starben, wie eine von Hans-Walter Schmuhl und Karsten Wilke erarbeitete – und vom Landeswohlfahrtsverband Hessen beauftragte – Studie belegt. Der Fall Mammolshöhe stellt dabei keine Ausnahme dar. Arzneimittelprüfungen kamen vielfach in Kinderheilstätten und Kinderkurheimen in der Nachkriegszeit vor, wie Sylvia Wagner und Burkhard Wiebel bereits 2020 in einem Aufsatz herausgearbeitet haben.[11] Im Mai 2022 hat das Sozialministerium Nordrhein-Westfalen eine groß angelegte Studie in Auftrag gegeben, die das gesamte Ausmaß und Spektrum des missbräuchlichen Medikamenteneinsatzes in nordrhein-westfälischen Kinderkurheimen und -kliniken sowie in Einrichtungen der Kinder- und Jugendhilfe, der Behindertenhilfe und der Psychiatrie von 1949 bis 1980 untersuchen soll.[12]

Im April 1981 starb Catel in Kiel. Die Kieler Universität gedachte ihres ehemaligen Professors in einer Todesanzeige mit den Worten: *Durch seine wissenschaftlichen und publizistischen Aktivitäten hat er weit über den engeren Wirkungsbereich der Klinik hinaus in vielfältiger Weise zum Wohle kranker Kinder beigetragen. Alle, die ihn gekannt haben, bezeugen eine von rechtlicher Gesinnung und hohem sittlichem Verantwortungsbewusstsein geprägte ärztliche Persönlichkeit.*[13]

Von 1933 bis 1935 war der Marine-SA-Angehörige, zugleich NSDAP-Mitglied, Hans Kleinschmidt (1905-1999) Assistenzarzt bei Catel an der Universitätskinderklinik Leipzig. Später arbeitete Kleinschmidt als Kinderarzt im fränkischen Ansbach, wo sich seit 1942 eine sogenannte *Kinderfachabteilung* befand, in der auch Kinder-*Euthanasie* betrieben wurde. Dorthin hatte auch Kleinschmidt eingewiesen. Für Kinder und Jugendliche mit *körperlichen oder geistigen Behinderungen*, die bis dahin zu Hause gelebt hatten, richtete der NS-Staat sogenannte *Kinderfachabteilungen* ein, in denen sie ermordet wurden. Reichsweit gab es 30 dieser *Kinderfachabteilungen*. Sie dienten als Stätten zur lokalen Erfüllung des Tötungsprogrammes des *Reichsausschusses*. Ausgeführt wurde die Kinder-*Euthanasie* unter Beteiligung niedergelassener Ärzte und staatlicher Ämter, in Krankenhäusern und wissenschaftlichen Instituten.

Von 1956 bis 1973 arbeitete Kleinschmidt als Chefarzt im DRK-Kindersolbad Haus Hohenbaden im baden-württembergischen Bad Dürrheim. Im Kindersolbad sollen Medikamente an Kurkindern getestet und Präparate ohne Marktzulassung verabreicht worden sein. Kleinschmidt ist Autor einer berüchtigten Strafenliste. Diese publizierte er unter dem Titel *Über die Durchführung von Kindererholungs- und Heilkuren* im als Standardwerk bezeichneten Sammelband *Kinderheime, Kinderheilstätten in der Bundesrepublik Deutschland, Österreich und der Schweiz.*[14] Herausgeber des 1964 erschienenen Bandes war der Kinderarzt Sepp Folberth (1908 – 1990). Kleinschmidt schrieb in seinem Beitrag über verschiedene Strafen für Kinder in der Kur, die Zuchthausstrafen ähnelten. Zum Katalog der Grausamkeiten gehörten Maßnahmen wie Schläge – aber nicht ins Gesicht, denn *es gibt eine bessere Stelle* – oder die Gabe von Wasser und Brot anstatt einer Mahlzeit.[15]

Gemordet wurde im Rahmen der Kinder-*Euthanasie* auch im Städtischen Kinderkrankenhaus in Stuttgart, das von dem Kinderarzt, Obermedizinalrat und stellvertretenden Leiter des städtischen Gesundheitsamtes, Karl Lempp (1881-1960), geleitet wurde. Zwischen Anfang 1943 und Kriegsende wurden im Kinderkrankenhaus mindestens 50 Kinder im Rahmen der *Euthanasie* getötet. NSDAP-Mitglied Lempp, der auch für etliche Zwangssterilisationen verantwortlich war, musste sich nach 1945 nicht vor Gericht verantworten. Er behielt seine Position als stellvertretender Leiter des städtischen Gesundheitsamts bis 1949. Bis zu seiner Pensionierung 1950 blieb Lempp auch Leiter des Städtischen Kinderkrankenhauses und wurde vier Jahre später noch mit einem Professorentitel geehrt.[16]

Europaweit hat das NS-Regime zwischen 1939 und 1945 ca. 300.000 behinderte und psychisch kranke Menschen ermordet, weil ihr Leben angeblich nicht *lebenswert* war.[17]

Fazit

Die hier behandelten Beispiele stehen exemplarisch für die NS-Kontinuitäten im Bereich der Kinderkurverschickung. Weitere Forschungen, die sich diesem Themenkomplex näher widmen, stehen aktuell noch aus; es ist jedoch davon auszugehen, dass sich weitere Fälle aufdecken lassen.[18]

Kinderkur- und Erholungsheime boten beste Möglichkeiten als neues Betätigungsfeld für ehemalige NS-Täter und -Funktionäre. Im Rahmen der Kinderverschickung konnte dieser Personenkreis an der sozialrassistisch begründeten Vorstellung vom Erhalt der *gesunden Volksgemeinschaft* in Gestalt von gesunden Körpern, körperlicher Ertüchtigung und Volksgesundheit weitgehend festhalten. Da kaum bis keinerlei formale Qualifikationen für die Leitung von Kinderkur- oder Kindererholungsheimen erforderlich waren, war es vormaligen NS-Täterkreisen ohne weiteres möglich, sich neue Existenzen in der Bundesrepublik aufzubauen.

1 Anja *Röhl*: Das Elend der Verschickungskinder. Kindererholungsheime als Orte der Gewalt. Gießen 2022. Es gibt zahlreiche weitere Artikel und Berichte zum Thema NS-Kontinuitäten, im Folgenden eine Auswahl: Sabine *Seifert*: Wir Verschickungskinder. In: TAZ (14.12.2021). https://taz.de/Kuraufent halte-von-Kindern/!5818643/. (Alle genannten URL aufgerufen am 01.07.2024); Ludger *Tenberge*: Nazi-Pädagogik als dunkler Schatten. In: Soester Anzeiger (07.07.2023). https://www.soester-anzeiger.de/lokales/bad-sassendorf/das-kinderkurwesen-nach-1945-fusste-auf-einer-belasteten-vorgeschichte-nazi-paedagogik-als-dunkler-schatten-92387944.html; *Aufarbeitung und Erforschung von Kinder-Verschickung e.V./AEKV e.V. (Anja Röhl)*: Einflüsse der NS-Zeit. (Website der Initiative Verschickungskinder e.V.) 25.01.2024. https://verschickungsheime.de/ns-zusammenhaenge/; Ulrich *Neumann* und Philipp *Reichert*: Dokumentation und Reportage. Gequält, erniedrigt, drangsaliert – Der Kampf ehemaliger Kur-Kinder um Aufklärung. 10.08.20. https://www.daserste.de/information/reportage-dokumentation/dokus/videos/exclusiv-im-ersten-gequaelt-erniedrigt-drangsaliert-video-102.html; *Landtag von Baden-Württemberg*: Antrag der Abgeordneten Andreas Kenner und Dr. Dorothea Kliche-Behnke u.a. (SPD) und Stellungnahme des Ministeriums für Soziales, Gesundheit und Integration: Aufarbeitungsprozess zur Kinderverschickung in Baden-Württemberg. 17. Wahlperiode. Drucksache 17/5257 v. 08. August 2023. https://www.landtag-bw.de/files/live/sites/LTBW/files/dokumente/WP17/Drucksachen/5000/17_5257_D.pdf (Nachfrage zum Stand der Aufarbeitung in Baden-Württemberg).

2 Ulrich *Neumann* und Philipp *Reichert*: Report Mainz. Wie Kinder in Kurheimen systematisch misshandelt und gedemütigt wurden. 03.12.19. https://www.daserste.de/information/politik-weltgeschehen/report-mainz/videosextern/wie-kinder-in-kurheimen-systematisch-misshandelt-und-gedemuetigt-wurden-102.html.

3 Daniell *Pföhringer*: Das Ahnenerbe: Urzeitforschung im Dienste der SS. In: COMPACT-Magazin (16.10.2022). https://www.compact-online.de/das-ahnenerbe-urzeitforschung-im-dienste-der-ss/

4 Thorolf *Wellmer*. Ihr Protest gegen die Verunglimpfung der Soldaten der Deutschen Wehrmacht! Zum Gedenken an unsere Kriegsopfer. Hugo Kraas und Jakob Wellmer. In: Der Freiwillige, 1 (2006). S. 15.

5 Zitiert Anton Ottmann: Gewitternächte in Nickersberg: Das Kinderkurheim des Dr. Bartsch. Eine Dokumentation. Bretten 2021, S. 43.

6 *Ottmann*, wie Anm. 5, S. 23.

7 Wilfried *Lienhard*: Im Kinderkurheim *Haus Nickersberg* in Bühl lebt in den 50ern die NS-Ideologie weiter. In: Badische Neueste Nachrichten (08.10.2021). https://bnn.de/mittelbaden/buehl/im-kinderkurheim-haus-nickersberg-in-buehl-lebt-in-den-50ern-die-ns-ideologie-weiter. *Ottmann*, wie Anm. 5.

8 Die neonazistische Internetplattform http://de.altermedia.info, Ableger des internationalen Internetportals wurde 2016 durch das Bundesministerium des Inneren verboten. Dort veröffentlicht: Christian Worch: Absehbares Ergebnis (14. Februar 2010).

9 Bodo *Schnekenburger*: Das Ende einer Familiengeschichte. Nach der zweiten Generation bekommt das Jungenheim Haus Aichhorn einen institutionellen Träger. In: Schwarzwälder Bote (28.06.2013). https://www.schwarzwaelder-bote.de/inhalt.dornhan-das-ende-einer-familiengeschichte.dafb769e-6747-4474-b035-1a9c3d4776b1.html Die NS-Vergangenheit von Karl-Heinz Nischak wird in dem Artikel nicht thematisiert.

10 Hans-Walter *Schmuhl* und Karsten *Wilke*: Die Landeskinderheilstätte Mammolshöhe und ihr Direktor Werner Catel. Sanatorium, Klinik, Forschungsstätte – Kontinuitäten und Zäsuren. 1927–1954 (im Erscheinen, wird im Herbst 2024 veröffentlicht).

11 Sylvia *Wagner* und Burkhard *Wiebel*: *Verschickungskinder* – Einsatz sedierender Arzneimittel und Arzneimittelprüfungen. Ein Forschungsansatz. In: Sozial.Geschichte Online 28 (2020). https://sozialgeschichte-online.org/wp-content/uploads/2020/08/wager_wiebel_verschickung_sgo_28_vorverc3b6ffentlichung-1.pdf (aufgerufen am 22.06.2024) S. 11–42.

12 *Ministerium für Arbeit, Gesundheit und Soziales des Landes Nordrhein-Westfalen*: Pressemitteilung Studie *Verschickungskinder in Nordrhein-Westfalen nach 1945*. 17. Januar 2022. https://www.mags.nrw/pressemitteilung/studie-verschickungskinder-nordrhein-westfalen-nach-1945.

13 Der NS-*Euthanasiearzt* Werner Catel. In: Neue Zürcher Zeitung (04.08.2001). https://www.nzz.ch/article7GUGS-ld.179425.

14 Kinderheilstätten in der westdeutschen Bundesrepublik, Österreich und der Schweiz. Hg. von Sepp *Folberth*. 2. Auflage. München 1964.

15 Hans *Kleinschmidt*: Über die Durchführung von Kindererholungs- und Heilkuren. In: Kinderheime, Kinderheilstätten in der Bundesrepublik Deutschland, Österreich und der Schweiz. 2. Auflage. Hg. von Sepp *Folberth*. München. 1964, S. 25–89, hier: S. 72f.

16 Hermann G. Abmayr: Stuttgarter Kindsmord. In: Kontext: Wochenzeitung 105 (03.04.2013). https://www.kontextwochenzeitung.de/zeitgeschehen/105/stuttgarter-kindsmord-1-376.html; Ebd.: Vertuschter Kindsmord. In: Kontext: Wochenzeitung 110 (08.05.2013.). https://www.kontextwochenzeitung.de/zeitgeschehen/110/vertuschter-kindsmord-432.html.

17 Siehe auch Christof *Beyer*: Personelle Kontinuitäten in der Psychiatrie Niedersachsens nach 1945. Abschlussbericht. Hannover 2018. https://www.ms.niedersachsen.de/download/131576/Personelle_Kontinuitaeten_in_der_Psychiatrie_Niedersachsens_nach_1945_Abschlussbericht_.pdf; Im Gedenken der Kinder. Die Kinderärzte und die Verbrechen an Kindern in der NS-Zeit. Im Auftrag der Deutschen Gesellschaft für Kinder- u. Jugendmedizin e.V. (DGKJ). Hg. von Thomas *Beddies*. Berlin 2011.

18 Inzwischen sind einige Studien beauftragt: *Diakonisches Werk der evangelischen Kirche in Württemberg e.V.*: Pressemitteilung Aufarbeitung des Leids in Kinderkuren. 14.07.2023. https://www.diakonie-wuerttemberg.de/14072023-aufarbeitung-verschickungskinder; *DAK-Gesundheit*: Pressemitteilung Verschickungskinder: DAK-Gesundheit legt Studie vor und bittet Betroffene um Entschuldigung. 26. April 2023. https://www.dak.de/dak/bundesthemen/verschickungskinder-dak-gesundheit-legt-studie-vor-und-bittet-betroffene-um-entschuldigung-2618504.html#/; *Die Landesregierung Nordrhein-Westfalen*: Nordrhein-Westfalen lässt missbräuchlichen Medikamenteneinsatz bei Kindern und Jugendlichen bis 1980 untersuchen Sozialministerium vergibt Studie zur Arzneimittelgabe im Rahmen von Medikamententests oder zur Ruhigstellung (Pressemitteilung). 4. Juli 2022. https://www.land.nrw/pressemitteilung/nordrhein-westfalen-laesst-missbraeuchlichen-medikamenteneinsatz-bei-kindern-und.

Die Finanzierung der Kinderkur

Gudrun Silberzahn-Jandt

Kinderkuren, ob als Erholungs- oder Genesungskur, wurden von unterschiedlichen Kostenträgern wie den Kranken- oder Rentenkassen, Sozial- oder Jugendämtern bezuschusst. Das heißt aber, dass immer noch ein Teil der Kosten von den Eltern zu tragen war. Für Bedürftige griffen die Entsendestellen, kirchliche wie freie Träger, auf Eigenmittel und Spenden zurück, um die finanzielle Last der Familien zu mindern.[1]

Die Grundlage für eine Finanzierung von Kinderkuren wurde bereits 1911 mit dem § 187 der Reichsversicherungsordnung gelegt. In diesem Gesetz wurde die *Fürsorge für Genesende* durch die Krankenkassen geregelt. Ab 1914 boten Kassen im Rahmen von freiwilligen Leistungen *Heilkuren für erkrankte Kinder* an. Nach Ende des Ersten Weltkriegs konnten Kassen im Rahmen der ebenfalls gesetzlich geregelten *allgemeinen Krankheitsverhütung* Gelder für Erholungskuren bereitstellen. In den Quellen wird deutlich, dass es sich stets um eine Mischfinanzierung handelte, die in den Bundesländern verschieden geregelt war und sich auch, abhängig von Förderplänen, änderte. Neben den Krankenkassen konnten sich die Rentenversicherungsanstalten, die Sozial- oder Jugendämter oder die örtlichen Kirchengemeinden an den Kosten beteiligen. Gelegentlich wurden auch Gelder aus Stiftungen generiert.[2]

Forschungsarbeiten zu den Kostenstrukturen für die Verschickungspraxis von den Nachkriegsjahren bis Ende der 1970er Jahre liegen nicht vor. Bisher finden sich lediglich einzelne Hinweise in den noch wenigen Studien, die jedoch kein Gesamtbild ergeben. Für Bayern wird beispielsweise festgestellt, dass in der Zeit von 1960 bis 1965 Eltern im Schnitt ungefähr 17 % Beteiligung leisten mussten.[3] Solche Durchschnittswerte sagen jedoch wenig über die Belastung der jeweiligen Haushalte aus.

Die Komplexität der Kostenübernahme und die Unterschiedlichkeit zeigt sich erst beim Betrachten einzelner Rechnungsstellungen. Dies sollen Beispiele aus den 1950er und 1970er Jahren verdeutlichen.

1950 betrugen die Kosten einer 26-tägigen Erholungskur in dem der Ortscaritas gehörenden Heim in Ennabeuren, heute Teilort von Heroldstatt im Alb-Donau-Kreis, pro Kind 65 DM. Davon übernahm die Landesversicherungsanstalt 39 DM. Der Elternanteil hing von der Bedürftigkeit der Familien ab und konnte sich durch Unterstützung der Caritas und der Heimatkirchengemeinde reduzieren. Er lag für diese Maßnahme zwischen 0 und 20 DM.[4] Zum Vergleich: Das monatliche Bruttoeinkommen eines vollzeitbeschäftigten Mannes lag 1950 bei 264 DM.[5] Wiederholt hatten Familien gerade in den 1950er Jahren Schwierigkeiten, von der Krankenkasse Förderung zu erhalten. Gründe konnten sein, dass die Versicherungsdauer noch zu kurz war, die Mittel der Kassen schon vergeben waren[6] oder die Krankenkassen – meist handelte es ich um Betriebskrankenkassen – diese freiwilligen Leistungen schlichtweg nicht anboten. Die Rentenkassen machten meist ihre als Fixbetrag angelegten Zuschüsse davon abhängig, ob die Krankenkasse eine Zusage geleistet hatte.

Aus der zweiten Hälfte der 1970er Jahre liegen Zuschussanträge von diakonischen Entsendestellen in Württemberg in unterschiedliche Verschickungsheime vor. Diese

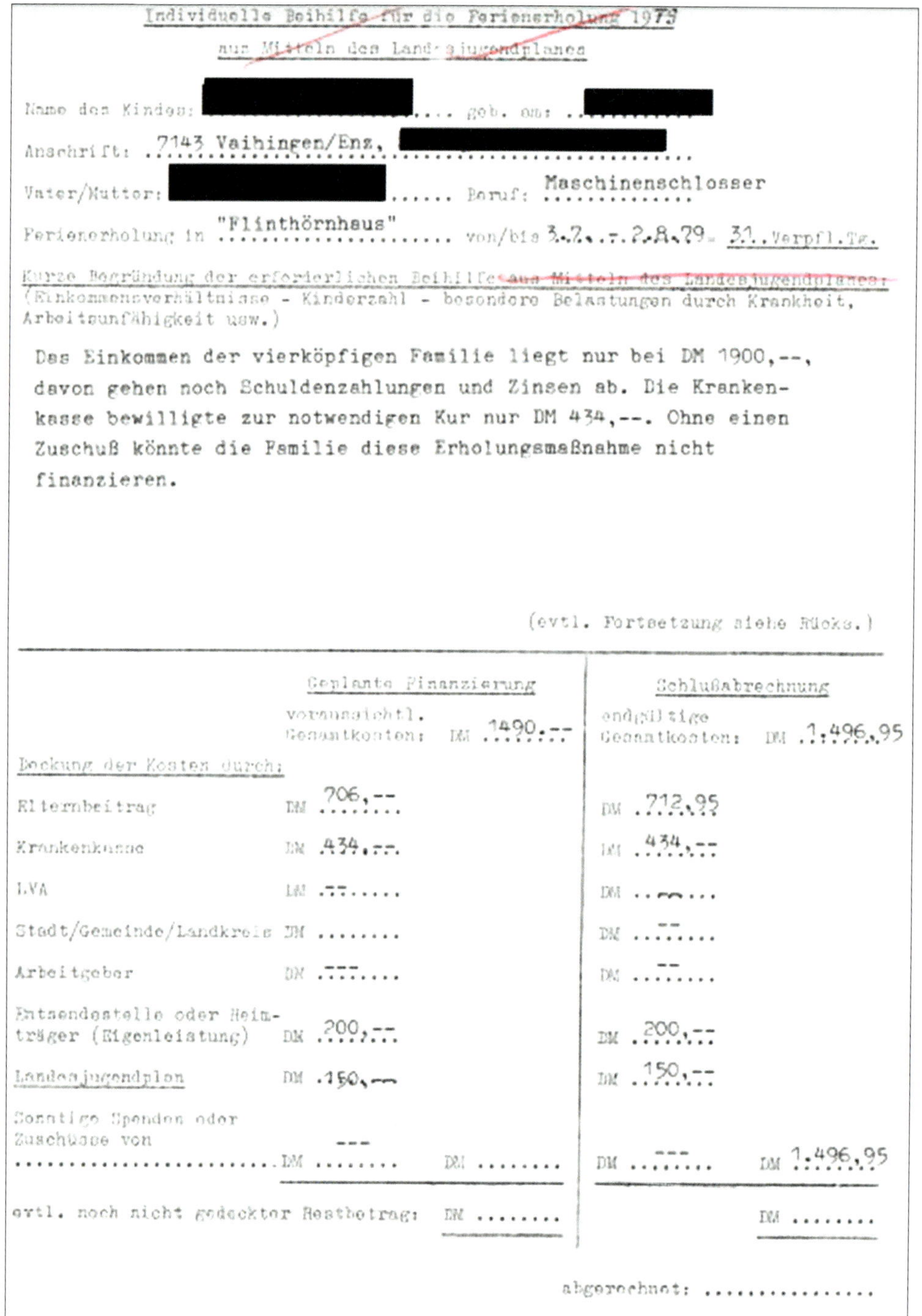

Individuelle Beihilfe für die Ferienerholung 1979

aus Mitteln des Landesjugendplanes

Name des Kindes: [geschwärzt] .... geb. am: [geschwärzt]

Anschrift: 7143 Vaihingen/Enz, [geschwärzt]

Vater/Mutter: [geschwärzt] ..... Beruf: Maschinenschlosser

Ferienerholung in "Flinthörnhaus" .... von/bis 3.7. - 2.8.79 = 31 Verpfl.Tg.

Kurze Begründung der erforderlichen Beihilfe aus Mitteln des Landesjugendplanes:
(Einkommensverhältnisse - Kinderzahl - besondere Belastungen durch Krankheit, Arbeitsunfähigkeit usw.)

Das Einkommen der vierköpfigen Familie liegt nur bei DM 1900,--, davon gehen noch Schuldenzahlungen und Zinsen ab. Die Krankenkasse bewilligte zur notwendigen Kur nur DM 434,--. Ohne einen Zuschuß könnte die Familie diese Erholungsmaßnahme nicht finanzieren.

(evtl. Fortsetzung siehe Rücks.)

	Geplante Finanzierung		Schlußabrechnung	
	voraussichtl. Gesamtkosten:	DM 1490,--	endgültige Gesamtkosten:	DM 1.496,95
Deckung der Kosten durch:				
Elternbeitrag	DM 706,--		DM 712,95	
Krankenkasse	DM 434,--		DM 434,--	
LVA	DM --		DM --	
Stadt/Gemeinde/Landkreis	DM		DM --	
Arbeitgeber	DM ---		DM --	
Entsendestelle oder Heimträger (Eigenleistung)	DM 200,--		DM 200,--	
Landesjugendplan	DM 150,--		DM 150,--	
Sonstige Spenden oder Zuschüsse von	DM ---	DM	DM ---	DM 1.496,95
evtl. noch nicht gedeckter Restbetrag:		DM		DM ....

abgerechnet: ....

1 Finanzierung einer Kur an der Nordsee für ein Stuttgarter Kind. Vorlage: Diakonisches Werk Württemberg Sig. 13.2.1.4] zeigen die hohen Kosten der Kuren wie auch die erheblichen Mittel, die die Familien leisten mussten. Die Entsendestellen stellten, nachdem die Familien alle notwendigen Unterlagen für die Anträge abgegeben hatten, die Kalkulation auf und warben zusätzliche Fördermittel ein. Manche Familie erhob Einspruch, wenn ihnen ihr Anteil zu hoch erschien. Ilona R. sollte 1978 in das in der Trägerschaft der Diakonie Württemberg geführte Haus Hubertus in Scheidegg verschickt werden und es lag bereits das ärztliche Attest vor, als die Eltern die hohen Kosten beklagten. Die Mitarbeiterin der Entsendestelle in Tuttlingen bemühte sich beim Diakonischen Werk der evangelischen Kirche in Württemberg um weitere Gelder und argumentierte: *Die Eltern können allenfalls DM 400,-- selbst tragen. Der für sie errechnete Eigenbetrag beläuft sich nach Abzug der Kostenübernahme durch die Krankenkasse auf ca. DM 750,--. Falls das Diakonische Werk keinen Zuschuß gewährt, wollen die Eltern die Kur rückgängig machen.*[7] Für eine Familie aus Tuttlingen, die ebenfalls 1978 drei von sechs Kindern ins Haus Hubertus zur Kur schickte, beliefen sich die Kosten mit Kurtaxe, Arztpauschale und Gymnastik auf 4005 DM. Davon übernahm die Landesversicherungsanstalt Baden 2 DM täglich pro Kind, die BKK-Aesculap 10 DM pro Tag und Kind, aus Geldern der Glückspirale und der Eduard-Pfeiffer Stiftung kamen noch 1256 DM hinzu. Die Eltern hatten somit noch 1381 DM zu zahlen. Noch ein halbes Jahr später hatten sie diese Kosten nicht begleichen können und baten um weiteren Zuschuss. Hier wurde ihr geringes Einkommen sowie die Schulden für ihr Haus erwähnt.

Die Kosten für die Familien konnten, abhängig von den zusätzlich eingesetzten Stiftungsgeldern, sehr variieren und beträchtlich sein. 1979 musste eine geschiedene Mutter für ihr Kind 1496,95 DM bezahlen und verdiente auf ihrer Halbtagsstelle als Angestellte gerade 900 DM. Sie hatte vorab keine zusätzlichen Zuschüsse beantragt, sollte aber, nachdem die Bezirksstelle über Umwege von ihrer schwierigen finanziellen Situation erfuhr, noch zwischen 100 und 150 DM erhalten.[8]

Von den hohen Kosten auf große Gewinne der Träger zu schließen, wäre jedoch falsch. Die Bilanzen der Heime waren bis Ende der 1960er Jahre meist ausgeglichen.[9] Überschüsse investierten sie meist in Renovierungs- oder Umbaumaßnahmen. Eine allgemein bessere soziale und wirtschaftliche Situation in den Familien, der Rückgang von Tuberkulose, sowie Sparmaßnahmen der Krankenkassen führten ab den 1970er Jahren zu einem drastischen Rückgang der Erholungskuren.[10] Zudem musste mehr Personal eingesetzt werden, wodurch die Kosten stiegen und viele Heime defizitär wurden und auch schlossen.

Verschickungskuren, so zeigt sich, ermöglichten Familien, ihre Kinder für vier bis sechs Wochen in fremde Hände zu geben, aber sie waren nur mit vielen Zuschüssen kostengünstig.

1 Dieser Text erschien zuerst im Themenmodul Heimkindheiten: Gudrun Silberzahn-Jandt: Die Finanzierung der Kinderkur. In: Themenmodul Heimkindheiten. Stand: 21.02.2024. https://www.leo-bw.de/themenmodul/heimkindheiten/alltag/die-finanzierung-der-kinderkur (aufgerufen am 02.07.2024).
2 Diakonisches Werk Württemberg (DWW), Altregistratur, Signatur 13.2.14.
3 Marius *Wilnat*: Kurerfolg um jeden Preis. Kindererholungsverschickung in Bayern 1945 bis 1990. Eine Ausstellung des Fachbereichs Archiv- und Bibliothekswesen der Hochschule für den öffentlichen Dienst in Bayern. München 2023, S. 9.
4 Unverzeichneter Bestand der Caritasregion Heilbronn-Hohenlohe.
5 Durchschnittliche Bruttomonatsverdienste, Angaben vom Statistischen Bundesamt (destatis.de): https://www.destatis.de/DE/Themen/Arbeit/Verdienste/Verdienste-Branche-Berufe/Tabellen/liste-bruttomonatsverdienste.html#134756 (aufgerufen am 18.2.2024). Die Angaben dort sind in Euro; wieder in DM berechnet nach dem fixen Wechselkurs vom 1.1.1999; 1 EUR = 1,95583 DM.
6 Landeskirchliches Archiv Stuttgart (LKAS), Bestand L1 1445.
7 DWW Altregistratur, 13.2.14.
8 DWW Altregistratur, 13.2.14.

9 Einige Bilanzen wurden intensiver gesichtet, z. B. zum Haus Carola in Schönau, das in der Trägerschaft der Karlshöhe Ludwigsburg war. LKAS, Bestand LKA L2-2 586, 593,608.

10 Monika *Seemann-Pfistner*: Möglichkeiten und Grenzen der Kinderkur aus der Sicht eines freien Wohlfahrtsverbandes. In: Kinderkuren und Kinderheilverfahren. Tagung Kinderkur und Kinderheilverfahren auf dem Prüfstand 1. 9. 1985. (Fortschritte der Sozialpädiatrie, Bd. 12) Hg. von Theodor Hellbrügge. Lübeck 1988. S. 89 – 93.

Alltag und Erziehung

Die Besonderheit der Nacht im Alltag von Heimen. Das Beispiel der Anstalt Stetten im Remstal

Gudrun Silberzahn-Jandt

In dem sehr umfangreichen historischen Archiv der Diakonie Stetten findet sich bis zum Jahr 1975 keine Dienstanweisung für Nachtwachen.[1] Erst für das Jahr 1981 liegt eine solche für die Zweigstelle Hangweide, eine 1958 erstellte eigene Siedlung für Menschen mit Behinderung, vor.[2] Eine besonders wertvolle Quelle ist daher das einzige überlieferte Nachtwachenbuch[3] der Anstalt, das von 1957 bis 1962 geführt wurde. Dort notierten die Nachtwächter alles Auffällige und Besondere, wie Geräusche oder huschende Schatten. Anstaltsleiter Ludwig Schlaich sichtete das Nachtwachenbuch und kommentierte es.

Während in den 1930er Jahren in einigen Häusern das angestellte Personal in einem der Schlafsäle mit übernachtete und der Schlafbereich oft nur provisorisch durch Vorhänge oder eine dünne Bretterwand von dem der Bewohnerinnen und Bewohner getrennt war, schliefen in den Nachkriegsjahrzehnten die sogenannten Hauseltern in ihren eigenen separaten Wohnungen im Gebäude. Die Verantwortung hatte neben diesen und der Krankenschwester (im Krankenhaus) der Nachtwärter. Diese Aufgabe wurde ausschließlich Männern übertragen. Die fachliche Qualifikation war zumindest in den ersten Nachkriegsjahrzehnten wenig bedeutend, so wurde noch in den 1960er Jahren ein Molkereigehilfe[4] als Nachtwächter angestellt, häufig jedoch waren es Diakone. Lediglich in dem Gebäude, in dem Schwerstpflegebedürftige lebten, dem sogenannten Krankenhaus, hatte zusätzlich eine pflegerisch ausgebildete Krankenschwester Dienst. Ein als angehender Pfarrer in der Einrichtung eingesetzter Praktikant beschrieb die Aufgaben der Nachtwachen so: *Bei dieser Tätigkeit hatte ich alle zwei Stunden Rundgänge zu unternehmen, zweimal die Bettnässer zu setzen; weiter hatte ich dafür zu sorgen, daß in keinem der mehr als zehn Komplexe umfassenden Gebäude der Anstalt eingebrochen wurde; daß fieberkranke Kinder und Erwachsene ihre kalten Umschläge bekamen; um drei Uhr morgens mußte ich zwei in der Bäckerei beschäftigte Pfleglinge im Männerhaus wecken, um fünf Uhr beim Frühdienst in der Küche mithelfen, manchmal auch bei einer Gruppe das Wecken übernehmen.*[5]

Da männliches Personal nicht die Schlafräume der Frauen betreten durfte, war die Hausmutter oder die Krankenschwester der Schwerstpflegebedürftigen für Mädchen ab der Pubertät und für die Frauen zuständig. Nur wenn der Nachtwächter Unruhe, laute Geräusche oder sonst etwas Auffälliges bemerkte, schickte er die Krankenschwester dorthin. Ansonsten blieben die dort wohnenden Mädchen unter sich. Die sogenannten *Bettnässer*, die zum Toilettengang geweckt wurden oder bei denen das Bett frisch bezogen wurde, waren mit einem an das Bettgestell angebundenen Strumpf gekennzeichnet.[6]

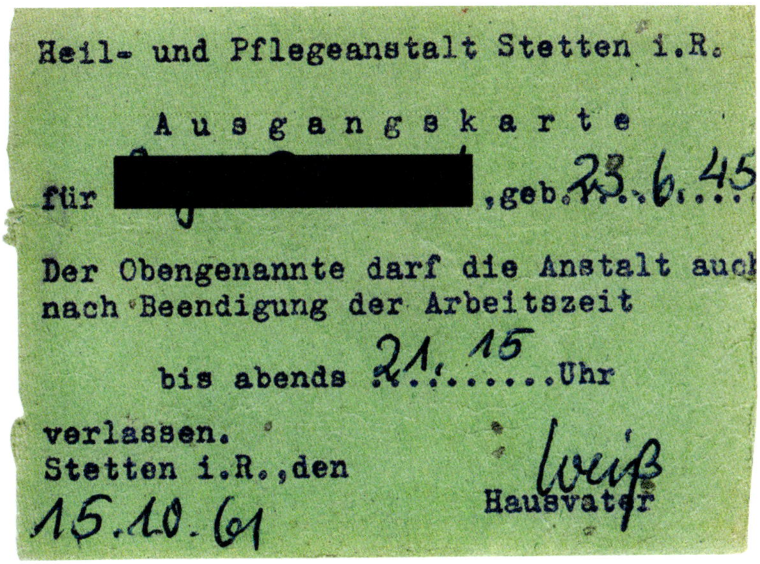

Heil- und Pflegeanstalt Stetten i.R.

Ausgangskarte

für , geb. 23.6.45

Der Obengenannte darf die Anstalt auch nach Beendigung der Arbeitszeit

bis abends 21.15 Uhr

verlassen.
Stetten i.R., den 15.10.61

Weiß
Hausvater

1 Ausgangskarte eines Lehrlings der Anstalt in Stetten. Vorlage: Historisches Archiv Diakonie Stetten, Sozialakten.

Die Dauer des Tages und der Nacht erlebten die in der Einrichtung Untergebrachten als unveränderbar. Eine Bewohnerin der Einrichtung, die 1953 als Kind nach Stetten kam, berichtete: *Wir haben um halb acht ins Bett müssen, und bis acht durfte man lesen. Und dann hast du das Licht ausmachen müssen. – Sommers wie winters.*[7] Damit war – für die meisten in den 1950er und 60er Jahren dort lebenden sogenannten *Pfleglinge* – die Nacht klar festgelegt und aus der Unterschiedlichkeit der Jahreszeiten enthoben. Während im Sommer im nahen Dorf die Kinder zu dieser Zeit noch auf der Straße spielten, hatte hinter den Mauern der Einrichtung für die Allermeisten Ruhe zu herrschen. Das Tor wurde verriegelt, die einzelnen Gebäude zudem noch abgeschlossen. Die Trennung zwischen Tag und Nacht sollte sich auch deutlich in der Kleidung zeigen. So verfasste der Anstaltsleiter 1952 einen Umlauf, in dem er schrieb: *Wie ich beobachte, haben manche Pfleglinge immer noch keine Nachthemden und sind andere zu faul, sie anzuziehen. Ich bitte, die Pfleger u. Pflegerinnen sie anzuhalten, daß sie dafür sorgen, daß jedes vor dem Zubettgehen das Hemd wechselt. Es darf niemand seine Unterhosen, Socken usw. anbehalten.*[8]

In den jeweiligen Gruppen wurde die Nacht nicht selten noch weiter in den Tag verlegt, was jedoch von der Anstaltsleitung moniert wurde. So lautete eine Dienstanweisung aus dem Jahr 1971: *Alle Behinderten sind einmal am Tag von Kopf bis Fuß zu waschen.* [...] *Vor dem Nachtessen gebadete Kinder dürfen nicht, nur mit dem Schlafanzug bekleidet zu Tisch sitzen, sie sollten noch einen Morgenmantel oder Trainingsanzug anhaben.*[9]

Eine Ausnahme in dieser strengen, sehr früh definierten Nacht galt für diejenigen, die – meist als Fürsorgepfleglinge – eine Berufsausbildung absolvierten. Die männlichen Auszubildenden wohnten im sogenannten Gärtnerhaus. Einige von ihnen durften sich auch mit einer jeweils für einen Tag gültigen Genehmigung noch länger als bis zur üblichen Zubettgehzeit außerhalb der Anstalt aufhalten. So musste Eugen Buchert an einem Sonntag erst um 21:15 Uhr zurückkehren. Für die Haushaltslehrlinge begann der Abend nach der bis 18 Uhr dauernden Arbeit um 18:05 Uhr mit dem Abendessen, dem folgte die Andacht und von 19 Uhr bis 21 Uhr eine durch keine Aufgaben definierte Zeit, die damit endete, dass sie um 21 Uhr im Haus sein mussten und um 21:30 Uhr das Licht gelöscht wurde und Ruhe herrschen musste.[10]

Die Nacht begann zudem für die in der Anstalt wohnenden Mitarbeitenden spätestens um 22 Uhr mit der Schließung des Tors des ummauerten Gebäudekomplexes. Kam jemand nach 22 Uhr und wollte hinein, so musste diese Person warten, bis der Nachtwächter oder die Nachtwache des Krankenhauses das Tor öffnete. Damit hob sich die Anstalt deutlich vom dörflichen Alltag ab, denn im Dorf selber waren die Haustüren auch nachts meist offen.

Das Schließen als Element der Nacht zeigte sich auch im Umgang mit unruhigen Bewohnerinnen und Bewohnern im Krankenhaus. Sie wurden oft nachts mittels Fixierungen – meist Riemen aus Leder – angebunden. Der damals übliche Begriff dafür war *eingepanzert*[11].
Ein Praktikant erwähnte, dass es ihn anfangs schockiert habe, er sich aber dann daran

gewöhnte, weil er die Notwendigkeit eingesehen habe. Nachts, so scheint es, galt die Maxime, dass die Unruhigen gebändigt werden müssten, um das Ideal der Ruhe zu erreichen und zu bewahren.

Jegliche Veränderungen an dem Reglement der Übergänge von Tag und Nacht widersprachen der Ordnung, die ein Grundideal von Heimen darstellte. So berichtete ein ehemaliger Praktikant resigniert: *Als unsere Stationsschwester in Urlaub war, gewöhnte sich ein kleiner Bub an, nach dem Gute-Nacht-Onkel* [das heißt, nachdem er ihm Gute Nacht sagte] *und der Abendandacht durch ein paar Zimmer zu gehen und dort Gute Nacht zu sagen. Ich war einmal zufällig in einem solchen Zimmer und es hat mir so imponiert, wie dieser kleine Bengel von Bett zu Bett schwankte – er ist gehbehindert – und jedem Gute Nacht wünschte. Das hat mich so sehr gefreut, daß ich ihm sagte, das solle er nun jeden Tag machen. Nun kam die Schwester zurück und war gewöhnt: 19.25 Uhr Gute-Nacht-Onkel, Andacht, ins Bett; sie hat ihm prompt verboten, besagten Rundgang zu machen.*[12]

Manche Schließmechanismen führten allerdings, anstatt für die gewünschte Ordnung zu sorgen, zu Chaos und Unordnung. So berichtete ein ehemaliger Mitarbeiter: *Die Kindergruppe hat zwei Schlafsäle gehabt, einen mit 4 und einen mit 5 Betten und beide waren nachts abgeschlossen und beide Gruppen haben dadurch keinen Zugang zur Toilette gehabt, sondern da stand für die Nacht so ein Toilettenstuhl im Zimmer. Wenn ich morgens gekommen bin dann lag einer* [der Bewohner, d. V.] [...] *im Bett, hat seinen Fuß an die Decke gestreckt und den Eimer vom Toilettenstuhl an seinen großen Zeh gehängt und der war dann voll und hat den hin- und her geschaukelt.*[13]

Das Nachtwachenbuch erscheint als Kondensat der Besonderheiten der Nacht, der kleinen und großen Ärgernisse, der wiederkehrenden Missstände, der Verstöße gegen die Ruhe der Nacht und der Sorge um einzelne Bewohnerinnen und Bewohner. Im Jahr 1958 klang der erste Eintrag für die Nacht vom 3. auf den 4. Januar zunächst resigniert: *Es beginnt wieder das alte Elend an der Pforte, die Zuhaltung schließt nicht mehr.*[14]

Neben dem Problem mit der Pforte machten sich im Sommer zyklisch auftretende schwarze Käfer wieder breit, zu diesen hieß es am 4./5. Juli: *In den Gängen im Schloß überall zahlreiche schwarze Käfer!* Und zwei Tage später verknüpfte der Nachtwächter dieses Thema mit anderer Unordnung: 7.8. Juli 1958 Dienst: [...] *Als ich gegen 2 Uhr vom Rundgang beim Männerhaus zurückkam, trieb sich der Pflegling in den Zimmern des Knabenganges herum. Er behauptete nicht zu wissen, wo er sich befindet! (Nachtwandler? Dieb? ›Igeleleien‹?) gegen ½ 4 treibt sich eine grau-weiß gefleckte Katze im Haus herum. Achtung Tollwutgefahr!* Der tags darauf diensthabende Nachtwächter kommentierte diese Befürchtung derart: *Die Katze fängt sich Schabenkäfer*!

Am 1./2.5.1958 hieß es, dass sich verbotenerweise ein Mädchen aus dem Mädchenhaus jeden Abend mit einem Schuhmacherlehrling der Anstalt treffe: *Heute Abend konnte ich den Burschen stellen, es wäre aber sehr gut, wenn der Herr Inspektor (Anstaltsleiter, d. V.) den jungen Mann mal selber zur Sache vernehmen würde.* Und Anfang Juli wurde moniert, dass dasselbe und ein weiteres Mädchen mit zwei Jugendlichen der Anstalt *beim Krankenhaus hinten auf einer Bank* sich verabredet hätten. Alle Verantwortlichen der Anstalt *haben schon mit den Pfleglingen gesprochen mit dem Erfolg, daß die Frauen* [...] *recht unverschämt u. frech sind, sie laufen geschwind weg, setzen sich aber sofort wieder hin.* [...] *Ich bitte den Bericht Herrn Inspektor zuleiten zu wollen.* Darauf folgte ein Eintrag des Inspektors Schlaich: *Ich bitte dringend darum solche Berichte unter allen Umständen streng vertraulich zu behandeln u.- auch nicht in guter Absicht- irgendwem etwas davon zu sagen. Nachtwächter: Ich bitte mich im Wiederholungsfall zu holen.*

Die Nachtwächter beschäftigten neben Schaben und Katzen meist die jugendlichen männlichen Bewohner des Gärtnerhauses, die als Fürsorgezöglinge in der Einrichtung gefördert werden sollten und sich als Lehrlinge in handwerklichen Berufen qualifizierten. Einige von ihnen verhielten sich nicht normgerecht, machten die Nacht zum Tag, suchten nachts den Freiraum, den sie sich tagsüber nicht einrichten konnten und kletterten über die Mauer oder fanden ein Schlupfloch im Zaun. Insbesondere ging es um den Kontakt zu den im Mädchenhaus untergebrachten jungen Frauen. Die Aufeinanderfolge der Schaben-Thematik und der Bericht vom Herumstreunen der jungen Männer erzählt ein bestimmtes Bild der Nacht: Es wurden hier mit der Thematisierung der sich zügellos vermehrenden Schaben Themen und Phantasien wie eine nicht zu bändigende Sexualität und nicht zu kontrollierende und ungewollte Fruchtbarkeit angesprochen. Dem Nachtwächter gelang es letztlich nicht, Aufsicht auszuüben und Kontrolle über das Geschehen zu behalten. Dadurch blieb manches in seiner Phantasie und entglitt in das ungewisse Bild und die Vorstellung von *Igeleien.* Der Nachtwächter musste, ohne dafür ausgerüstet zu sein, gegen die sich ihm entgegenstellenden *Armeen und Divisionen* der Schaben kämpfen. Einzig das Ende der Nacht, das Licht des Tages, war seine Waffe, durch die die Käfer verschwanden und die Ordnung wiederhergestellt wurde. Ähnlich wie Fabelgestalten und Irrlichter der Nacht tauchten die Schaben und die jungen Männer auf, wurden kurz benannt und verschwanden sodann wieder. Manche der Nachtwächter nahmen sie nicht wahr oder thematisierten sie nicht. Andere verschwiegen beides auch bewusst, so wie es auch von der Leitung der Anstalt gewünscht war. Das Unangepasste, das Abwegige, sollte, dies legte die Notiz von Ludwig Schlaich nahe, nicht ans Licht gebracht, nicht diskutiert und nicht problematisiert werden. Es sollte von ihm höchstpersönlich behandelt, nicht jedoch zur Aufgabe der Nachtwächter werden.

Während der Tag in der Einrichtung durch Andachten zu Beginn und Ende des Tages strukturiert war und die Pause zu Mittag mit dem Tischgebet begann, lebte der Nachtwächter außerhalb dieser Frömmigkeitsgepflogenheiten und ohne die damit idealtypische Beziehung zu der bei Tag aktiven christlichen Gemeinschaft. Die Nacht zeigte sich somit außerhalb der gewohnten und nach außen dargestellten Ordnung.[15]

1 Dieser Text erschien zuerst im Themenmodul *Heimkindheiten*: Gudrun *Silberzahn-Jandt*: Die Besonderheit der Nacht im Alltag von Heimen. Das Beispiel der Anstalt Stetten im Remstal. In: Themenmodul Heimkindheiten. Stand: 21.02.2022. https://www.leo-bw.de/en-GB/web/guest/themenmodul/heimkindheiten/alltag/nacht-in-der-anstalt (aufgerufen am 07.06.2024).
2 Historisches Archiv der Diakonie Stetten (HASDS) 849. Die Überschrift lautet Nachtwachenpflichten. Die Dienstanweisung bezieht sich ausschließlich auf die Zweiganstalt Hangweide, den 1958 erbauten Gebäudekomplex im benachbarten Ortsteil.
3 HADS 850.
4 HADS 11.
5 Landeskirchliches Archiv Bestand L1 Diakonisches Werk Nr 1357.
6 Interview mit Frau Waibler am 25. November 2015.
7 Interview mit Hannelore Poré am 25. April 2015.
8 HADS 863 Umlauf vom 9. Januar 1952.
9 HADS 847.
10 HADS 635 Tagesplan vom 13. Februar 1962.
11 Landeskirchliches Archiv Bestand Diakonie L 1 Nr. 1347.
12 Landeskirchliches Archiv, Bestand Diakonie L 1 Nr. 1347.
13 Interview mit Walter Lindenmaier am 30. September 2015.
14 Im folgenden HADS 650.
15 Ergänzende Literatur zum Thema: Alfred *Alvarez*: Die Nacht. Von Dunkelheit, Träumen und Nachtschwärmern. Hamburg 1997; Michel *Foucault*: Die Heterotopien. Berlin 2013; Martin *Kalusche*: Das Schloß an der Grenze. Kalusche 2011; Alf *Lüdtke*: Eigen-Sinn. Fabrikalltag, Arbeitererfahrung und Politik vom Kaiserreich bis in den Faschismus. Münster 2015; Michel *Massmünster:* Im Taumel der Nacht. Urbane Imaginationen Rhythmen und Erfahrungen. Berlin 2017; Joachim *Schlör*: Nachts in der großen Stadt. Paris, Berlin, London 1994; Gudrun *Schwibbe* und Regina *Bendix*: Nachts. Wege in andere Welten. Göttingen 2004; Gudrun *Silberzahn-Jandt* und Monika Bönisch: *... und da gab's noch ein Tor, das geschlossen war.* Alltag und Entwicklung in der

Anstalt Stetten 1945 bis 1975. Kernen-Stetten 2018; Katharina *Steffen*: Übergangsrituale einer automobilen Gesellschaft. Eine kulturanthropologische Skizze. Frankfurt am Main 1990; Ulrike *Winkler*: Drinnen und Draußen. Die Rotenburger Anstalten und dies Stadt Rotenburg als Sozialräume. In: Hinter dem Grünen Tor. Die Rotenburger Anstalten der Inneren Mission, 1945 – 1975. Hg. von Karsten *Wilke* u.a. (Schriften des Instituts für Diakonie- und Sozialgeschichte an der Kirchlichen Hochschule Bethel 32). Bielefeld 2018. S. 151 – 208; Rolf Wilhelm *Brednich*: Enzyklopädie des Märchens [1 — 15]. Handwörterbuch zur historischen und vergleichenden Erzählforschung. Berlin: 2017; Grimmsches Wörterbuch (aufgerufen am 13.08.2019); Handwörterbuch des deutschen Aberglaubens. Hg. Von Hanns *Bächtold-Stäubli*, Hanns, Eduard *Hoffmann-Krayer* (Unveränd. photomechan. Nachdr. der Ausg. 6). Berlin 1987; Zivilisationsbruch. Denken nach Auschwitz. Hg. von Dan *Diner* und Seyla *Benhabib.* Berlin 1988.

Bettnässen. Der Einfluss von psychischen Belastungen und strukturellen Mängeln

Tabea Öhrlich und Clara Driehsen

Während der 1950er bis 1980er Jahre wurden schätzungsweise acht Millionen Kinder in Erholungs- und Kurheime für meist drei bis sechs Wochen verschickt.[1] Berichten ist zu entnehmen, dass Enuresis – das nächtliche Einnässen – in vielen Heimen ein großes Problem war. Auch Kinder, die bereits trocken waren, begannen während des Aufenthalts wieder einzunässen – dies hielt meist auch zu Hause weiter an. Von Enuresis spricht man bei Kindern ab dem sechsten Lebensjahr, da in diesem Alter die Reinlichkeitserziehung in der Regel abgeschlossen ist. Das nächtliche Einnässen ist mit zehn Prozent betroffener Siebenjähriger jedoch keine Seltenheit. Die Gründe dafür können vielfältig sein. Darunter fallen körperliche Aspekte wie die hormonelle Entwicklung, eine noch nicht ausreichend entwickelte Blase oder ein tiefer Schlaf. Das Einnässen bei Kindern, die bereits trocken waren, wird hingegen meist auf psychische Ursachen zurückgeführt. Hierbei sind intensiver Stress, ein erlebtes Trauma oder starke und herausfordernde Veränderungen im Leben wie der Tod eines Familienmitglieds, ein Umzug, der Schuleintritt oder die Geburt eines Geschwisterchens mögliche Gründe. Bei diesem Fall wird häufig zu einer Therapie geraten.

Auch in Kur- und Erholungsheimen litten die Kinder häufig unter psychischen Belastungen, wie dem Trennungsschmerz von zu Hause, Heimweh während des Aufenthalts, die Strenge des Personals in den Einrichtungen und starren Reglementierungen unter anderem bei der Toilettennutzung, die in vielen Heimen üblich war. Häufig waren die Toiletten von 20 bis 8 Uhr und während des Mittagsschlafs verschlossen. Stattdessen wurden in einigen Einrichtungen Nachttöpfe oder Eimer in die Schlafsäle gestellt. Aufgrund der Unzugänglichkeit der Toiletten sowie dem Ekel und der Scham stattdessen den Eimer zu verwenden, machten Kinder wiederholt ins Bett. Das Personal passte auf, dass während dieser Zeit niemand unerlaubterweise die Sanitäranlagen benutzte. Berichten zufolge standen Mitarbeiterinnen der Kur- und Erholungsheime auf den Fluren und kontrollierten, dass niemand die Nachtruhe missachtete, um auf die Toilette zu gehen.

Neben dem Toilettenverbot führte in manchen Heimen auch die geringe Anzahl der Toiletten zum Bettnässen. In dem evangelischen Kinderkurheim Burhave/Oldenburg beispielsweise standen Berichten zufolge vier Toiletten für insgesamt 30 Kinder zur Verfügung.[2] Mehreren Erzählungen ehemaliger Verschickungskinder ist zu entnehmen, dass die Sanitäranlagen zudem aufgrund fehlender Reinigung häufig verunreinigt und verstopft waren. Das Problem wurde manchmal erst nach einigen Tagen behoben, wodurch noch weniger Toiletten zur Verfügung standen.

Der Bestrafungskatalog, auf den in Fällen des Bettnässens meist zurückgegriffen wurde, war lang. In vielen Heimen war es üblich, dass die betroffenen Kinder ausgeschimpft, geprügelt und gedemütigt wurden. Trotz oder gerade aufgrund der Sensibilität des Themas wurde das Einnässen nicht diskret behandelt. Einzelne Betroffene erzählen von Demütigungen und Bloßstellungen. Berichten ist zu entnehmen, dass vor der ganzen Gruppe auf die *Bettnässerinnen* und *Bettnässer* hingewiesen wurde und die Kinder ihre nassen Laken vor den Augen aller auswaschen mussten. Die Matratze wurde daraufhin meist einfach umgedreht. Andere Betroffene erzählen, dass Kinder sich nach dem Einnässen im Schlafsaal umziehen mussten und in einigen Fällen die anderen Heimkinder dazu angehalten wurden sie auszulachen. Auch von körperlichen Strafen wie Ohrfeigen oder dem stundenlangen barfüßigen Stehen im Flur wird berichtet. Und das, obwohl das in vielen Heimen herrschende Problem der Enuresis erst durch die Bedingungen in den Einrichtungen in diesem Ausmaß hervorgerufen wurde. Jedoch gab es auch Heime, in denen sensibel mit dem Einnässen der Kinder umgegangen wurde. Ohne Aufmerksamkeit auf die nassen Betten zu lenken, wurden dort die Laken von dem Personal gewechselt. Ziel war es, Scham und Anspannung zu vermeiden. Stattdessen haben sich die Betreuerinnen liebevoll um die Kinder gesorgt, um Sicherheit und Geborgenheit zu vermitteln. Dennoch bezeichneten 16% der befragten ehemaligen Heimkinder in einer im Jahr 2020 von Christiane Dienel und Anja Röhl durchgeführten Studie das Toilettenverbot als traumatisches Erlebnis.[3]

Ob Kur- und Erholungsheime bettnässende Kinder aufnahmen, unterschied sich von Einrichtung zu Einrichtung. Den Aufnahmeformularen und Prospekten mancher Heime ist zu entnehmen, dass Betroffene von dem Aufenthalt ausgeschlossen und auf Kosten der Eltern zurückgeschickt wurden. Die Erholungsheime Hubertus in Scheidegg und Ihlingshof in Oberreute lehnten beispielsweise grundsätzlich die Aufnahme von Kindern bereits im Vorfeld ab, von denen dieses Problem bekannt war.[4] Andere Einrichtungen sahen das gelegentliche Bettnässen jedoch nicht als Aufnahmehindernis und warben sogar damit, dass Kinder erfahrungsgemäß nach ihrem Aufenthalt nicht mehr von Enuresis betroffen seien.

Um der Mehrarbeit, die durch bettnässende Kinder verursacht wurde, entgegenzuwirken, erhoben einige Heime eine *Bettnässerpauschale* für Kinder mit Enuresis. Dieser Entschädigungsbetrag wurde den Eltern oder der Entsendestelle in Rechnung gestellt. Die Entsendestellen weigerten sich jedoch häufig diese Pauschale zu zahlen und forderten die Heime auf, den Betrag von den Eltern begleichen zu lassen. Das Geld sollte den Mitarbeitenden zum Beispiel in Form von Personalausflügen zugutekommen. Denn das Bettnässen stellte für einige Heime eine große Herausforderung und einen großen Mehraufwand dar. Besonders schwierig war es für Heime, die nicht im Haus waschen konnten. Zudem brachten einige Kinder nicht genügend Wechselkleidung mit und die Einrichtungen hatten meist keine ausreichend großen Bestände an Wäsche, auf die im Notfall zurückgegriffen werden konnte. In verschiedenen Elternbriefen wird deshalb darum gebeten, genügend Kleidung für die Kinder einzupacken.[5]

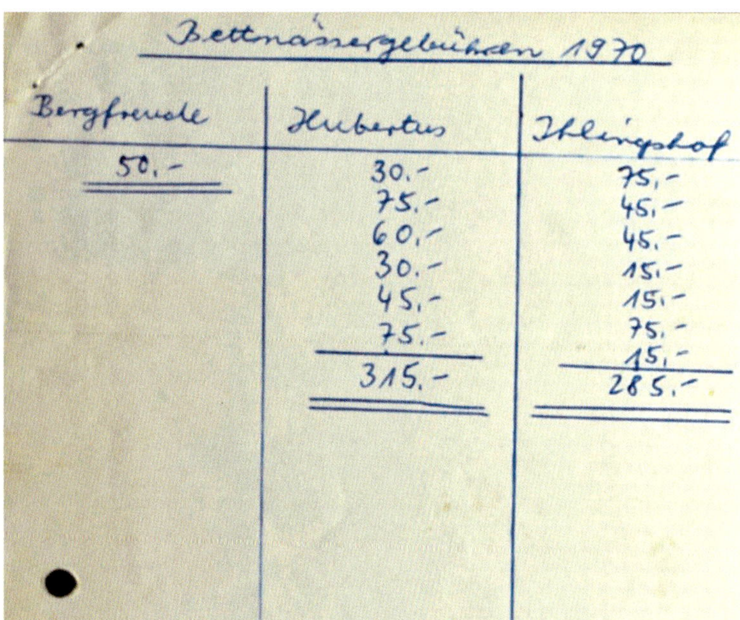

Bettnässergebühren 1970

Bergfreude	Hubertus	Ihlingshof
50.-	30.-	75,-
	75.-	45,-
	60,-	45.-
	30.-	15,-
	45,-	15,-
	75.-	75,-
		15,-
	315.-	285.-

1 Einige Heime erhoben für Kinder, die wiederholt einnässten, Gebühren. Vorlage: Landeskirchliches Archiv Stuttgart, L 1 Nr. 2742.

1 Dieser Text erschien zuerst im Themenmodul Heimkindheiten: Tabea Öhrlich und Clara *Driehsen*: Bettnässen. In: Themenmodul Heimkindheiten. Stand: 21.02.2024. https://www.leo-bw.de/en-GB/web/guest/heimkindheiten/alltag/bettnaessen (aufgerufen am 02.07.2024).
2 Landeskirchliches Archiv Stuttgart, L1 2071.
3 Anja *Röhl:* Das Elend der Verschickungskinder. Kindererholungsheime als Orte der Gewalt. Gießen 2021, S. 192.
4 Prospekte der Heime Hubertus und Ihlingshof circa aus dem Jahr 1966. Landeskirchliches Archiv Stuttgart, L1 2742.
5 Ergänzende Literatur zum Thema: Kinderheime. Kinderheilstätten. In der westdeutschen Bundesrepublik, Österreich und der Schweiz. Hg. von Sepp *Folberth*. München 1956; Anton *Ottmann*: Gewitternächte in Nickersberg. Das Kinderkurheim des Dr. Bartsch. Eine Dokumentation. Bretten 2021; Rainer *Wendt*: Kindererholung. Ein sozialpädagogisches Curriculum. Stuttgart 1975.

Bindungsferne Erziehung im Deutschland des zwanzigsten Jahrhunderts

Miriam Gebhardt

Die Nachkriegszeit und die Fünfzigerjahre gelten heute als eine Ära der Renaissance der Familie. In unserer Erinnerung krempeln die Deutschen damals die Ärmel hoch, bauen ihre Häuser wieder auf, richten sich mit schweren Möbeln ein und kurbeln die Wirtschaft an. All das geschieht nicht zuletzt für die Familie und insbesondere den Nachwuchs. Geträumt wird von einer idealen Welt wie im Werbefilm mit der Frau als Mutter im gestärkten Küchenkittel, die ihrem Mann den Kognak serviert und ihren seligen Kindern einen *Kalten Hund* aus viel Fett, Schokolade und Butterkeksen. Das ganze Land ist auf die Wiedergesundung der Familie als *Keimzelle des Staates* eingestellt.[1] Im Westteil wird das Familienministerium unter Leitung von Franz-Josef Wuermeling (CDU) etabliert, um die klassisch bürgerliche Rollenaufteilung zwischen Mann und Frau sowie den Jugendschutz zu fördern. Im Ostteil animiert die SED Frauen dazu, sich als Pionierinnen der Arbeit und als Kommunistinnen zu engagieren, aber gleichzeitig ihren wichtigen Beitrag zum erwünschten Bevölkerungswachstum nicht zu vergessen.

Nicht gut passt das vielfältige Leid und Elend von Kindern in das Bild der Zeit. In Institutionen für Kinder, seien es Schulen, Internate, Kirchen, Chöre, Sportvereine, Heime, aber auch in der Familie, konnte es in den Fünfzigerjahren Kindern passieren, dass sie vernachlässigt, geschlagen, beschämt oder missbraucht werden – ausgerechnet von den Menschen, die angeblich in ihrem besten Interesse handelten. Inzwischen zeigen Forschungsprojekte, dass die lange Dauer des Kindesleids nicht nur als Fortwirken des Nationalsozialismus oder als Folge des Zweiten Weltkriegs erklärt werden kann. Auch in Ländern, die von Krieg und Nationalsozialismus verschont gebliebenen waren wie zum Beispiel die Schweiz, lag Vieles im Argen. Dort wird heute mit großem Aufwand das Schicksal der Kinder aufgearbeitet, meist Waisen oder Scheidungskinder, die ins Heim kamen und häufig äußerst schlecht behandelt wurden. Die Zustände in Schweizer Säuglingsheimen werden inzwischen kritisch gesehen.[2] Eine dunkle Ironie ist, dass bereits die Absicht, Kinder sozial und gesundheitlich besser zu stellen, sie nicht nur in der Schweiz ins Verderben stürzen konnte. Eine Studie von Businger und Ramsauer hat erbracht, dass bei Heimplatzierungen im Kanton Zürich zwischen 1950 und 1990 die Gutachter und Entscheider in erster Linie auf Abweichungen vom bürgerlichen Familienmodell reagierten, wenn sie Eltern die Vormundschaft entzogen, und nicht auf das reale Ausmaß an Vernachlässigung und Misshandlung in den Haushalten.[3] Auch in Deutschland wollten Behörden und Institutionen der öffentlichen Erziehung nicht das Kind selbst beschützen, sondern eine Lebensform, die bürgerliche Familie.[4]

Allgemein gültige Sozialisationsnormen

Auch wenn es klare Adressaten für die Aufarbeitung der damaligen Verhältnisse gibt, wäre es voreilig, die staatliche Fürsorge und die kirchlichen und anderen Träger der Einrichtungen allein für den unangemessenen und oftmals traumatisierenden Umgang mit den Schutzbefohlenen verantwortlich zu machen. Kritisch befragt werden muss auch die Familiensozialisation, denn Mütter und Väter schöpften in ihrem Umgang mit ihren Kindern aus demselben Reservoir an Vorstellungen, Traditionen und Wissen wie die Fachleute. Nicht zuletzt sahen manche Eltern trotz bereits damals geäußerter Kritik die öffentlichen Erziehungseinrichtungen für ihren Nachwuchs als nützlich an. Nicht alle entschieden sich dafür aus purer Notwendigkeit, weil sie selbst überfordert waren oder weil es keine anderen Betreuungsmöglichkeiten gab. Manche motivierte ein erzieherisches Kalkül, andere die Bequemlichkeit, ihr Kind vorübergehend in einem Heim unterzubringen. Folgende Beispiele aus den Dreißigerjahren und der Kriegs- und Nachkriegszeit zeigen Kontinuitäten bei den Motiven der Eltern auf:

In der Zeit des Nationalsozialismus wird Annette im Alter von 15 Monaten für vier Wochen im Kinderheim untergebracht. Währenddessen geht ihre Mutter in Kur. *Ich habe mich in den 4 Wochen unbeschreiblich nach Dir gesehnt, nach Deinem herzlichen Lachen, nach Deinem Geplauder*, schreibt sie dazu auf und ist dann entsetzt über das *kleine verschüchterte Heultrinchen*, das sie hernach zurückbekommt. Im Kindergartenalter wächst sich diese Schwäche offenbar aus, denn die Mutter trägt nun stolz in ihr Tagebuch ein: *Ganz selbstverständlich und unbekümmert bleibst Du gleich am 1. Tag dort. Du passt Dich ja von jeher schnell an Deine Umgebung an.*[5] Damit hat sie eines der wesentlichen Erziehungsziele von Eltern damals erreicht: Der Nachwuchs sollte frühzeitig lernen, sich aus seinen alltäglichen familiären Bindungen zu lösen und umstandslos in eine neue Gemeinschaft zu integrieren. Ein Heimaufenthalt konnte, so glaubte man, dabei helfen, einer allzu engen Bindung vorzubeugen.

Familien schätzten es auch, wenn es in den Einrichtungen modern und sauber war. Eine Mutter aus Villingen nutzte die Möglichkeit, ihre Kinder in einem Kindertagesheim unterzubringen: *Da war alles auf's beste u. Modernste eingerichtet. Große Tagessäle, deren Wände ganz mit Märchenbildern bemalt waren, kleine Möbel, Waschbecken,* [...] *mittags gab es Tee oder Milch zum mitgebrachten Vesper, viele gut geschulte Tanten sorgten und spielten mit Euch.* [....] *Sobald Traudel stubenrein war, durfte auch sie mitkommen* [...].[6] Die Frau begriff die frühen Trennungen als Gewinn nicht nur für sich selbst, sondern auch für die Kinder, die dabei lernten, nicht zu anhänglich zu sein. *Aber der kl. Vetter freundete sich schwer mit Euch an, er wollte immer bei seiner Mutter sein, während ihr durch das bewegte Leben, das ihr seit Geburt zwischen C. und V. führen mußtet, gar nicht an Eure Mutter anhingt* [sic]. *Ich konnte Euch überall mitnehmen, ihr wart überall gleich zu Hause und spieltet mit den jeweiligen Kindern ohne nach Mutti zu schreien.*[7]

Die Mutter der vierjährigen Brita entschied sich für ein Kinderheim, obwohl ihr eine Zwangsarbeiterin als Haushaltshilfe zur Verfügung stand. Ihre Gründe: *Sie hat auch nie Appetit, jeden Bissen muß man ihr reinquälen, dabei ist sie so unruhig und schläft zu wenig.* [...] *Wir wollen jetzt versuchen, sie in ein gutes Kinderheim im Gebirge zu buchen. Dann habe ich auch Last mit ihren Füßen. Sie hat starken Knickfuß und klagt oft über Fußschmerzen.*[8] Einmal pro Woche erhielt die Mutter Nachricht über das Kind. Sie wurde informiert, dass die Tochter nach den ersten acht Tagen mäßigen Appetit gehabt habe und nicht mit den anderen Kindern spiele. Nach zwei Wochen habe das Kind begonnen einzunässen. Interessant ist nun, wie die Mutter diese Nachricht kommentierte: *Ja, das ist eine schlimme Geschichte! Ich hoffe, sie wird es sich dort abgewöhnen.*[9] Als ihre Tochter nach acht Wochen zurückkam, machte die Mutter folgende Bilanz auf: *Sie hat zwar nur 2 ½ Pfund zugenommen, aber ihr Gesamtbefinden und Aussehen ist wohler und frischer als vorher. Auch der Appetit hat sich gebessert. Besonders aber in erzieherischer Hinsicht scheint es Brita gut getan zu haben. Sie hat gelernt, sich selbst an und auszuziehen und kann sich allein waschen und auch das Bettnässen ist Gottseidank verschwunden.*[10]

Die Verhältnisse der Nachkriegsjahre erforderten es, dass Frauen, deren Männer vermisst, gefallen oder in Gefangenschaft geraten waren, erwerbstätig wurden. Wo und wie sie ihre Kinder betreuen ließen, war ihr Problem. Jens-Peter A., 1947 in Hamburg geboren, erinnert sich, dass ab seinem dritten Lebensjahr die Mutter endlich Arbeit fand, für die sie jedoch immer wieder den Lebensmittelpunkt wechseln musste. Sie versuchte, ihren Sohn in einem Kinderheim unterzubringen, doch dort weinte er so lange, dass er in den Keller gesperrt wurde. Erst nach einigen Wochen erlaubte ihr der Arbeitgeber, ihren Sohn zu erlösen und nachzuholen. Ab dann muss Jens-Peter A. sie zu ihren jeweiligen Arbeitseinsätzen als Betreuerin in Ferienlagern und Jugendheimen begleiten.[11]

Die oft unsentimentale oder sogar zustimmende Haltung der Eltern zu befristeten Heimaufenthalten auch von Säuglingen und Kleinkindern reflektiert offensichtlich nicht nur unter Umständen widrige Lebensumstände, sondern damals verbreitete Überzeugungen, was gut für ein Kind sei. Daraus pauschal auf eine lose oder sogar fehlende gefühlsmäßige Bindung an das Kind zu schließen, wie das Forschende zur Erziehung im Nationalsozialismus getan haben, ist deshalb zu voreilig.[12] Auch wenn es schon in der ersten Hälfte des zwanzigsten Jahrhunderts Fortschritte im Wissen um die kindliche Entwicklung, Psychologie, Bindungsbedürfnisse und analog dazu um adäquate Erziehungsstile gab, müssen wir von unterschwellig länger anhaltenden kulturellen Haltungen zum Kind ausgehen, die im Allgemeinen nicht hinterfragt wurden. Diese gingen von bestimmten Menschenbildern und Vorstellungen vom Wesen des Kindes aus (Ethnotheorie), sowie von Vorannahmen darüber, in welchem Verhältnis der Mensch zur Umwelt stehe (Kontrolltheorie). Eine Gesellschaft kann annehmen, dass der Mensch im Zustand der Sünde auf die Welt kommt und davon erlöst werden muss, um ein vollwertiges Mitglied der Gemeinschaft werden zu können. Oder es herrscht die Überzeugung vor, dass ein bereits perfekter, friedvoller und guter Mensch mit allen Ressourcen wie Bindungs-, Kommunikations- und Empfindungsfähigkeiten auf die Welt kommt. Zum anderen kann eine Kultur den Nachwuchs für das Funktionieren in der Welt vorbereiten wollen oder sie kann darauf vertrauen, dass der Nachwuchs von Anbeginn dafür ausgestattet sei, sich die Welt und die Umwelt seinen Bedürfnissen gemäß zu gestalten. Aus diesen Grundannahmen leiten sich grobe Sozialisationsmuster ab, die für das 20. Jahrhundert prägend waren. Ich habe sie das Sozialisationsmuster der *Lebensbemeisterung* und das der *Lebensgestaltung* genannt. Sie wurden von frühester Kindheit an wirksam, unabhängig davon, ob ein Kind in der Familie oder in einer öffentlichen Institution aufwuchs.[13]

Die Bedeutung der frühen Kindheit

Aufklärung und bürgerliche Moderne standen für die Vorstellung Pate, dass die entscheidenden Weichen für den Lebensweg in der frühesten Kindheit gestellt werden müssten. Seither sollen in den ersten Jahren die grundlegenden Selbstbilder und Werthaltungen einer Gesellschaft übertragen werden. Eine weitere Voraussetzung für das moderne Verständnis der Sozialisation war das Konzept einer Veränderbarkeit und Perfektibilität des Menschen durch Erziehung. Die Taufe und ein gottesfürchtiges Leben allein wurden seit dem 18. Jahrhundert immer weniger für ausreichend gehalten. Auch die große Masse der Menschen musste durch Erziehung verbessert, zum Staatsbürger und zum Wirtschaftssubjekt gemacht werden.[14] Später trug die Evolutionstheorie die Idee der Aufwärtsbewegung oder Höherentwicklung aller Lebewesen zu dieser Entwicklung bei. Durch die Konfrontation mit der Umwelt sollte sich das Individuum vom anfangs tiernahen Stadium zum Menschen und Bürger entwickeln.[15]

Einen großen Einschnitt in der Geschichte der Sozialisation brachten Ende des 19. Jahrhunderts neue Disziplinen um das Kind wie die Kinderheilkunde oder die Entwicklungspsychologie. Die Kinderheilkunde leistete bei der Bekämpfung der Säuglings- und Kleinkindsterblichkeit große Dienste, die zugleich den nationalen Bestrebungen nach einer größeren und gesünderen Bevölkerung entgegenkamen. Das bedeutete im Endeffekt eine naturwissenschaftliche Revolution an der Wiege: Nicht mehr allein die Großmutter, die Eltern, der Pfarrer oder der Lehrer entschieden, wie ein Kind groß werden sollte, sondern auch die Waage, das Metermaß, die normierten Entwicklungsstufen. Eingeführt wurden verstärkte Maßnahmen zur Hygiene, die konsequente Taktung von Ausscheidung und Ernährung – dazu gehörte auch die Nahrungskarenz nach der Geburt –, ein festes Schlafprotokoll, aber auch eine wachsende körperliche Distanz zwischen Erwachsenen und Kindern. Experten empfahlen um 1900, in den ersten Lebenswochen keine Verwandtenbesuche zuzulassen und das Kind möglichst in einer verdunkelten Wiege von allen Reizen der Umwelt abzuschirmen. Nicht nur die Intervalle bei den Pflegeroutinen, sondern sogar die Minuten, in denen eine Betreuungsperson einem Kind Aufmerksamkeit widmen sollte, wurden exakt errechnet. Im ersten halben Jahr sollte man sich am Stück mit seinem Kind nur fünf bis zehn Minuten beschäftigen. Im zweiten Halbjahr durfte die Zeitspanne auf zehn bis 15 Minuten erweitert werden. *Man wird dem Kinde auch zulächeln oder ihm zusprechen, sobald man bei den täglichen Geschäften im Haus an seinem Bettchen vorbeikommt, ihm antworten, wenn es einen anlallt oder anlächelt* […], aber […] *nie über die bereits besprochene Zeit von 5 bis 15 Minuten hinaus. Im allgemeinen sollte sich immer nur eine Person gleichzeitig mit dem Kind beschäftigen, da es ein Spiel zu dritt noch zu sehr verwirrt.*[16]

Umsetzen konnte und wollte das anfangs nur eine kleine informierte Minderheit im Bürgertum. Doch in den Dreißigerjahren des zwanzigsten Jahrhunderts begannen sich die neuen Standards in weiteren Kreisen der Gesellschaft zu verbreiten. Dabei spielten Medien wie Erziehungsratgeber, vorgedruckte Wiegetabellen, Vorlagen für Elterntagebücher und Zeitungsartikel eine große Rolle. Mütterberatungsstellen wirkten direkt in die Säuglingspflege der Familien hinein.

Die damalige Ethnotheorie beziehungsweise das Menschenbild ging davon aus, dass ein Kind anfangs mehr Tier als Mensch sei, triebgesteuert, in sich abgeschlossen oder autistisch, ein *Rückenmarksindividuum* und eine *Reiz-Reaktions-Maschine*.[17] Eine häufig verwendete Umschreibung in der Fach- und Ratgeberliteratur für die frühkindliche Entwicklung war die *Menschwerdung*. Vom Darwinismus inspiriert wurde die Mensch-Umwelt-Beziehung als antagonistisch interpretiert: Das Neugeborene ist in eine feindliche Welt hineingestellt und muss durch dosierte Reizexposition und durch Abhärtung an sie herangeführt werden. Mittel der Wahl bei der Sozialisation sind die sogenannte *Machtprobe* zwischen Mutter und Kind, Methoden der Abhärtung, der Schmerzkontrolle, das Erlernen von Triebaufschub und von Unabhängigkeit von gefühlsmäßigen Bindungen.

Der allmähliche Übergang zwischen der alten bürgerlichen und der modernen Sozialisationspraxis lässt sich in Erziehungstagebüchern nachvollziehen.[18]

Elfriede wurde 1904 als Tochter eines Apothekers in Ladenburg im Rhein-Neckar-Kreis geboren. Für sie zuständig waren Kindermädchen, Großeltern und Eltern. Als Erziehungsziele werden in ihrem Elterntagebuch genannt: Bravheit, Tischmanieren und Folgsamkeit. Ausdrücklich unerwünscht sind: den Kopf durchsetzen, einen Willen haben, auf der Straße Unarten einfangen und *böse Wörter*. Den Tagesablauf des Kindes bestimmen die festen Essens- und Schlafenszeiten und das systematische Toilettentraining ab drei Monaten, das von morgendlichen Schlägen begleitet ist. Diese Routine wird nicht nur aus pragmatischen Gründen ausgeführt, sondern moralisch überhöht: *Jetzt begreift sie endlich, was gut und böse ist und schämt sich sehr, wenn ihr mal was in die Hosen passiert*, schreibt die Mutter.[19] Wenn sie Gedichte nicht auswendig hersagen kann, bekommt Elfriede sogenannte *Tatzen*. Wenn sie Nägel kaut, muss sie Handschuhe tragen, wenn sie ihren Willen durchsetzen will, wird sie *durchgehauen,* beschämt und damit erpresst, dass das Christkind wegbleiben werde.[20]

Typisch an diesem Beispiel aus dem frühen 20. Jahrhundert ist, dass die neuen Normen nicht auf einen Schlag ankamen. Im Wissen um Säuglingspflege und frühkindliche Erziehung mischten sich Tradition und Wissenschaft. Der Austausch zwischen der Expertise und den Familien ging hin und her, Elterntagebücher wurden für wissenschaftliche Zwecke an Forschungseinrichtungen gesendet, die daraus neue Erkenntnisse zur frühkindlichen Entwicklung und Erziehung gewannen, oder auch zur Selbstkontrolle beim Kinderarzt oder bei der Mütterberatung vorgelegt. Säuglingspflege und *moralische* Erziehung verschränkten sich, ganz im Sinne des Kinderarztes Adalbert Czerny, dessen Vorlesungen unter dem Titel *Der Arzt als Erzieher des Kindes* zeitgleich erschienen.[21]

Die Dreißigerjahre als Wendepunkt

Die Normierung entlang von Etappenzielen der frühkindlichen Entwicklung spitzte sich nach dem ersten Drittel des Jahrhunderts zu, als Ratgeberautorinnen wie die österreichische Entwicklungspsychologin Hildegard Hetzer oder die deutsche Lungenfachärztin Johanna Haarer auf den Plan traten und das Wissen popularisierten. Sie erreichten mit ihren Publikationen *Erziehungsfehler* oder *Die deutsche Mutter und ihr erstes Kind* in den Dreißiger-, Vierziger- und Fünfzigerjahren Massenauflagen und verbreiterten die soziale Basis der *neuzeitlichen* Säuglingspflege, wie sie oft genannt wurde.[22] Tagebücher und ausgefüllte Wiegetabellen aus dieser Phase zeigen, dass die zeitliche Taktung immer ernster genommen wurde. Während Anfang des 20. Jahrhunderts Tabellen und Spalten oftmals leer geblieben oder eigenwillig ausgefüllt worden waren, sind Eltern rund dreißig Jahre später bemüht, die Vorgaben korrekt anzuwenden: Gefüttert wurde um 6, um 10, um 14, um 18 und um 22 Uhr. Die achtstündige Nachtruhe war unbedingt einzuhalten. Das Kind unterdessen aus der Wiege zu holen, galt als schwerer Erziehungsfehler. Dafür standen nicht nur Mütter ein, sondern auch Väter, die bei der Einführung der Standards eine wichtige Rolle spielten. Sie führten oft Aufsicht über die korrekte Umsetzung der Methoden und übernahmen das Gespräch mit den Ärzten. Der Anreiz dazu mag auch darin bestanden haben, dass die *neuzeitlichen* Methoden als modern galten. Sie ähnelten den Rationalisierungsprozessen in der Arbeitswelt, weshalb man auch von der *Taylorisierung* der Säuglingspflege sprechen kann, denn die einzelnen Pflegehandlungen wurden in Arbeitsschritte eingeteilt und in die ebenfalls rationeller werdende Haushaltsführung integriert. Im deutschsprachigen Gebiet, aber auch in Nordamerika traten immer mehr Eltern bzw. Kindermädchen gleichzeitig an die Wiege, führten die gleichen Handlungen aus und trugen sie in ihre Tabellen ein. Deutschland war in dieser Entwicklung besonders konsequent, denn die NS-Ideologie setzte auf die *neuzeitliche* Säuglingspflege. Ehestandsdarlehen wurden an den Besuch der Mütterberatung gekoppelt und auch die propagierte wichtige Rolle der Frauen im Staat wurde argumentativ mit den neuen Erziehungsmethoden verknüpft, die angeblich im Widerspruch zu *dekadenten* Methoden aus der Weimarer Republik standen. Nicht zuletzt schien die *neuzeitliche* Praxis in ihren darwinistischen Momenten mit der NS-Ideologie übereinzustimmen. Man wollte profitieren von einem robusten, schmerzabgehärteten und emotional ungebundenen Kind, das sich leicht für staatliche Zwecke einsetzen ließe. Johanna Haarers Buch und andere Ratgeber griffen die ideologischen Angebote auf und betonten die Vorteile für *Volk und Führer*, indem sie zum Beispiel vom *Schlachtfeld* der Geburt sprachen und behaupteten, die *Volksgemeinschaft* fordere auch von Frauen einen Aderlass, so wie von den Männern als Krieger. Rücksicht auf Gefühle und angeblich verweichlichte alternative Erziehungsstile wurden geächtet. Der normative Druck auf die Familien stieg.

Dabei ging es nicht nur darum, bestmögliche Bedingungen für das Aufwachsen der Kinder und die Arbeit der Mütter und Hausfrauen umzusetzen. Die Mutter von Annette drückte in ihrem Tagebuch aus, was Eltern damals vor allem zu beschäftigen hatte: die Einhegung des kindlichen Willens. Die Lehrerin schreibt: *Jetzt merkt man schon, dass auch in Dir ein Wille lebt. Vor allem beim Essen. Da gibt's jetzt oft Kampf. Tyrannisieren will uns unsere kleine Annette auch schon, das Mordsgeschrei, wenn sie das Wattepaket nicht haben darf. Da heißt's nun aber aufgepasst, dass nicht so ein kleiner Trotzkopf daraus wird.* […] *Und gestern, sollte das der erste Versuch sein, wer stärker ist, deine Mutter oder du? Von 16 Uhr ab, als ich mich auf die Bank setzte, schriest du. Ich hätte nur aufstehen brauchen und weiter verfahren, und du wärst ruhig gewesen, das wusste ich. Ich tat es nicht, sondern ließ dich schreien. Der Erfolg: nach einer halben Stunde hörtest du auf.*[23]

Die Mutter hatte in ihren Augen die *Machtprobe* mit ihrem Kleinkind gewonnen und war damit dem Damoklesschwert der Erziehung entkommen – der kindlichen Tyrannei. Das bis heute geläufige Bild des kindlichen Tyrannen oder kleinen Haustyrannen transportierte die Warnung, dass fehlerhaft erzogene Kinder ihre Eltern mit ihren Bedürfnissen unterdrücken würden, dass die natürliche Hierarchie zwischen Eltern und Kind auf den Kopf gestellt würde. Zudem, und das war noch bedrohlicher, entwickele sich ein falsch erzogenes Kind dahin, sich nicht in die Gemeinschaft einordnen zu lassen, sich hervorzutun, seinen Willen durchzusetzen, und später womöglich in der Armee den Befehl zu verweigern. Den Ratgebern, allen voran jenen von Johanna Haarer, gelang es, Eltern klarzumachen, dass eine einzige Inkonsequenz schon ausreiche, um diese fatale Fehlentwicklung in Gang zu setzen. Den Ernst der Lage unterstrichen die Ratgeber dadurch, dass entsprechende Warnungen im Schriftbild hervorgehoben und dass die Leserinnen von oben herab geduzt und autoritär angesprochen wurden. In *Die Mutter und ihr erstes Kind*, Ausgabe 1934, heißt es: *Das Kind begreift unglaublich rasch, daß es nur zu schreien braucht, um eine mitleidige Seele herbeizurufen und Gegenstand solcher Fürsorge zu werden. Nach kurzer Zeit fordert es diese Beschäftigung mit ihm als ein Recht, gibt keine Ruhe mehr, bis es wieder getragen, gewiegt oder gefahren wird – und der kleine, aber unerbittliche Haustyrann ist fertig.*[24]

Die Drohungen wirkten. Tatsächlich ließen sich Mütter und Väter davon einschüchtern. Das ging so weit, dass ihnen ihre Rolle über den Kopf wuchs und sie unter der Angst litten zu versagen. Manche Mutter trug in ihr Tagebuch ein, dass ihr vor lauter Regeln, die unbedingt eingehalten werden müssten, das Selbstvertrauen und die Freude mit dem Kind verloren gegangen seien. Die Haltung zum Kleinkind hatte sich wenige Jahre nach Elfriedes Kindheit sichtlich geändert: von der Idee des reifenden bürgerlichen Individuums, das vor allem brav und anständig sein sollte, hin zum Ideal des körperlich robusten, wehrhaften, schmerzunempfindlichen, vitalen, unabhängigen, aber auch sozialen und tatkräftigen Kind. Ziel der Sozialisation war die sogenannte *Lebensbemeisterung* in einer feindlichen Umwelt. Dem lagen eine extrem pessimistische Ethnotheorie, die dem Kind bösartige und asoziale Triebe unterstellte, zugrunde und eine vom Sozialdarwinismus und später vom Krieg verschärfte Kontrolltheorie, die besagte, die feindliche Umwelt könne nur durch Stärke, Härte, Schmerzunempfindlichkeit und Unabhängigkeit von Gefühlen bemeistert werden. In diesen Kontext gehörte die Trennung von Mutter und Kind durch Heimaufenthalte, denn dies sei eine ideale Gelegenheit für das Kleinkind zu lernen, kein Heimweh zu entwickeln, wenn es später in den Kinder- und Jugendorganisationen des NS-Systems nachsozialisiert werden würde.

Obwohl das Sozialisationsmuster der *Lebensbemeisterung* keine deutsche oder nationalsozialistische Erfindung war, sondern sich international durchsetzte, brauchte Deutschland im Vergleich zu anderen Industrienationen länger, um die Normen zu lockern beziehungsweise zu ändern. Die internationale Weiterentwicklung der Expertise kam später an, weil der wissenschaftliche Austausch durch den Krieg und die Verfolgung jüdischer Expertinnen und Experten abgebrochen worden war. Lehrbücher für das Studium und die Ausbildung von Ärztinnen und Ärzten und anderen einschlägigen Berufsgruppen hielten lange vor und tradierten die Wissensbestände über das Wesen des Kindes und die Methoden der frühkindlichen Erziehung bis weit in die Nachkriegszeit. Auch in den Familien wurden die Erziehungsvorstellungen weitergegeben. Das Buch von Johanna Haarer, bereinigt um die offensichtlich nationalsozialistischen Passagen, wurde unter leicht geändertem Titel nach 1945 immer weiter aufgelegt und fand großen Anklang. So gelangte *Die Mutter und ihr erstes Kind* zweigleisig an die jüngeren Generationen – über die Neuauflagen im Buchhandel und über das familiale Erbe. Die Analyse von Baby- beziehungsweise Elterntagebüchern – die Bezeichnungen wechseln – aus den Fünfzigerjahren bestätigt, dass sich die Vorstellungen von einer körperfernen, emotional zurückhaltenden, strikten und konsequenten Behandlung des Nachwuchses hielten. Die Angst der Mütter vor dem Scheitern an den in der *Volksgemeinschaft* erwarteten Normen, insbesondere vor gesundheitlich auffälligen Kindern, die im Nationalsozialismus Gefahr gelaufen wären, ausgesondert zu werden, mag noch lange nachgewirkt haben. Auffällig ist, dass sich Mütter in den Fünfzigerjahren mit besonderer Akribie dem kindlichen Körper widmeten, was durch die Werbung für Puder, Salben und Öle verstärkt wurde. Krankheiten oder nur auffällige Hautbilder konnten zu moralischen Vorwürfen gegenüber dem Kind führen. Wegwerfwindeln kamen erst in den Siebzigerjahren auf den Markt, weshalb auch aus praktischen Gründen die frühzeitig forcierte *Sauberkeitserziehung* fortgesetzt wurde, da es galt, das Waschen der Stoffwindeln zu begrenzen. Mütter und Väter griffen auf ihre eigenen emotionalen Erinnerungen zurück und glaubten weiterhin an die alten Weisheiten, dass Kinder nicht zu viel Nähe und Fürsorglichkeit vertrügen, schneller aufhörten zu weinen, wenn sie nicht getröstet würden und nach ein paar Nächten *Durchschreien* von allein durchschliefen. Ratgeber formulierten bis in die Sechzigerjahre hinein Empfehlungen wie diese: *Nie mit unsauberen Händen ein Kind anfassen* […]. *Kinder nicht küssen!*[25]

Wertewandel in der Sozialisation seit den Siebzigerjahren

Dass es trotz dieser Beharrungskräfte in den Siebzigerjahren zu einem Einstellungswandel kam, wird mit dem Einfluss starker kultureller Tendenzen und Strömungen erklärlich. Globale Entwicklungen legten ein anderes, ein freundlicheres Menschenbild nahe. Nicht nur wollten die Menschen die im Krieg gelockerten oder zerrissenen Familienbande stärken, auch sehnten sie sich nach Frieden und dachten über das Wesen des Menschen und die Notwendigkeit einer neuen Erziehung nach. Bekanntes Beispiel sind die damaligen Autoritarismusstudien. Aus einem psychoanalytischen Ansatz heraus prüften Forschende die These, inwieweit eine autoritäre Erziehung Persönlichkeiten für Vorurteile und für faschistische Ideen anfällig mache. Die Achtundsechziger suchten nach Erziehungsideen, die ein Auschwitz künftig unmöglich machen sollten.[26] Andere globale Entwicklungen wie der Wandel von der hochindustrialisierten zur Dienstleistungsökonomie förderten den Bedarf an Menschen, die nicht in erster Linie Gehorsam leisteten, sondern Talent zur friedlichen und zugewandten Kommunikation im Verkaufsgespräch hatten. Ein weiterer kultureller Megatrend, der auch die Sozialisationsvorstellungen betraf, war die Kritik an der Moderne sowie an der Machbarkeitsideologie. Aus dem selbstreflexiven Prozess folgte, dass man sich auch für alternative Erziehungsmethoden bei sogenannten *Naturvölkern* zu interessieren begann. Bei Feldstudien schienen sich andere, mehr körpernahe und bedürfnisorientierte Modelle, herauszukristallisieren. Diese schienen den eigenen *westlichen* Erziehungspraktiken überlegen.[27] Aufgeklärte Mütter begannen sich für neue Praktiken wie etwa das Tragetuch, das Stillen nach Bedarf oder das *Rooming-in* bei der *sanften Geburt* zu begeistern. Gebärenden wurde nahegelegt, ohne Narkosemittel auszukommen, was den Frauen das Gefühl, mehr oder weniger ohnmächtige Nebendarstellerin eines medizinischen Eingriffs zu sein, ersparen und auch dem Kind einen wacheren Lebensbeginn gewähren sollte.

Hinter alledem standen offensichtlich eine neue Ethnotheorie und eine veränderte Kontrolltheorie. In Anlehnung an die Säuglingsforschung und die Entwicklungspsychologie wurde die Anthropologie des Säuglings neu bestimmt, und dabei kam ein Bild von einem Kind heraus, das vom Moment der Geburt an als kommunikationsoffen, bindungsoffen und vor allem liebesbedürftig wahrgenommen wurde.[28] Als wichtigste Konsequenz daraus wurde es den Müttern und anderen Betreuungspersonen möglich, frühzeitig in eine Beziehung zu dem Neugeborenen oder sogar schon zu dem Ungeborenen zu treten.

Ein Tagebuchbeispiel kann das illustrieren: Die Mutter von Sibo, eine Sozialpädagogin aus Tübingen, fühlte schon unmittelbar nach Eintritt der Schwangerschaft eine metaphysische Verbindung zu ihrem Kind. Sie begann im sechsten Schwangerschaftsmonat Elterntagebuch zu schreiben und beschrieb diese Zeit als ein metaphysisches Ereignis, in der die Natur das Regiment über ihren Körper übernommen und eine Symbiose geschaffen habe: *Ich ändere mich durch Dich – zuerst leicht depressiv werde ich stabiler, froher, sicherer – ich vertraue mir.*[29] Über das grundgute Wesen des von Kopf bis Fuß auf Liebe eingestellten Kindes, das möglichst viel nackt herumlaufen und weitgehend frei von gesellschaftlichen Zwängen aufwachsen sollte, bestand für sie kein Zweifel. Sie empfand die Sozialisation als wechselseitig – nicht nur sie konnte dem Kind Weltwissen vermitteln, sondern auch das Kind hatte ihr etwas zu geben, nämlich die Chance, von der Natur und dem von Grunde auf friedlichen kindlichen Wesen zu lernen.

Der neuen Säuglingsanthropologie entsprach eine andere Kontrolltheorie, wonach das mit vielfältigen Ressourcen ausgerüstete Kind von alleine in der Lage sei, sich seine Welt zu erschließen und zu gestalten. Es musste daher nicht mehr durch Bedürfnisregulierung und Abhärtung für den *Lebenskampf* vorbereitet werden. Wichtigstes Element der Frühsozialisation war, das Urvertrauen und die Bindung zu stärken. Viele Mütter, wenn auch sicher nicht alle, befreiten sich von den hergebrachten Normen der Säuglingspflege und machten sich das Sozialisationsmuster der *Lebensgestaltung* zu eigen. Sie lernten zum Beispiel in der Zeitschrift *Eltern* die Bindungstheorie kennen und konzentrierten sich künftig weniger auf Reinlichkeit, Taktung und Konsequenz in der Säuglingspflege, sondern darauf, wie sie die natürliche Mutter-Kind-Bindung erhalten könnten. Schon deshalb vermieden sie lieber unnötige Trennungen vom Kind. Freiwillige Heimaufenthalte, aber auch Urlaube ohne Kind kamen unter der Prämisse, dass Trennungen schädigend oder sogar traumatisierend wirken könnten, eher nicht mehr infrage.

Zweifel und Kontrollbedürfnisse richteten sich jetzt nach innen, auf das elterliche Selbst, nicht mehr nur auf das vermeintlich fragwürdige Wesen des Kindes. Die neue Selbstbezüglichkeit der Eltern zog als Konsequenz nach sich, dass Kinder zu Agenten der Heilung von selbst erfahrenen negativen Sozialisationserfahrungen wurden. Mit anderen Worten: Eltern versuchten mit dem Kind auch sich selbst zu helfen und zu heilen. Sie erblickten sich selbst im Kind und hofften darauf, mit ihm zu lernen und von ihm erlöst zu werden. Das bedeutete trotz der Parole von der *intuitiven Elternschaft* nicht gleichzeitig die völlige Autonomie von der Expertise – auch der Aufruf zur Selbstanalyse beim Erziehen kam selbstverständlich aus dazu berufenem Munde. Doch die Letztinstanz hatte sich verlagert. Die Optionen elterlichen Handelns stiegen beträchtlich, so dass Eltern die immer häufiger empfundenen Widersprüche zwischen der eigenen Wahrnehmung und den vermittelten Normen bei der Kinderpflege und –erziehung aufheben konnten.

Fazit

Auf den Eltern lastete insbesondere seit den Dreißigerjahren ein hoher normativer Druck. Die Verantwortung, für die sogenannte *Volksgesundheit*, die bürgerliche Familienordnung und die Anforderungen des Staates bei der Sozialisation richtig zu handeln, wog schwer. Auch wenn rationale Momente wie Gesundheitsförderung, Zeitersparnis oder Effizienz bei der Umsetzung der *neuzeitlichen* Säuglingspflege und Kleinkinderziehung eine Rolle spielten, waren die rigiden Methoden untrennbar mit den Ansprüchen der *moralischen* Erziehung eines künftigen Mitglieds der Gemeinschaft verbunden, das gehorsam, gut angepasst und aus der intimen Beziehung der Familie leicht herauslösbar sein sollte. Das Ideal der freien Entfaltung der individuellen Anlagen – wie noch im 18. Jahrhundert – trat im frühen zwanzigsten Jahrhundert immer mehr in den Hintergrund; wichtiger wurden die von Experten formulierten Standards und Normen. Der Vorteil war, dass die intensive Beschäftigung mit Entwicklungsparametern das Denken vom Kinde her förderte, weshalb das zwanzigste Jahrhundert unter dem Schlagwort *Jahrhundert des Kindes* beginnen und große Hoffnung auf die Geburt eines neuen, vielleicht sogar besseren Menschen gehegt werden konnte.[30] Der Nachteil war: Das neugeborene Kind wurde erst einmal außerhalb der menschlichen Gemeinschaft gesehen, auf der Stufe von Tieren, und musste mit mehr oder weniger ruppigen Methoden zur *Lebensbemeisterung* ertüchtigt werden. In dieses Sozialisationsmuster gehörte auch, dass Eltern manchmal ohne Not ihre Kinder der öffentlichen Erziehung in Heimen überließen. Das Kalkül dahinter war ein emotional unabhängiges Kind, das vom Staat oder Militär aus der intimen Sphäre des Elternhauses herausgeholt und für übergeordnete Zwecke nutzbar gemacht werden könnte.

Erst ab den Siebzigerjahren des zwanzigsten Jahrhunderts wenden sich Experten und Eltern auch in der Praxis einem neuen Sozialisationsmuster zu, das nicht mehr auf die *Lebensbemeisterung,* sondern auf die *Lebensgestaltung* abzielt. Die Härte gegen sich und die Kinder weicht der selbstreflexiven und intuitiven Elternschaft.

Was das Spannungsverhältnis zwischen institutioneller und familialer Sozialisation angeht, kann man davon ausgehen, dass hier wie dort (zumindest in der Mittelschicht) expertengeleitet und wissensbasiert sozialisiert wurde. Hinter den Vorstellungen lagen gesellschaftliche Grundanschauungen über das Wesen des Kindes und die Sozialisationsaufgabe, die bis zum Ende des zweiten Drittels des zwanzigsten Jahrhunderts von kollektiven und sozialen Interessen geleitet waren und noch nicht so sehr vom Glück des individuellen Kindes.

1 Die Metapher geht vermutlich auf den Volkskundler und Journalisten Wilhelm Heinrich Riehl zurück (und wurde seither immer wieder verwendet), mit der er Mitte des 19. Jahrhunderts dem Gedanken Ausdruck verlieh, dass die Familie die erste Instanz sei, die zur Integration der Staatsbürger beiträgt. Vgl. Wilhelm Heinrich Riehl. Neue Deutsche Biographie, S. 588-590.

2 Vergleiche die mit großen Mitteln geförderten Forschungen am Züricher Marie Meierhofer Institut für das Kind: Marie Meierhofer Institut für das Kind: Lebensgeschichten. über 60 Jahre - Heimplatzierung von Kleinkindern (*1953-1959). 2024. https://www.mmi.ch/de-ch/forschung/f%C3%BCr-studienteilnehmende/lebensgeschichten (aufgerufen am 08.08.2024).

3 Susanne *Businger* und Nadja *Ramsauer*: *Genügend goldene Freiheit gehabt*. Heimplatzierungen von Kindern und Jugendlichen im Kanton Zürich, 1950 – 1990. Zürich 2019.

4 Felix *Berth*: Zur Geschichte des Säuglingsheims. Eine vergessene Institution des bundesdeutschen Sozialstaats. In: Kinder- und Jugendarzt 8 (September 2019) S. 489 – 492.

5 Tagebuch für Annette (geboren 1936), Deutsches Tagebucharchiv (DTa), 29.12.1937 und 23.1.1940.

6 Tagebuch für Annette (geboren 1936), DTa 29.12.1937 und 23.1.1940.

7 Brigitte und Heide (geboren 1939), Anfang 1941.

8 Brita aus Göttingen (geboren1938), DTa, Eintrag vom 15.11.1942.

9 Brita (1938), DTa Eintrag vom 21.3.1943.

10 Brita (1938), 3.5.1943.

11 Jens-Peter A., Rekonstruiertes, DTa 3823,1 – 3.

12 Sigrid *Chamberlain*: Adolf Hitler, die deutsche Mutter und ihr erstes Kind. Über zwei NS-Erziehungsbücher. Gießen 1998.

13 Dazu ausführlich: Miriam *Gebhardt*: Die Angst vor dem kindlichen Tyrannen. Eine Geschichte der Erziehung im 20. Jahrhundert. München 2009.

14 Andreas Schulz: Der *Gang der Natur* und die *Perfektibilität* des Menschen. Wissensgrundlagen und Vorstellungen von Kindheit seit der Aufklärung, in: Lothar Gall, Andreas *Schulz* (Hg.): Wissenskommunikation im 19. Jahrhundert (Nassauer Gespräche der Freiherr-von-Stein-Gesellschaft, Bd. 6). Stuttgart 2003. S. 15 – 39.

15 Siehe ausführlich in Gebhardt, wie Anm. 13, S. S. 35 – – 55.

16 Zum Beispiel bei Hildegard *Hetzer*: Seelische Hygiene. Lindau (10. Auflage) 1960. S. 26.

17 Zitiert nach Jörg *Heßling*: Die Haltung zu Kindern in der deutschen Kinderheilkunde von 1877 – 1980. Herzogenrath 1980. S. 9.

18 Die Quellen dieses Aufsatzes stammen aus der Habilitationsschrift Miriam *Gebhardt*: Die Angst. Die Elterntagebücher habe ich entweder im Deutschen Tagebucharchiv in Emmendingen erhoben oder aus privater Hand mittels Zeitungsanzeigen erhalten.

19 Elfriede (geboren 1904), Ladenburg. Dta 86 – 11. November 1906.

20 Elfriede, im Jahr 1914.

21 Adalbert *Czerny*, Der Arzt als Erzieher des Kindes: Vorlesungen. Leipzig 1908.

22 Hetzer, wie Anm. 16. Johanna *Haarer*: Die deutsche Mutter und ihr erstes Kind. München 1934. In weiteren Auflagen bis 1987 unter dem Titel: Die Mutter und ihr erstes Kind.

23 Tagebuch für Annette (geboren1936), Deutsches Tagebucharchiv (DTa), 5.11.1937.

24 Haarer, wie Anm. 22. S. 148.

25 Siehe die vorgedruckte Vorlage für ein Elterntagebuch in: Das Buch der Kindheit. Hg. vom *Verlag für das Standesamtswesen*. Frankfurt u.a. 1964. o. S.

26 Detlev *Oesterreich*: Flucht in die Sicherheit. Zur Theorie des Autoritarismus und der autoritären Reaktion. Opladen 1996.

27 Monika *Aly* und Annegret *Grüttner*: Unordnung und frühes Leid. Kindererziehen 1972 und 1982. In: Kursbuch 72 (1983). S. 33 – 49.

28 Überblick bei Martin *Dornes*: Die emotionale Welt des Kindes. Frankfurt am Main 2000 und ders.: Der kompetente Säugling. Die präverbale Entwicklung des Menschen. Frankfurt am Main 2001.

29 Tagebuch für Sibo. Privat. Eintrag vom Anfang März 1978.

30 Das Jahrhundert des Kindes war der Titel eines 1900 erschienenen Buchs der schwedischen Reformpädagogin Ellen Key, das großen Zuspruch fand. Ellen *Key:* Das Jahrhundert des Kindes. Deutsche Erstausgabe Berlin 1902.

Erziehungsratgeber nach 1945. Kontinuitäten und Wandlungen

Corinna Keunecke

Die Ratgeberliteratur war nach 1945 vor allem durch Kontinuität gekennzeichnet: Einige Bücher, die im Nationalsozialismus erschienen waren, wurden neu aufgelegt und teilweise kaum verändert.[1] Die zugrundeliegenden Bilder vom Wesen des Säuglings und des Kleinkinds wurden nur sehr zögerlich verändert. Zwischen früher Kindheit und Politik wollte man nach 1945 zunächst keinen Zusammenhang sehen.

Eine besondere Rolle nimmt Johanna Haarers Ratgeber zu Schwangerschaft, Geburt, Pflege und Erziehung kleiner Kinder ein. Im Jahr 1934 wurde er unter dem Titel *Die deutsche Mutter und ihr erstes Kind* erstmals veröffentlicht. Ab 1949 wurde er unter dem nur leicht veränderten Titel *Die Mutter und ihr erstes Kind* um die NS-propagandistischen Stellen gekürzt und neu bearbeitet herausgegeben. Eines der wesentlichen Merkmale des Buches ist der autoritäre Kommunikationsstil: Die Kinder seien nur in den Griff zu bekommen, wenn die Eltern die Ratschläge präzise befolgten; Spielraum für eigene Einschätzungen und Entscheidungen wurde ihnen nicht eingeräumt. Wie die Autorin der Ratgeber ihre Leserinnen und Leser, die Eltern, behandelt, lässt sich darauf übertragen, wie diese wiederum ihre Kinder behandeln sollten: Die Strukturen der Beziehung sind gleichermaßen hierarchisch. Die Kinder zu verwöhnen wurde als Hemmnis ihrer notwendigen Abhärtung für das Leben betrachtet: Diesen Gedanken erkennt man in vielen der normierten Praktiken der Säuglingspflege wieder. Die Eltern sollten die Kinder beispielsweise nach der Uhr füttern und auch bei Schmerz keine Empathie zeigen.

In den 1950er Jahren erschienen in der Bundesrepublik erstmals Übersetzungen von Ratgebern aus anderen Ländern, insbesondere den USA. Besonders erfolgreich war der 1952 erstmals auf Deutsch erschienene Ratgeber des US-amerikanischen Kinderarztes Benjamin Spock. Im Gegensatz zu Haarer betonte er grundsätzlich die Erziehungskompetenz der Eltern: Im Zweifelsfall wüssten diese am besten, was richtig für ihr Kind und der jeweiligen Situation angemessen sei. Anstatt rigide Regeln und Zeitvorgaben durchzusetzen, solle man auf die Bedürfnisse des Kindes eingehen und keine Angst haben, es zu verwöhnen. Spocks Anspruch war es vor allem, Verständnis für das Kind zu wecken. Neu war auch sein psychoanalytischer Blick auf Themen wie Rivalität unter Geschwistern, Trotz und ähnliche Konflikte.[2]

Die gesellschaftlichen Veränderungen ab Ende der 1960er Jahre schlugen sich auch in der Ratgeberliteratur nieder. Seitdem gab es vermehrt Veröffentlichungen, in denen eine freiere Erziehung gefordert wurde und deren Autorinnen und Autoren die Eltern dazu ermutigten, Kindern mit Vertrauen, Güte und Unterstützung zu begegnen. Dass diese neue, liberale Position nicht ohne Ambivalenzen und Widerstände umgesetzt werden konnte, zeigt sich zum Beispiel daran, dass manche Autorinnen und Autoren dazu rieten, das Kind, wenn nötig, auch zu züchtigen, um ihm beizustehen. Es meldeten sich auch jene zu Wort, die die neuen, liberalen Ansätze für übertrieben hielten und für ein gewisses Maß an Autorität plädierten. Manche lehnten diese Ansätze auch grundsätzlich ab und warnten vor den – sich ihrer Ansicht nach daraus ergebenden – weitreichenden Risiken für Kinder und Gesellschaft.

Eine Pluralisierung und Spezialisierung der Erziehungsbücher, die auch individuellen Lebens- und Problemlagen von Kindern und Familien gerecht wurden, setzte erst langsam ab den 1970er Jahren ein. Trotz dieser moderneren Ansätze verkauften sich noch bis in die 1970er Jahre die aus der NS-Zeit stammenden Ratgeber mit ihren rigiden, aber als bewährt geltenden Positionen am besten. Bis 1987 betrug die Gesamtauflage von Haarers Buch 1,2 Millionen und prägte also sehr viele Kindheiten auch in der Nachkriegszeit.[3]

1 Dieser Text erschien zuerst im Themenmodul Heimkindheiten: Corinna *Keunecke*: Erziehungsratgeber nach 1945. In: Themenmodul Heimkindheiten. Stand: 09.02.2022. https://www.leo-bw.de/en-GB/web/guest/themenmodul/heimkindheiten/rahmenbedingungen/zeitgeist/erziehungsratgeber (aufgerufen am 04.07.2024).

2 Miriam *Gebhardt*: Haarer meets Spock – frühkindliche Erziehung und gesellschaftlicher Wandel seit 1933. In: Familiensozialisation seit 1933 – Verhandlungen über Kontinuität. Hg. von Miriam *Gebhardt* und Clemens *Wischermann*. Stuttgart 2007. S. 87–107.

3 Ergänzende Literatur zum Thema: Sigrid *Chamberlain*: Adolf Hitler, die deutsche Mutter und ihr erstes Kind. Über zwei NS-Erziehungsbücher. Gießen 1997; Markus *Höffer-Mehlmer*: Elternratgeber. Zur Geschichte eines Genres. Baltmannsweiler 2003; Markus *Höffer-Mehlmer*: Sozialisation und Erziehungsratschlag. Elternratgeber nach 1945. In: Familiensozialisation seit 1933 – Verhandlungen über Kontinuität. Hg. von Miriam *Gebhardt* und Clemens *Wischermann*. Stuttgart 2007. S. 71–87; Schwarze Pädagogik. Quellen zur Naturgeschichte der bürgerlichen Erziehung. Hg. von Katharina Rutschky. Berlin 1977. Neuausgabe ebd. 1997.

Das Konzept der Kindererholungskur

Hans-Walter Schmuhl

Das Konzept der Kinderkur, insbesondere der Kinder*erholungs*kur, entstand im späten 19. Jahrhundert im Grenzbereich von Bäderheilkunde (Balneologie) und Kinderheilkunde (Pädiatrie). In der frühen Bundesrepublik wurde es, unter Auslassung spezifisch nationalsozialistischer Elemente, die sich im Nationalsozialismus eingeschlichen hatten, fortgeschrieben.[1]

Ausgangspunkt dieses Konzepts war der zivilisationskritische Blick auf die moderne Großstadt. Dabei wurde zunächst auf den Mangel an frischer Luft, Licht und Bewegung verwiesen. Schon früh wurde vor der zunehmenden Luftverschmutzung in den Städten gewarnt, die zu einem vermehrten Auftreten von Asthma, Bronchitis, Tuberkulose, Rachitis oder Hautkrankheiten führen könne. Der knappe städtische Lebensraum, der dem kindlichen Bewegungsdrang allzu enge Grenzen setze, galt ebenfalls als pathogener Faktor – Kinder hielten sich viel zu sehr in geschlossenen Räumen auf, woraus etwa Haltungsschäden resultieren könnten. Kritisch sahen viele Mediziner zudem die vermeintliche Mangel- und Fehlernährung in der städtischen Lebenswelt. Schließlich wurde immer wieder auch auf das *psychische Klima*[2] der Großstadt hingewiesen, das der Gesundheit der Kinder abträglich sei. Allgemein war von einer Reizüberflutung die Rede, die die Kinder überfordere. Insbesondere wurde vor dem Lärm der Stadt gewarnt. Stadtkinder litten, so die weithin vertretene Auffassung, häufig unter Nervosität und Schlaflosigkeit. Insgesamt führe die *Giftatmosphäre*[3] der städtischen Lebenswelt bei Kindern zu einer erhöhten Krankheitsanfälligkeit, Überempfindlichkeit und allgemeinen Konstitutionsschwäche.

Würde der kindliche Organismus jedoch durch *gesunde Reize* stimuliert, so die Grundidee der Kindererholungskur, dann würden seine natürlichen Widerstandskräfte gestärkt, der Organismus regeneriere sich von den Auswirkungen der *schädlichen Reize* der urbanen Lebenswelt. In der Kur wirkten, so kann man es immer wieder lesen, verschiedene gesunde Reize auf das Kind ein: das Meeres-, Mittelgebirgs- oder Hochgebirgsklima, Solebäder, Inhalationen, Höhensonne, Gymnastik und Bewegung an frischer Luft, aber auch der Milieuwechsel, die Reiseeindrücke oder das Gemeinschaftserlebnis.

Ein Element der Großstadtkritik, das auch in den Schriften über das Kinderkurwesen immer wieder aufscheint, ist die Warnung vor dem Wandel des familiären Milieus in der großstädtischen Lebenswelt. Dieser Aspekt rückte in den Publikationen der 1950er/60er Jahre weiter in den Fokus. Das ist vor dem Hintergrund der Nachkriegsgesellschaft zu verstehen: Flucht und Vertreibung, Wohnungsnot, die gestiegene Zahl alleinerziehender Frauen, deren Ehemänner im Krieg gefallen oder in Kriegsgefangenschaft geraten waren, die steigende Zahl der Ehescheidungen, die Entstehung von Patchworkfamilien – all das schien darauf hinzudeuten, dass die überkommenen familiären Strukturen in Auflösung begriffen waren.

Bei der Bewilligung von Kinderkuren spielten *soziale Gründe* nicht selten eine ausschlaggebende Rolle, auch wenn sie nicht immer offen thematisiert wurden.

Stand in den frühen 1950er Jahren noch die Not der Nachkriegszeit im Vordergrund, trat

1 Das 1937 eröffnete Kinderkurheim Schuppenhörnle in Falkau/Hochschwarzwald. Vorlage: Zentralarchiv der DAK.

später ein weiteres Element hinzu: die Sorge vor einer *Luxusverwahrlosung*[4] der Jugend in der modernen Konsumgesellschaft. Der Trend zur Kleinfamilie, die Abnahme der durchschnittlichen Kinderzahl, der Trend zum Doppelverdienertum, die Trennung von Arbeiten und Wohnen und der damit verbundene Funktionsverlust der Familie führe zu einer Lockerung der familiären Bindungen. Dies habe zur Folge, dass traditionelle Werte im Elternhaus kaum noch vermittelt würden.

Hier sah eine Kinder*heil*kunde, die sich zum Ziel gesetzt hatte, sich zu einer allgemeinen *Kinderkunde* weiterzuentwickeln, eine wichtige Aufgabe für sich: Es ging nicht nur darum, Stadtkinder körperlich abzuhärten, es sollte zugleich erzieherisch auf sie eingewirkt werden. Kontakte zum Elternhaus wurden für die Dauer der Kur auf das Allernotwendigste – meist in Form von Briefkorrespondenzen – begrenzt, wollte man die Kinder doch für einige Wochen ihrem vermeintlich ungesunden Herkunftsmilieu entziehen. Das pädagogische Regime in den Kinderkurheimen zielte auf *Gemeinschaftsfähigkeit* ab. Die Kinder sollten zu einer homogenen Gruppe geformt werden, wobei das einzelne Kind lernen sollte, sich in die Gemeinschaft ein- und den Betreuerinnen unterzuordnen. Empfohlene erzieherische Mittel waren eine straffe pädagogische Führung, eine feste Tagesstruktur, die Übertragung von *Ordnungsdienst*[en], eine konsequente *Gesundheitserziehung*, die Einübung *gute*[r] *Tischsitten*[5] oder die strikte Einhaltung von Ruhezeiten, schließlich auch Strafen bis hin zu körperlicher Züchtigung, auch wenn diese, so die offizielle Mahnung, zurückhaltend eingesetzt werden sollte.
So fügte sich das Kurkonzept in die Tradition der *Schwarzen Pädagogik* ein.[6]

1 Dieser Text erschien zuerst im Themenmodul Heimkindheiten: Hans-Walter *Schmuhl*: Das Konzept der Kindererholungskur. In: Themenmodul Heimkindheiten. Stand: 21.02.2022. https://www.leo-bw.de/en-GB/web/guest/themenmodul/heimkindheiten/alltag/das-konzept-der-kindererholungskur (aufgerufen am 04.07.2024).
2 E.[duard] *Glanzmann*: Die Bedeutung des Klimas für die Erholung im Kindesalter. In: Kinderheime [und] Kinderheilstätten in der westdeutschen Bundesrepublik, Österreich und der Schweiz. Hg. von Sepp Folberth. Lochham b. München 1956. S. 11 – 14, hier S. 12.
3 *Glanzmann*, wie Anm. 2, S. 14.
4 Siehe: Ulrike *Winkler* und Hans-Walter *Schmuhl*: Heimwelten. Quellen zur Geschichte der Heimerziehung in Mitgliedseinrichtungen des Diakonischen Werkes der Ev.-luth. Landeskirche Hannovers e.V. von 1945 bis 1978. Bielefeld 2011. S. 29 f.
5 H.[ans] *Kleinschmidt*: Über die Durchführung von Kindererholungs- und Heilkuren. In: Kinderheime [und] Kinderheilstätten in der westdeutschen Bundesrepublik, Österreich und der Schweiz. Hg. von Sepp Folberth. Lochham b. München 1964. S. 25 – 89, hier S. 59, 78, 81.
6 Ergänzende Literatur zum Thema: Gerda *Engelbracht* und Achim *Tischer*: Zwischen Erholung und Zwang. Kinderverschickungen in das Adolfinenheim Borkum (1921 – 1996). Bremen 2023; Lena *Gilhaus*: Verschickungskinder. Eine verdrängte Geschichte. Köln 2023; Marc *von Miquel*: Verschickungskinder in Nordrhein-Westfalen nach 1945. Organisation, quantitative Befunde und Forschungsfragen (im Auftrag des Ministeriums für Arbeit, Gesundheit und Soziales des Landes Nordrhein-Westfalen). 2022. https://verschickungsheime.de/wp-content/uploads/2022/01/Studie-Verschickungskinder-in-NRW_sv_dok_2022.pdf (aufgerufen am 18.4.2024); Anja *Röhl*: Das Elend der Verschickungskinder. Kindererholungsheime als Orte der Gewalt. Gießen 2021; Hans-Walter *Schmuhl*: Kur oder Verschickung? Die Kinderkuren der DAK zwischen Anspruch und Wirklichkeit. München/Hamburg 2023.

Gewaltfreie Erziehung? Über die körperliche Züchtigung von Kindern

Corinna Keunecke

Wir leben in einer Kultur, in der Gewalt gegen Kinder bis vor wenigen Jahrzehnten selbstverständlich war.[1] Bis heute ist die Gewalt in Familien die bei weitem verbreitetste Form von Gewalt, die ein Mensch im Laufe seines Lebens erfährt. Gewalt in Familien und auch in Partnerschaften wird zudem kaum kontrolliert und häufig massiv unterschätzt.

Was heute als Gewalt gegen Kinder oder Kindesmisshandlung gedeutet wird, wurde lange durch die gesellschaftliche Überzeugung gerechtfertigt, dass körperliche Strafen notwendig seien, um Kindern bestimmte Erziehungsideale wie z.B. Disziplin zu vermitteln. Allgemein gab es in der Gesellschaft eine hohe Befürwortung und Duldung von Gewalt gegen vermeintlich Schwächere oder Untergebene, seien es Frauen, Schüler und Auszubildende, das Gesinde, Menschen mit Behinderung oder eben Kinder. Kinder wurden nicht nur von ihren Eltern gezüchtigt, sondern auch von anderen Erwachsenen wie Verwandten, Nachbarinnen und Nachbarn oder dem Lehrpersonal.

Das Verhältnis von Eltern und Kindern war lange das letzte Refugium angeblich gerechtfertigter Gewaltanwendung. Der zuvor gesellschaftlich akzeptierte Einsatz von Gewalt gegenüber dem Gesinde wurde bereits im Jahr 1900 per Gesetz abgeschafft, später auch gegenüber Ehefrauen (1928), Lehrlingen (1951) und Schülerinnen und Schülern (1973). Kinder waren somit, auch aufgrund einer fehlenden Lobby, die letzte Gruppe, an der rechtmäßig Gewalt ausgeübt werden durfte. Die rechtliche Subjektstellung des Kindes wurde erst zögerlich entdeckt und im Laufe des 20. Jahrhunderts in kleinen, langsamen Schritten umgesetzt.

Diese gesellschaftliche Haltung gegenüber Kindern war auch in der Pädagogik lange prägend. Der Begriff *Schwarze Pädagogik* ist ein Sammelbegriff für Erziehungsmethoden, die Gewalt und Einschüchterung als Mittel beinhalten. Er wurde 1977 durch die Soziologin Katharina Rutschky und ihr gleichnamiges Buch geprägt, in dem sie einschlägige Texte der Pädagogik von ihren Anfängen ab etwa 1750 bis zum Ende des 19. Jahrhunderts zusammentrug und historisch einordnete. Sie zeigte, dass Erziehung oftmals als eine gewaltsame Dressur von Kindern verstanden wurde.

Vom Kind aus müsse man das neue Jahrhundert umgestalten, so der Tenor des 1902 erschienenen Buchs *Das Jahrhundert des Kindes* von der schwedischen Reformpädagogin Ellen Key. Wer das Kind begreifen wolle, der dürfe es nicht als unvollkommenen Erwachsenen, sondern müsse es als Wesen eigenen Rechts auffassen. Dazu gehöre zuallererst, auf Gewalt zu verzichten. Viele Reformpädagoginnen und -pädagogen traten zu jener Zeit dafür ein, die Kindererziehung in dieser Hinsicht zu verändern. Doch der Nationalsozialismus machte diese ersten reformerischen Ansätze in der Pädagogik zunichte und propagierte systematische Lieblosigkeit und Missachtung der kindlichen Bedürfnisse.

Ab den späten 1950er Jahren gerieten elterliche Autorität und tradierte Erziehungsnormen jedoch zunehmend in die Kritik. Selbst in konservativen Kreisen meldeten sich Stimmen, die zu einem Umdenken aufforderten. Schläge wurden in ihrem erzieherischen Wert zwar meist grundsätzlich nicht angezweifelt, jedoch ihre häufig maßlose Ausübung kritisiert. Man fürchtete, dass *zu viel Prügel das Ehrgefühl abstumpfen und das Gemüt verschüchtern*[2] würden. Gegenstände wie Rohrstöcke und Peitschen waren zwar noch in vielen Familien vorhanden, wurden aber oft nur noch selten benutzt oder zum Zweck der Abschreckung aufbewahrt.

Dies darf jedoch nicht darüber hinwegtäuschen, dass Gewalt gegen Kinder in dieser Zeit noch weit verbreitet war. Es herrschte die Ansicht vor, dass Schläge notwendig zur Erziehung gehörten und sie blieben im Repertoire der erzieherischen Sanktionen. Befragt man Menschen, die in dieser Zeit Kinder waren, so ist häufig von dem Respekt die Rede, der gegenüber den Eltern selbstverständlich eingefordert wurde – aber auch von der Angst, die Kinder empfanden. Gewaltlose Erziehung war die absolute Ausnahme und dennoch wurde Gewalt gegen Kinder flächendeckend beschwiegen. Vieles von dem, was zuhause vor sich ging, durfte nicht nach außen dringen. Gegen die Vorstellung, dass all das nicht nach außen dringen dürfe, wandte sich seit den 1970er Jahren die zweite Welle der Frauenbewegung und proklamierte das Private als politisch.

Das im Zuge von *1968* aufkommende Konzept der *antiautoritären Erziehung*, moderne Pädagogikkonzepte – wie beispielsweise das der Schule *Summerhill* in England – und allgemeine gesellschaftliche Demokratisierungstendenzen führten zu einer Verbesserung der Lage von Kindern. Die Pädagogik dieser Zeit entwickelte und favorisierte ein verändertes, weniger hierarchisches Verhältnis von Erziehungspersonal und Kindern. Kinder wurden als Personen mit eigenen Bedürfnissen gesehen. Eines der Prinzipien der ab 1967 in diesem Zusammenhang gegründeten *Kinderläden* war die komplette Abschaffung von Strafen.

Erst im Jahr 2000 beschloss der Bundestag: *Kinder haben ein Recht auf gewaltfreie Erziehung. Körperliche Bestrafungen, seelische Verletzungen und andere entwürdigende Maßnahmen sind unzulässig*, womit der Gesetzgeber einem Auftrag der UN-Kinderrechtskonvention folgte. In der ersten Fassung des BGB von 1900 wurde dem Vater das Recht auf den Einsatz *angemessener Zuchtmittel* zugestanden (§ 1631), das mit dem Gleichberechtigungsgesetz 1958 auf beide Eltern überging. Eine konzeptionelle Wende gab es mit dem Gesetz zur Neuregelung der elterlichen Sorge erst 1979; es hieß nun ergänzend: *Entwürdigende Erziehungsmaßnahmen sind unzulässig.* Damit wurde zwar eine eindeutige Wertung zum Ausdruck gebracht, jedoch war die Formulierung zugleich sehr unbestimmt. Aufgrund dessen gab es unterschiedliche juristische Auffassungen, wo die Grenze zwischen Erziehung und Körperverletzung verläuft. Die herrschende Auffassung innerhalb der Rechtsprechung hielt eine *maßvolle* Züchtigung, gemessen am – ebenfalls im Grundgesetz verankerten so genannten Elternrecht – gewohnheitsrechtlich für anerkannt und zulässig. Damit war sie im Einklang mit der herrschenden Meinung. Mit der Kindschaftsrechtsreform von 1998 wurde der unbestimmte Rechtsbegriff *entwürdigende Erziehungsmaßnahmen* folgendermaßen präzisiert: *Entwürdigende Erziehungsmaßnahmen, insbesondere körperliche und seelische Misshandlungen, sind unzulässig.* So dauerte es, von der erstmaligen Erwähnung im BGB bis zum eindeutigen Verbot der Gewalt an Kindern, exakt 100 Jahre.[3]

Heutzutage züchtigen Eltern ihre Kinder seltener sowie weniger aus erzieherischer Überzeugung als vielmehr aufgrund erlernter Verhaltensmuster. Aus diesen Veränderungen darf jedoch nicht vorschnell das Bild einer gewaltfreien Familie abgeleitet werden. Noch immer gibt es viele Kinder, denen in der

Erziehung Gewalt widerfährt. Darauf macht der Deutsche Kinderschutzbund am Tag für gewaltfreie Erziehung, dem 30. April, seit 2004 alljährlich aufmerksam und fordert, die Kinderrechte im Grundgesetz zu verankern. Der Tag soll auch daran erinnern, dass die gesamte Gesellschaft die Verantwortung für das gewaltfreie Aufwachsen von Kindern trägt. Zudem soll er Eltern ermutigen, ihr Ideal einer gewaltfreien Erziehung Wirklichkeit werden zu lassen.[4]

1 Dieser Text erschien zuerst im Themenmodul *Heimkindheiten*: Corinna *Keunecke*: Gewaltfreie Erziehung? Über die körperliche Züchtigung von Kindern. In: Themenmodul Heimkindheiten. Stand: 21.02.2022. https://www.leo-bw.de/en-GB/themenmodul/heimkindheiten/rahmenbedingungen/historischer-hintergrund/korperliche-zuchtigung-von-kindern (aufgerufen am 21.06.2024).

2 Katharina *Rutschky*: Schwarze Pädagogik. Quellen zur Naturgeschichte der bürgerlichen Erziehung. Berlin 1977. S. 430.

3 Irene Gerlach: Familie, Familienrecht und Reformen. 09.01.2015. https://www.bpb.de/themen/familie/familienpolitik/198764/familie-familienrecht-und-reformen/ (aufgerufen 28.02.2022).

4 Ergänzende Literatur zum Thema: Corinna *Keunecke*: Wer nicht hören will, muss fühlen! Über die körperliche Züchtigung von Kindern. In: Freilichtmagazin 2017 Mitteilungen aus dem Freilichtmuseum Detmold (2017). S. 77–83; Ingrid *Müller-Münch*: Die geprügelte Generation. Kochlöffel, Rohrstock und die Folgen. Stuttgart 2012.

Gewalterfahrungen in den Heimen und Einrichtungen für Kinder und Jugendliche

Nora Wohlfarth

Der Alltag in stationären Einrichtungen für Kinder und Jugendliche[1] war in der Nachkriegszeit bis weit in die 1970er Jahre hinein von verschiedenen Formen von Gewalt geprägt.[2] *Schläge waren an der Tagesordnung,*[3] so berichten es Betroffene aus Kinderheimen. Wenig überraschend berichten Betroffene, die in Einrichtungen der Behindertenhilfe oder in psychiatrischen Kliniken untergebracht waren, ganz Ähnliches. Auch die Verschickungskinder berichten von gewaltvollen Erfahrungen[4] und die vergleichsweise kurzen Aufenthalte machten diese nicht weniger belastend und traumatisierend. Daher sollen hier Gewalterfahrungen, wie sie Kinder in der Nachkriegszeit in verschiedenen Heimformen machten, zusammenfassend untersucht werden. Viele dieser leidvollen Erfahrungen wurden durch die Strukturen der Einrichtungen erst ermöglicht. Neben dieser strukturellen Gewalt lassen sich weitere Formen benennen: psychische Gewalt, medizinische Gewalt, körperliche Gewalt und sexualisierte Gewalt. Viele Betroffene berichten von mehreren dieser Formen der Gewalt, andere wiederum erlebten wenig oder keine Gewalt. Von den Erfahrungen derjenigen, die in den Einrichtungen eine überwiegend gute Zeit erlebten, weiß man generell weniger. Die Berichte derjenigen, denen Unrecht widerfahren ist, erlauben es aber, von flächendeckenden, systemischen Missständen zu sprechen, die sich in diesen verschiedenen Formen von Gewalt äußerten.

Allgemein lässt sich sagen, dass die Lebensqualität von Kindern und Jugendlichen in Heimen häufig auf verschiedenen Ebenen eingeschränkt war. Diese Einschränkungen führten zu psychischen, körperlichen und nicht zuletzt finanziellen Langzeitfolgen. Sozial waren die Kinder in den Einrichtungen häufig von der Außenwelt isoliert – und gewissermaßen auch in den Einrichtungen selber. Sie wurden nicht an Entscheidungen beteiligt, so dass sich grundlegend ein Gefühl des Ausgeliefertseins ausbreitete, das auch bei kurzen Aufenthalten sehr verstörend wirken konnte.[5]

Strukturelle Gewalt

Der Begriff *strukturelle Gewalt* hängt eng mit dem Konzept der *Totalen Institution* zusammen. Viele Einrichtungen der Jugend- und Behindertenhilfe, ebenso wie Kliniken und Kindererholungsheime, lassen sich als *Totale Institutionen* nach Irving Goffmann beschreiben. Sie sind nach außen abgeschlossen, Bewohnerinnen und Bewohner sind durch klare Hierarchien vom Betreuungspersonal abgegrenzt, der Ablauf des Alltags ist streng geregelt und verwaltet, die Regeln der Institution sind umfassend einzuhalten.[6] Diese Grafik ist ein gutes Beispiel für die Verwaltung der Einrichtung und zeigt ganz praktisch: In vielen Heimen herrschte Enge. Drei Quadratmeter waren 1963 für Heimkinder vorgesehen, so hält es ein Leitfaden für Heime des Landesjugendamtes fest. Gemeint ist der Platz in den

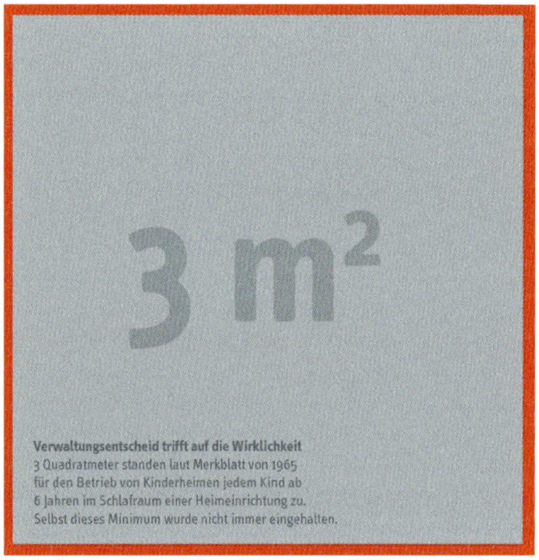

1 Bodengrafik aus der Ausstellung »Verwahrlost und gefährdet? Heimerziehung in Baden-Württemberg 1949–1975«. **Verwaltungsentscheid trifft auf die Wirklichkeit.** 3 Quadratmeter standen laut Merkblatt von 1965 für den Betrieb von Kinderheimen jedem Kind ab 6 Jahren im Schlafraum einer Heimeinrichtung zu. Selbst dieses Minimum wurde nicht immer eingehalten. Vorlage: Landesarchiv Baden-Württemberg, Staatsarchiv Sigmaringen Wü 66_14 T1 Nr. 367, Merkblatt für den Betrieb von Säuglings-, Kinder- und Erziehungsheimen sowie von Heimen für Sonderfälle (Stand April 1965), Landeskommunalverband der hohenz. Lande, Landesjugendamt.

Schlafsälen, Einzel- oder Gruppenzimmer gab es kaum.[7]

Platzmangel ist eine Form struktureller Gewalt. Dabei führte nicht nur das Handeln Einzelner, sondern auch das Umfeld und die Voraussetzungen dieses Handelns zu Leid.
So hatte beispielsweise der in vielen Einrichtungen weit verbreitete Personalmangel zur Folge, dass es den Kindern an Zuwendung, Beziehungen und Bezugspersonen fehlte, ohne dass sich einzelne Personen den Kindern gegenüber falsch verhalten haben. Dasselbe gilt für mangelhafte hygienische oder räumliche Bedingungen, fehlende Ausbildung des Personals oder auch die herrschenden Wertvorstellungen in den Einrichtungen.
All das ist für zahlreiche Einrichtungen nicht zuletzt durch die Berichte ehemaliger Heimkinder belegt. Viele von ihnen litten unter dem Mangel an Privatsphäre und dem fehlenden Respekt für ihre Intimsphäre. Ein Betroffener beschrieb, dass er eigentlich nur auf der Toilette für sich sein konnte. Rückzugsmöglichkeiten waren kaum vorhanden.[8] Für die Kurheime weist Hans-Walter Schmuhl auf die Rolle der Architektur der Heime hin, die *mit ihren Schlafsälen oder Mehrbettzimmern, den Gemeinschaftswaschräumen und –toiletten, den großen Speisesälen, Turn- und Liegehallen* […] *den Kindern jeden Rückzugsraum* [verwehrte].[9]

Formen der symbolischen Gewalt wiederum sind der strukturellen Gewalt ähnlich. Ritualisierung und Regelmäßigkeit, z. B. bei der Medikamentengabe, waren beispielsweise in Kliniken weit verbreitet und trugen mit dazu bei, dass Betreuung, Erziehung, Unterstützung, Zwang und Therapie fließend ineinander übergingen.[10]

Die verschiedenen Formen der von den Betroffenen erlebten Gewalt werden durch ihre Folgenlosigkeit noch verstärkt. Sie wurden in vielen Fällen weder in der Einrichtung selbst, noch gesellschaftlich geächtet oder strafrechtlich geahndet.[11] So kam es sogar vor, dass Mitarbeiterinnen und Mitarbeiter eingestellt wurden, obwohl bekannt war, dass sie für sexualisierte Gewalt gegen Kinder verurteilt worden waren.[12]

Aus dem gesamten Feld der Heimerziehung und der Kinderverschickung sind keine Einrichtungstypen bekannt, in denen es keine Gewalt gegeben hätte. Allerdings waren die Risiken unterschiedlich stark ausgeprägt. Verschickungskinder waren diesen Formen der strukturellen Gewalt einige Wochen lang ausgesetzt, Heimkinder oft mehrere Jahre bis Jahrzehnte. Bewohnerinnen und Bewohnern von Einrichtungen der Behindertenhilfe, bzw. die Patientinnen und Patienten psychiatrischer Kliniken hatten alleine wegen ihrer Erkrankung oder Behinderung ein nachweislich erhöhtes Risiko, Opfer von Gewalt zu werden.[13] Diese bereits vorhandene Verletzlichkeit wird häufig durch die in den Einrichtungen gemachten Erfahrungen noch verstärkt, so dass ihnen die Verarbeitung wiederum erschwert wird. Ein regelrechter Teufelskreis.[14]

Körperliche Gewalt

Laut der Erhebung des *Runden Tisches Heimerziehung* berichteten ca. 40% der Betroffenen von Gewalt und Prügel, etwa 30% berichteten von häufigem oder sehr häufigem Schlafentzug, eine weitere Form körperlicher Gewalt. Diese Berichte aus Kinder- und Jugendheimen lassen sich auf die Zustände in Einrichtungen der Behindertenhilfe und der Psychiatrie weitestgehend übertragen. Auch in diesen Einrichtungen war die Anwendung von Gewalt bis in die 1970er Jahre hinein weit verbreitet. Dies galt für die BRD ebenso wie für die ehemalige DDR, obwohl dort die körperliche Züchtigung bereits seit 1949 verboten war.[15]

Die körperliche Züchtigung von Kindern bewegte sich im Gegensatz zu heute in einer gesetzlichen Grauzone. Viele Formen der Züchtigung wie Arreststrafen, Essensentzug, Kontaktsperre und Briefzensur waren gesellschaftlich akzeptiert, so dass man für sie kaum Nachweise in den Akten findet. Zeitzeuginnen und Zeitzeugen aller Heimarten berichten übereinstimmend von verschiedenen Formen von Gewalt, von Züchtigungen und Schlägen. Aus diesen Berichten und ihrer Zahl wird deutlich, dass es sich keinesfalls um Ausnahmen, sondern vielmehr um eine gängige Praxis handelte.[16] Nicht selten wurde körperliche Gewalt pädagogisch gerechtfertigt.[17] Dazu gehörten Körperstrafen wie Schläge oder Ohrfeigen bis hin zu schweren Misshandlungen, Essenszwang und -entzug, kalte Bäder oder kaltes Abduschen, Fixieren bzw. der Zwang, still zu stehen, sitzen oder liegen oder auch grenzüberschreitende Berührungen im Intimbereich, z.B. beim Waschen.

Neben einer als verhältnismäßig wahrgenommenen Züchtigung von Kindern im Sinne des damaligen Gewohnheitsrechts gab es auch Fälle von massiver Gewalt, wie z.B. harte Schläge mit Rohrstöcken, Schlüsselbunden, Gürteln oder Faustschläge und Tritte. Diese waren in manchen Fällen mit regelrechten Gewaltritualen verbunden, wie z.B. der Auswahl des Schlaginstruments durch das Kind.[18] Ein solches Ausmaß der Misshandlung von Kindern stand schon damals im Widerspruch zu gesellschaftlichen Wertvorstellungen und wurde aus diesem Grund ebenfalls nicht dokumentiert. Solche Formen körperlicher Gewalt waren auch zu dieser Zeit weder von dem Züchtigungsrecht im rechtlichen noch im gewohnheitsrechtlichen Sinne gedeckt. Auch diejenigen Kinder, die selbst nicht Opfer wurden, sondern die Prügel mitansehen mussten, wurden von diesen Erfahrungen verstört.[19]

Viele Betroffene berichten auch von körperlichen Strafen wie stundenlangem Knien auf dem Boden, Stehen in einer Ecke oder kaltem Abduschen. Es gab Spießrutenläufe, bei denen die Kinder durch ein Spalier anderer Heimkinder laufen mussten, die angehalten wurden, sie zu beleidigen oder zu schlagen.

Gewalt musste aber nicht immer in Form von Strafen stattfinden. Viele Gehörlose berichten davon, dass die Sprecherziehung für sie sehr schmerzhaft war. Lehrende haben den Kindern in den Mund oder an die Zunge gefasst und so selbst dann, wenn keinerlei Grobheit beabsichtigt war, ihre Grenzen massiv überschritten und Schmerzen verursacht.[20]

Die Isolierung von Kindern und Jugendlichen lässt sich ebenfalls als körperliche Gewalt beschreiben und wird in der Erhebung des *Runden Tisches Heimerziehung* als übliche Strafmethode beschrieben.[21] Für einige Formen von Strafen gilt, dass sie sowohl als körperliche, als auch als psychische Gewalt beschrieben werden können, wie z.B. der Zwang zu essen, von dem über die Hälfte der für die Erhebung des *Runden Tisches Heimerziehung* befragten Betroffenen berichten. Viele davon mussten sogar ihr eigenes Erbrochenes wieder aufessen. Zum Thema Essen und Gewalt gehören auch die Berichte von schlechtem Essen, von dem fehlenden Einfluss darauf, was man essen mag und was nicht, von langem Sitzen am Essenstisch, bis der Teller leer war und auch davon, dass zu wenig Essen da war.[22] Die Gewalt rund um die Ernährung zieht sich wie ein roter Faden durch die Berichte von Betroffenen aus den verschiedensten Einrichtungen. In den Verschickungsheimen, wo es in vielen Fällen um Zu- oder Abnahme von Gewicht ging, spielte das Essen ebenfalls eine große Rolle. Zahlreiche Betroffene berichten von vergleichbaren

2 Das gemeinsame Essen war für viele Kinder mit Gewalt verbunden. Aus rechtlichen Gründen wurden die Gesichtszüge der abgebildeten Personen anonymisiert. Vorlage: Landeskirchliches Archiv Stuttgart, L 1 Nr. 3480.

Praktiken – Essenzwang, Erbrochenes essen – wie die Heimkinder.[23]

Die Isolierung und Fixierung der Kinder war in Einrichtungen der Behindertenhilfe scheinbar noch verbreiteter als in Kinder- und Jugendheimen und in psychiatrischen Einrichtungen.[24] Die Kinder wurden in Betten, am Boden, an Stühlen oder auch an Heizungen fixiert, in manchen Fällen durch den Einsatz von Zwangsjacken. Diese in psychiatrischen Krankenhäusern häufig praktizierte Form der medizinisch begründeten Gewalt wurde in der damaligen Fachliteratur kaum diskutiert und scheint trotz ihrer realen Häufigkeit nicht als wichtiges Thema wahrgenommen worden zu sein. Auch juristisch waren diese Maßnahmen nur ungenügend geregelt. Die elterliche Gewalt war durch den Aufenthalt in einem Krankenhaus nicht eingeschränkt und Eltern konnten Behandlungen – theoretisch – ablehnen. Die Praxis sah allerdings anders aus und in zahlreichen erforschten Einrichtungen können Fixierungen und Isolierungen nachgewiesen werden, häufig mit strafendem Charakter, also als Reaktion auf unerwünschtes Verhalten.[25] Eine weitere Form der Ruhigstellung war die Fixierung durch *nasse Packungen*. Die Kinder wurden dabei eng in nasse Tücher gewickelt, so dass sie sich nicht mehr bewegen konnten oder zwangsweise in einer kalten Badewanne festgehalten. Dabei konnten auch ältere Kinder zur Durchsetzung der Maßnahme herangezogen werden.[26] Betroffene berichteten den Mitarbeiterinnen der Projektstelle immer wieder auch von Gewalt durch andere Heimkinder, sei es gegen den Willen der Kinder[27] oder im Sinne einer aktiven Mitwirkung. In einem seltenen Nachweis im Falle eines Heimes, das sowohl *Erholungskinder* als auch *Dauerkinder* aufnahm: *Wenn eines der Kinder etwas gemacht hat, dann sagt sie zu uns, sie könne es nicht verstehen, dass wir uns das gefallen lassen. Die anderen Jungs sehen darin eine Aufforderung dem Kind dann Klassenkeile zu geben. Wenn man sich nicht daran beteiligt, dann ist man ein Weichling oder Feigling und wird von den anderen Kindern geärgert.* [28]

Auch die Arbeit, die in vielen Einrichtungen in großem Umfang von den Kindern und Jugendlichen geleistet werden musste, konnte gewaltvolle Formen annehmen. Ein Betroffener berichtet: *Während der Arbeit in der Landwirtschaft bin ich fast zusammengebrochen.* Arbeit galt als Erziehungsmittel und körperliche Arbeit wurde häufig als Strafe eingesetzt. Auch wenn durch bestimmte Arbeitstätigkeiten Kinder und Jugendliche durchaus in ihrer Entwicklung gefördert werden können, stand doch häufig die Refinanzierung der Einrichtung im Vordergrund.[29] Während also Arbeit häufig eine große Rolle spielte, blieb die Bildung der Kinder oftmals auf der Strecke. Viele Einrichtungen der Kinder- und Jugendhilfe boten nur eine Sonderschule an und für viele Kinder mit Behinderung bedeutete eine Einstufung als *nicht förderfähig*, dass sie keinerlei Bildung erfuhren. [30] Für manche Einrichtung ist belegt, dass nicht einmal grundlegende Kulturtechniken vermittelt wurden, wie das Essen mit Messer und Gabel.[31]

Psychische Gewalt

Neben Formen körperlicher Gewalt beschreiben viele Betroffene Vorfälle und Strukturen, die sich als psychische Gewalt charakterisieren lassen. Im Abschlussbericht der Stiftung *Anerkennung und Hilfe* ist auch von pädagogischer Gewalt die Rede. Diese meint Handlungen, die in einem pädagogischen Kontext stattfinden, also mit der Absicht, die Kinder und Jugendlichen zu fördern.[32] Da es dem pädagogischen Selbstverständnis dieser Zeit aber grundlegend an Wertschätzung für ihre Zielgruppe mangelte, litten die Kinder unter einem strikten Alltag voller Regeln, der ihre individuelle Entwicklung nach heutigem Wissensstand eben nicht förderte, sondern vielmehr hemmte. Den Kindern wurden keine Rückzugsmöglichkeiten geboten, ständig wurde in ihre Intimsphäre eingegriffen. Erziehung stand ganz unter dem Vorzeichen der Disziplinierung, nicht der individuellen Entwicklung der Kinder. Auch Strafen, die heute als kindeswohlgefährdend bis strafrechtlich relevant eingeordnet und bewertet werden, fielen in den Bereich des als pädagogische Arbeit akzeptierten Vorgehens.

Eine pädagogische Zuwendung im Sinne des Kindeswohls bestärkt und ermutigt Kinder, berücksichtigt ihre Bedürfnisse und Wünsche und ermöglicht ihnen, sich und ihre Umwelt zu reflektieren und sich mitzuteilen. Dieser Vorstellung widerspricht der Zwang für gehörlose Kinder, die Lautsprache um jeden Preis zu erlernen. Dass sie nur diese als einzige Kommunikationsmöglichkeit nutzen durften, war eine Form der Gewalt, da den Kindern Kommunikationsmittel wie die Gebärdensprache und auch Mimik und Gestik genommen wurden.

Ein von vielen Betroffenen berichtetes Beispiel von psychischer Gewalt ist der Umgang mit Kindern, die unfreiwillig ins Bett gemacht haben (*Enuresis nocturna*). Obwohl schon lange bekannt ist, dass die Kinder darauf keinen Einfluss haben, wurden Kinder für das Einnässen schwer bestraft. Viele Betroffene berichten übereinstimmend von beschämenden Ritualen, indem sie z.B. mit dem nassen Betttuch vor den anderen Kindern bloßgestellt wurden, in einer Art Spießrutenlauf durch eine Reihe anderer Kinder durchlaufen mussten oder mit eiskaltem Wasser abgespritzt wurden.[33] Das Bettnässen prägte den Alltag der Kinder enorm: Bei Aufnahme in die Einrichtung wurde in vielen Erfassungsbögen von Einrichtungen explizit abgefragt, ob ein Kind *Bettnässer* ist und auch im Alltag kam zu den Strafen für das konkrete Einnässen hinzu, dass die Kinder ab nachmittags trotz Durst nicht mehr trinken durften, ohne Matratze schlafen oder an einem eigenen Tisch essen mussten. Auch hier schließen sich die Erfahrungen der ehemaligen Verschickungskinder unmittelbar an und das bis ins Detail. Auch in diesen Einrichtungen wurden die Kinder, zum Teil unter Einbeziehung der gesamten Gruppe, für das Bettnässen bestraft und gedemütigt.[34] Anja Röhl weist darauf hin, dass die Kinder häufig für unwillkürliche Handlungen bestraft wurden, Handlungen also, die sie rein körperlich bedingt nicht kontrollieren konnten. Sie führt dies auf eine Haltung der betreuenden Personen zurück, die sich auch außerhalb dieser Einrichtungen in Pflegeberufen findet. Die Bestrafung für Ereignisse, die sie nicht

3 Keine Rücksicht auf die Intimsphäre und Lieblosigkeit prägten häufig auch die Körperhygiene. Aus rechtlichen Gründen wurden die Gesichtszüge der abgebildeten Personen anonymisiert. Vorlage: Landeskirchliches Archiv Stuttgart, L 1 Nr. 5013.

beeinflussen konnten, führte bei den Kindern wiederum zu einem Gefühl der Hilfslosigkeit und Minderwertigkeit.[35]

Überhaupt spielten Beschämung und Abwertung im Alltag vieler Heimkinder eine große Rolle. Die Kommunikation war häufig grundlegend von Lieblosigkeit und fehlender Wertschätzung geprägt. Viele Betroffene beschreiben, dass man ihnen im Heim das Gefühl vermittelt hat, nichts wert zu sein.

Manche Betroffene litten unter dem religiösen Zwang, der in den meisten Einrichtungen lange üblich war, auch wenn sie nicht in christlicher Trägerschaft waren. Strenge Moralvorstellungen konnten auch verwendet werden, um die Kinder zu beschämen, z. B. wenn ihre Eltern nicht verheiratet waren – *Bastarde*, *Kinder der Sünde*, *uneheliche Kinder* – oder um sie zu ängstigen mit der Vorstellung, Gott würde alle ihre Sünden sehen und bestrafen. Andere wiederum berichten von dem Trost, den ihnen der Glaube bot oder der Freude an kirchlichen Festen.[36]

Ob es nun auf Dauer oder für wenige Wochen ins Heim ging: für die Kinder war oft völlig unklar, was mit ihnen passierte. Die Fahrt mit der Bundesbahn zu den Erholungsheimen war für Viele beängstigend. Tröstende Objekte wie Teddybären oder überhaupt eigene Gegenstände wurden den Kindern in manchen Fällen ohne erkennbaren Grund weggenommen. Dies berichten auch ehemalige Heimkinder. In den Kuren sollten die Eltern außerdem ihre Kinder nicht besuchen, obwohl ein Aufenthalt von mehreren Wochen für die Kinder sehr lang erscheinen musste. Post wiederum war erwünscht, viele berichten aber von Briefzensur, dem öffentlichen Vorlesen und Kommentieren von Briefen oder anderen demütigenden Vorgängen rund um diese oft so ersehnten Kontakte nach Hause.[37] Die Zensur der Briefe war auch in vielen Kinderheimen gängige Praxis.[38] Die Kinder fühlten sich ausgeliefert und waren es tatsächlich auch.

Das Thema Heimweh wiederum wird häufig im Zusammenhang mit Verschickung thematisiert, dabei hatten sicher auch diejenigen Kinder, die lange von Zuhause weg waren oder gar keine Möglichkeit hatten, in ein Zuhause zurückzukehren, Sehnsucht. In jedem Fall wurde es den Kindern sehr erschwert, neue Bezugspersonen zu finden oder auch Freundschaften zu schließen. Die kurze Dauer der Kuren hat da sicher nicht geholfen und darauf waren die Einrichtungen auch gar nicht ausgelegt.

Medizinische Gewalt

Unter medizinischer Gewalt versteht man ungerechtfertigte therapeutische Maßnahmen – diagnostische, therapeutische oder prognostische (also den Verlauf der Krankheit vorhersagenden) Methoden –, fehlende Erklärungen im Fall von schmerzhaften Behandlungen und daraus folgende Angst vor weiteren Behandlungen oder auch die Gabe von Psychopharmaka, die ebenfalls zu Angst- und Panikzuständen führen konnten, sei es als Nebenwirkung oder aufgrund fehlender Aufklärung. Auch Fälle von Arzneimittelmissbrauch wie Überdosierungen, Medikamentenversuche – in diesen Fällen eine Arzneimittelprüfung ohne Einwilligung der Eltern und Kinder – oder unnötige Sedierungen sind bundesweit bekannt geworden. Die Problematik war für Kinder und Jugendliche mit kognitiven Einschränkungen noch verstärkt, da sie besonders Zuwendung und Erklärungen benötigt hätten, aber nur selten bekamen. Viele dieser – manchmal durchaus notwendigen, aber unnötig gewaltvoll durchgeführten – Maßnahmen wurden medizinisch begründet.[39]

Bereits im 2010 veröffentlichten Abschlussbericht des *Runden Tisch Heimerziehung* wurde der Einsatz von Medikamenten in Kinderheimen problematisiert. Betroffene berichteten von einer Medikamentengabe ohne medizinische Begründung.[40] Im Rahmen des *Runden Tischs Heimerziehung* wurde diesem Thema jedoch nicht weiter nachgegangen. Betroffene berichteten allerdings auch in den folgenden Jahren immer wieder davon, dass Kinder und

Jugendliche mit großen Mengen an Psychopharmaka ruhiggestellt wurden. Die Vergabe der Medikamente sollte in vielen Fällen auch der Hemmung der Libido dienen. So berichteten es auch Betroffene in Beratungsgespräche mit der Anlaufstelle des *Fonds Heimerziehung* in Stuttgart. Behandlungen hätten häufig im Kollektiv stattgefunden, also für gesamte Gruppen von Kindern, ohne dass die Betroffenen oder ihre Eltern eingewilligt hätten.[41]

Dem von ehemaligen Heimkindern häufig geäußerten Verdacht, an ihnen seien Medikamente getestet worden, ist die Pharmakologin Sylvia Wagner nachgegangen. Sie konnte zeigen, dass zwischen den 1950er und Mitte der 1970er Jahre mehrere Arzneimittelstudien an Heimkindern ohne Wissen und Einwilligung der Kinder und ihrer Eltern durchgeführt wurden.[42] Ihrer Studie von 2016 folgten weitere Untersuchungen, z. B. des Landes Nordrhein-Westfalen. Die Forschung über medizinische Gewalt in Kur- und Erholungsheimen steht noch ganz am Anfang. Auch hier gibt es zahlreiche Berichte von Betroffenen. Erneut ist vor allem die Forschung von Sylvia Wagner zu nennen, die 2020 eine erste Einschätzung zum Einsatz vor allem sedierender Arzneimittel und Arzneimittelprüfungen veröffentlichte.[43] Anja Röhl und Hilke Lorenz haben ebenfalls entsprechende Berichte Betroffener in ihre Veröffentlichungen aufgenommen.[44] Neben den Berichten stützt Wagner sich auf zeitgenössische Veröffentlichungen und Äußerungen von Ärzten, die zwar eine zu starke Sedierung kritisieren, aber prinzipiell die Verwendung von Beruhigungsmittel für die Kinder gutheißen, wenn sie denn ärztlich begleitet sind. Sie bezeichnet diese nicht medizinisch indizierte Sedierungspraxis, wie sie auch bei Heimkindern vorkam als eine *unsichtbare Fixierung*. Diese *soziale Medikation* diente nicht den Kindern, sondern dem Funktionieren der Institution. Eine Arzneimittelprüfung in Erholungsheimen konnte Wagner Stand 2020 nicht eindeutig nachweisen. Hinweise fand sie in drei Fällen, die sich alle außerhalb Baden-Württembergs befanden.[45]

4 Krankenschwester verabreicht einem Mädchen Lebertran in einem Kindererholungsheim. Aus rechtlichen Gründen wurden die Gesichtszüge der abgebildeten Personen anonymisiert. Vorlage: Landeskirchliches Archiv Stuttgart, L1 Nr. 4638, Fotograf: Hermann Weishaupt.

Jeder medizinische Eingriff, der ohne die Einwilligung der Betroffenen stattfand oder sogar gegen ihren Willen, stellte in der Zeit nach 1949 einen Straftatbestand dar, nämlich den der Körperverletzung. Bei Kindern war die Einwilligung der Eltern notwendig und bei Ablehnung wurden die Eingriffe nicht durchgeführt, bzw. hätten nicht durchgeführt werden dürfen. Fälle fehlender Zustimmungen bzw. Ablehnungen lassen sich dennoch für Einrichtungen der Behindertenhilfe und psychiatrische Krankenhäuser nachweisen. Dies gilt beispielsweise für die schmerzhaften Pneumenzephalographien.[46] Bei dieser Methode handelte es sich um die damals einzige Möglichkeit, oberflächliche Strukturen des Gehirns sichtbar zu machen. Dafür wurde Luft in die normalerweise mit Flüssigkeit gefüllten Räume um das zentrale Nervensystem eingeleitet, um Veränderungen des Gehirns sichtbar zu machen. Sie wurde bis in die 1970er Jahre praktiziert. Die Pneumenzephalographie ist – ähnlich wie die Elektrokrampftherapie oder die Lumbalpunktion –

eine Methode, die –, nach damaligem Stand der Forschung – als medizinisch sinnvoll oder notwendig erachtet wurde; heute sind diese Methoden teilweise überholt. Das Leid bei den Betroffenen entstand allerdings nicht nur durch die Maßnahmen selbst, sondern auch durch das oft völlige Fehlen jeglicher Information über den Grund dafür, dass sie diese erdulden mussten. Dieser Mangel an Information entsprach der weit verbreiteten Haltung des medizinischen Personals gegenüber den Betroffenen. Durch diese fehlenden Informationen entstanden häufig Angst und Misstrauen vor jeglichen medizinischen Eingriffen bzw. gegenüber dem medizinischen Personal.

Medizinische Gewalt wurde befördert durch eine Wahrnehmung psychischer Krankheiten als vorrangig biologisch und damit erblich bedingt. Frühere Gewalterfahrungen, wie z. B. Missbrauch in der Familie, und daraus resultierende psychische Probleme oder Entwicklungsverzögerungen wurden bei der Diagnose selten berücksichtigt. Dementsprechend wurde die Einweisung in eine Anstalt oder Klinik für psychisch kranke oder behinderte Menschen nur selten hinterfragt und ein Scheitern von Therapien den jungen Patientinnen und Patienten selbst vorgeworfen, deren Konstitution der Grund für ihr Leiden sei.

Das diagnostische Instrument der Intelligenzprüfung an sich wiederum stellt zwar keine Form der Gewalt dar, war aber oft ein erster Schritt in die *Anstalt*. Diese Tests basierten auf gängigem Schulwissen, so dass Kinder schnell, ohne dass ihr Hintergrund betrachtet wurde, als *schwachsinnig* galten, wenn sie nicht wie gewünscht oder zu langsam antworteten. Diese Zuschreibung konnte eine Einweisung in psychiatrische Kliniken zur Folge haben.

Die bereits beschriebenen Fixierungen lassen sich ebenfalls im Kontext von medizinischer Gewalt diskutieren. Für das psychiatrische Landeskrankenhaus Weissenau dokumentierte Sima Afschar-Hamdi in ihrer Dissertation für die 1950er und 1960er Jahre verschiedene Zwangsmaßnahmen, die an Minderjährigen durchgeführt wurden, so auch die Isolierung der Kinder und Jugendlichen. Als Gründe für diese Zwangsmaßnahme wurden Zerstörungen von *Anstaltseigentum*, *Aggressionen* – gegen sich oder andere – und *trotziges Verhalten* genannt. Sie konnte zeigen, dass Kinder, die als störend wahrgenommen wurden oder für das Pflegepersonal einen erhöhten Aufwand bedeuteten, mit Schlafmitteln und Psychopharmaka ruhiggestellt wurden. Weder im Fall der Isolierung noch der anderen Zwangsmaßnahmen ist in den Akten ein Einverständnis der Eltern oder Sorgeberechtigten dokumentiert, was allerdings auch nicht vorgeschrieben war. Afschar-Hamdi sieht die Zwangsmaßnahmen und Gewalt in der Psychiatrie sowohl vor dem Hintergrund der damals üblichen autoritären Erziehungsmethoden als auch der strukturellen Mängel, die sie ebenfalls nachweisen konnte. Fehlende Gelder, Überbelegung, Personalmangel sowie schlechte Ausbildung des Personals spielten hier wie auch in Einrichtungen der Jugend- und Behindertenhilfe eine große Rolle.[47]

Sexualisierte Gewalt

In einer Stellungnahme forderte die *Unabhängige Kommission zur Aufarbeitung sexuellen Kindesmissbrauchs* im April 2020, die Geschichte der Heimerziehung in Bezug auf sexualisierte Gewalt endlich konsequent aufzuarbeiten. Sexualisierte Gewalt in Einrichtungen sei ein Thema, das in den Anhörungen der Kommission regelmäßig thematisiert, aber gesellschaftlich immer noch nicht angemessen aufgearbeitet werde. Dies gilt auch für Betroffene, die in Einrichtungen der Behindertenhilfe oder in psychiatrischen Kliniken untergebracht waren, ebenso wie für die Betroffenen der Kinderverschickung. Die fehlende Aufarbeitung steht dabei im starken Kontrast zu dem oft lebenslangen Leid der Betroffenen. Viele berichteten bzw. berichten erst spät von diesen Erfahrungen. Bis heute wirken Scham und Stigma fort und erschweren es den Betroffenen, die erlittenen Traumata aufzu-

arbeiten.[48] Dabei wurde bereits im Zwischenbericht des *Runden Tischs Heimerziehung* im Jahr 2010 festgehalten: *Berichtet werden sexuelle Übergriffe und sexuelle Gewalt unterschiedlichster Formen und unterschiedlicher Dauer bis hin zu schwerer und sich jahrelang wiederholender Vergewaltigung.*
Als Täter (überwiegend Männer) werden vor allem Erzieher, Heimleiter und Geistliche, aber auch heimexterne Personen wie Ärzte, Landwirte oder Personen in Privathaushalten, an die die Jugendlichen als Arbeitskräfte ›ausgeliehen‹ wurden, benannt.[49]

Diese Einschätzung lässt sich auch für Baden-Württemberg bestätigen. In Gesprächen mit den Beraterinnen der baden-württembergischen Anlauf- und Beratungsstelle des *Fonds Heimerziehung* berichteten 584 Betroffene von sexualisierten Gewalterfahrungen. Das ist ein Drittel der 1846 Männer und Frauen, die in Baden-Württemberg Mittel aus dem Fonds erhalten haben. Die Berichte umfassen verschiedene Formen der Gewalt, von grenzüberschreitendem Verhalten wie Inspektionen des Intimbereichs oder grobe Intimwäsche bis hin zu schweren Straftaten wie Vergewaltigungen. Eine nur selten thematisierte Folge waren Abtreibungen, die psychisch belastend sein sowie lebenslange gesundheitliche Folgen haben konnten.[50] Und natürlich kam es auch in Einrichtungen der Behindertenhilfe zu sexualisierter Gewalt. Sebastian Wenger konnte für eine Gehörlosenschule anhand der Akten konkrete Fälle nachweisen.[51] Solche Belege anhand von Akten sind allerdings eher die Ausnahme als die Regel. Dies scheint im Bereich der Behindertenhilfe noch ausgeprägter zu sein, als im Bereich der Kinder- und Jugendhilfe. Diese hohe Dunkelziffer ist jedoch kein Wunder: Eine tief sitzende Sprachlosigkeit verhinderte es, diese Form der Gewalt als solche zu erkennen, zu benennen bzw. überhaupt offen über Sexualität zu sprechen. *Sittlichkeitsdelikte* oder *Unzucht* sind die verwendeten Begriffe, wenn die Übergriffe überhaupt als solche erkannt wurden. In vielen Akten lässt sich mit dem Wissen um die Berichte von Betroffenen einiges herauslesen, wenn – aus heutiger Sicht verharmlosend – von kitzeln oder befummeln die Rede ist.[52]

5 Ohne Schutzkonzepte stoppte oft niemand die Übergriffe gegen Kinder. Vorlage: Landesarchiv Baden-Württemberg, Abt. Staatsarchiv Freiburg, W 134 Nr. 048261a Bild 1.

Diese Schamhaftigkeit hatte negative Folgen für die Betroffenen, die in der Anlaufstelle berichteten, dass sie mit ihrem Leid und ihren Ängsten häufig allein waren. Ihnen wurde nicht geglaubt und sie litten als Kinder und noch Jahrzehnte später unter den körperlichen und psychischen Folgen wie auch an der Sprachlosigkeit und Schamhaftigkeit, die das Thema stets umgibt. Prävention spielte in diesem Bereich damals noch keine Rolle, vielmehr wurden sogar Risiken eingegangen, wenn zum Teil sogar als einschlägig vorbestraft bekannte Personen in Heimen eingestellt wurden. Die Heime wurden aufgrund ihrer sowohl räumlichen als auch sozialen Abgeschlossenheit und der durch keinerlei sexualpädagogisch informierten Schutzkonzepte eingeschränkten Verfügbarkeit der Kinder zu einem Milieu, das die Übergriffe erleichterte.

Oben wurde bereits benannt, dass die Übergriffe sehr häufig von Männern ausgingen. Dennoch sind auch Frauen vielfach zu Täterinnen geworden, auch in baden-württembergischen Einrichtungen. Eine Tatsache, die immer noch tabuisiert wird und es den Opfern dieser Täterinnen zusätzlich erschwert, von ihren Erfahrungen zu berichten. Ebenso kam es vor, dass Kinder und Jugendliche selbst übergriffig wurden. In der oben bereits im Zusammenhang mit der *Klassenkeile* zitierten Akte ist ein Fall von sexualisierter Gewalt durch einen älteren Jungen an einem 5-jährigen Mädchen dokumentiert.[53]

Die Vorstellung, dass die Opfer von sexualisierter Gewalt in der Regel weiblich sind, lässt sich im Kontext der Heimerziehung widerlegen. Zwei Drittel der Betroffenen, die der baden-württembergischen Anlaufstelle von sexualisierter Gewalt berichteten, waren Männer. Männern fällt es aufgrund gesellschaftlicher Erwartungen an Männlichkeit und speziell an männliche Sexualität häufig bis heute sehr schwer, diese Erfahrungen zu thematisieren.

Wie bei den anderen Themen gilt auch hier: Verschickungsheime waren keine Ausnahme. Anja Röhl berichtet in einer Publikation der *unabhängigen Kommission zur Aufarbeitung sexuellen Kindesmissbrauchs* von zahlreichen Berichten Betroffener und immerhin einem Aktenbeleg für sexualisierte Gewalt auch in Erholungsheimen.[54] Die Seltenheit der Belege wiederum steht nur in einem sehr indirekten Verhältnis zur Häufigkeit von Übergriffen. Die Dunkelziffer ist enorm hoch.[55] In seiner Studie über die Einrichtungen der DAK dokumentiert Hans-Walter Schmuhl ebenfalls die Erfahrungen sexualisierter Gewalt und sexueller Grenzüberschreitungen.[56] Was auf den letzten Seiten deutlich werden sollte, bringt er gut auf den Punkt: *Die Gleichförmigkeit der Gewaltpraktiken in den verschiedenen Kinderkurheimen – wie auch die auffälligen Parallelen zu Einrichtungen im Bereich der Kinder- und Jugendhilfe, der Behindertenhilfe und der Kinder- und Jugendpsychiatrie – spricht dafür, dass die Gewaltpraktiken sich nicht zufällig herausformten, sie entstanden vielmehr aus der Organisationslogik der Institution Heim.*[57]

So zusammengefasst wird zwar deutlich, dass das Leid der Kinder in den verschiedenen Heimen System hatte, nicht aber, was das für die Betroffenen bedeutet. Aus den verschiedenen Heimformen gibt es inzwischen zahlreiche Berichte von Zeitzeuginnen und Zeitzeugen,[58] anhand derer es sich erahnen lässt. Aus vielen der Berichte spricht, dass die Betroffenen bis heute sehr unter den Erfahrungen leiden.[59] Die Wünsche der ehemaligen Verschickungskinder in Bezug auf die Aufarbeitung formuliert Anja Röhl folgendermaßen: *Für sich selbst wünschen sich die Betroffenen kollektive Lösungen: Aufarbeitung in Form von Recherche; Beratung und Therapie im Rahmen der Selbsthilfe sowie für alle ein bundesweites Kur- und Erholungsheim, das nach ihren Wünschen gebaut wird und in dem jeder Betroffenen einmal im Jahr für sechs Wochen einen von den Krankenkassen bezahlten Kuraufenthalt nach eigenen Maßstäben* genießen *kann.*[60] Solange sie sich dafür engagieren, kümmern sich gerade die aktiven ehemaligen Verschickungskinder intensiv um die Frage der Selbstfürsorge. In Vorträgen und Workshops werden Fragen zu Trauma, Gesundheit, Stress und Therapie behandelt und viele von ihnen leisten intensive Biographiearbeit.[61] Es bleibt zu hoffen, dass sämtliche Betroffene Unterstützung darin finden, ihre verschiedenen Gewalterfahrungen aufzuarbeiten.

1 Die erste Fassung dieses Textes erschien zuerst in Form mehrerer Texte im LEO-Themenmodul Heimkindheiten: https://www.leo-bw.de/web/guest/themenmodul/heimkindheiten/alltag/gewalt. Sie bezog sich noch nicht explizit auf Kur- und Erholungsheime und wurde für diese Veröffentlichung ergänzt und mit einem wissenschaftlichen Apparat versehen.

2 Im Folgenden siehe Leid und Unrecht. Kinder und Jugendliche in Behindertenhilfe und Psychiatrie der BRD und DDR 1949 bis 1990. Hg. von u. a. Heiner Fangerau; Köln 2021, Verwahrlost und gefährdet? Heimerziehung in Baden-Württemberg 1949–1975. Hg. von Nastasja *Pilz*, Nadine *Seidu* und Christian *Keitel*. Stuttgart 2015.

3 *Pilz/Seidu/Keitel*, wie Anm. 2, S. 55.

4 Siehe u.a. Hilke *Lorenz*: Die Akte Verschickungskinder. Wie Kurheime für Generationen zum Alptraum wurden. Weinheim 2021; Anja *Röhl*: Das Elend der Verschickungskinder. Kindererholungsheime als Orte der Gewalt. Gießen 2021; Hans-Walter *Schmuhl*: Kur oder Verschickung? Die Kinderkuren der DAK zwischen Anspruch und Wirklichkeit. München 2023.

5 Anke *Dreier-Horning*: Pädagogische Gewalt und Lebensalltag. In: Leid und Unrecht, wie Anm. 2, S. 187.

6 *Fangerau* wie Anm. 2, S. 18 und S. 277: *Die Anstalten bildeten eine Art hermetischen Mikrokosmos mit eigenen Gesetzmäßigkeiten und einer Eigenlogik, die nach innen systemstabilisierend wirkte und nach außen kaum Kontrollen unterworfen war. Einrichtungen, die alle Lebensäußerungen eines Menschen regeln, kontrollieren und Regelübertritte sozial sanktionieren, fasste der kanadische Soziologe Erving Goffman nicht zufällig gerade in der Mitte unseres Untersuchungszeitraums als »totale Institutionen« auf – eine Einrichtung oder Organisationsform, die sich durch ihre Abgeschlossenheit und die Ent-Individualisierung der hier asylierten »Insassen« auszeichnet.* Siehe auch den Text Gudrun Silberzahn-Jandt zur Totalen Institution in diesem Band.

7 Landesarchiv Baden-Württemberg, Staatsarchiv Sigmaringen Wü 66_14 T1 Nr. 367, Merkblatt für den Betrieb von Säuglings-, Kinder- und Erziehungsheimen sowie von Heimen für Sonderfälle (Stand von April 1965), Landeskommunalverband der hohenz. Lande. Landesjugendamt.

8 Nora *Wohlfarth*: Kollektive Freizeit und wenig Zeit für sich. Der Alltag im Heim. In: Verwahrlost und gefährdet? S. 56–67.*Dreier-Horning*, wie Anm. 5, S. 184.

9 *Schmuhl*, wie Anm. 4, S. 254.

10 *Fangerau*, wie Anm. 2, S. 19.

11 Thomas *Mörsberger*: Rechtliche Konsequenzen – Bestehende und verpasste Handlungsmöglichkeiten. In: Verwahrlost und gefährdet? S. 98–107.

12 Nora *Wohlfarth*: *Ich habe gegen diese Handlungsweise nichts tun können.* [Er] *hatte eine große Macht, er war unser Erzieher.* Sexuelle Grenzüberschreitungen und gewalttätige Übergriffe in Einrichtungen der Jugendhilfe. In: Aufarbeiten im Archiv. Beiträge zur Heimerziehung in der baden-württembergischen Nachkriegszeit, Hg. von Christian *Keitel*, Nastasja *Pilz* und Nora *Wohlfarth*. Stuttgart 2018. S. 116–139.

13 *Fangerau*, wie Anm. 2, S. 19.

14 *Dreier-Horning*, wie Anm. 5, S. 177: Eine nicht adäquate Langzeitunterbringung von Kindern und Jugendlichen kann zu Hospitalismus führen. Untersuchungen zeigen, dass viele der Einrichtungen in der Nachkriegszeit für eine Langzeitunterbringung von Jugendlichen pädagogisch und strukturell gar nicht geeignet waren. Dies wurde auch für die sieben von der Forschungsgruppe der Stiftung *Anerkennung und Hilfe* untersuchten Einrichtungen deutlich.

15 Holger *Wendelin* und Katharina *Loerbroks* (Redaktion): Abschlussbericht des Runden Tisches Heimerziehung in den 50er und 60er Jahren. Berlin 2010. https://www.blja.bayern.de/imperia/md/content/blvf/bayerlandesjugendamt/anlauf-beratungsstellen/runder_tisch_heimerzeihung_abschlussbericht.pdf (aufgerufen am 02.06.2024). Anhang S. V.

16 *Wendelin/ Loerbroks*, wie Anm. 15.

17 Im Folgenden siehe *Dreier-Horning*, wie Anm. 5.

18 So wurde der Autorin (Wohlfarth) von einer Betroffenen bei einem Zeitzeugengespräch berichtet.

19 Irmgard *Fischer-Orthwein* und Leena *von Kittlitz* (Gesamtkonzept): Mehr als Geld und gute Worte. Ergebnisse der Anlauf- und Beratungsstelle Heimerziehung Baden-Württemberg (ABH). Hg. von Kommunalverband für Jugend und Soziales Baden-Württemberg. Stuttgart 2018. https://sozialministerium.baden-wuerttemberg.de/fileadmin/redaktion/m-sm/intern/downloads/Publikationen/Heimerziehung-ABH_Abschlussbericht_Nov-2018.pdf (aufgerufen am 02.06.2024).

20 Iris *Groschek*: Unterwegs in eine Welt des Verstehens. Gehörlosenbildung in Hamburg vom 18. Jahrhundert bis in die Gegenwart. Hamburg 2008. S. 64 und so von zahlreichen Betroffenen in der ehemaligen Anlauf- und Beratungsstelle der Stiftung *Anerkennung und Hilfe* berichtet. Siehe auch Sebastian *Wenger*. Gewalterfahrungen. Von hörenden und gehörlosen Kindern, Jugendlichen und Erwachsenen in der Paulinenpflege Winnenden von 1945 bis 1983. Winnenden 2022.

21 *Wendelin/Loerbroks*, wie Anm. 15, S. 20.

22 *Schmuhl*, wie Anm. 4, S. 162 ff.

23 Beispielhaft für die Heime der DAK siehe Hans-Walter *Schmuhl*, wie Anm. 4, S. 162–168. Einer der sehr vielen Berichte zu diesem Thema ist im Themenmodul Heimkindheiten des Landesarchivs zu finden: Erika *Zimmermann*: Schrecklich und furchterregend. In: Themenmodul Heimkindheiten. Stand: 21.02.2024. https://www.leo-bw.de/en-GB/web/guest/heimkindheiten/zeitzeugenberichte/schrecklich-und-furchterregend (aufgerufen am 14.06.2024).

24 *Dreier-Horning*, wie Anm. 5, S. 169 f.

25 Christof *Beyer*: Medizinische und therapeutische Gewalt. In: Leid und Unrecht, wie Anm. 2, S. 194–197.

26 *Dreier-Horning*, wie Anm. 5, S. 171.

27 *Wendelin/Loerbroks*, wie Anm. 15, S. 17.

28 Kreisarchiv Rottweil, Akte 465 4 Kinderland Hochmössingen, aus dem Schlussbericht zu Ermittlungen, 05.08.1954.

29 *Wohlfarth*, wie Anm. 8, S. 62; *Dreier-Horning*, wie Anm. 5, S. 181 ff.

30 *Wohlfarth*, wie Anm. 8, S. 61. *Wendelin/Loerbroks*, wie Anm. 15, S. 23.

31 *Dreier-Horning*, wie Anm. 5, S. 181 ff.
32 Im Folgenden siehe *Dreier-Horning*, wie Anm. 5.
33 *Wendelin/Loerbroks*, wie Anm. 15, S. 17. Über die Hälfte der für die Erhebung des *Runden Tischs Heimerziehung* befragten Betroffenen berichten von Demütigungen in den Heimen.
34 *Schmuhl*, wie Anm. 4, S. 186.
35 *Röhl*, wie Anm. 4, S. 195 f.
36 *Fischer-Orthwein/von Kittlitz*, wie Anm. 19, S. 41.
37 *Schmuhl*, wie Anm. 4, S. 154, S. 168 f.
38 *Wohlfarth*, wie Anm. 8, S. 66.
39 Im Folgenden siehe *Beyer*, wie Anm. 25.
40 *Wendelin/Loerbroks*, wie Anm. 15, S. 19 f.
41 *Fischer-Orthwein/von Kittlitz*, wie Anm. 19, S. 42.
42 Sylvia *Wagner*: Ein unterdrücktes und verdrängtes Kapitel der Heimgeschichte. Arzneimittelstudien an Heimkindern. In: Sozial.Geschichte Online 19 (2016). https://duepublico2.uni-due.de/servlets/MCRFileNodeServlet/duepublico_derivate_00042079/04_Wagner_Heime.pdf (aufgerufen am 22.06.2024) S. 61–113.
43 Sylvia *Wagner* und Bukrhard *Wiebel*: *Verschickungskinder* – Einsatz sedierender Arzneimittel und Arzneimittelprüfungen. Ein Forschungsansatz. In: Sozial.Geschichte Online 28 (2020). https://sozialgeschichte-online.org/wp-content/uploads/2020/08/wager_wiebel_verschickung_sgo_28_vorverc3b6ffentlichung-1.pdf (aufgerufen am 22.06.2024) S. 11–42.
44 *Lorenz*, wie Anm. 4, 201 ff., *Röhl*, wie Anm. 4, S. 270 ff.
45 *Wagner*, wie Anm. 43, S. 20–29. Niklas Lenhard-Schramm geht in seinem Beitrag in diesem Band ebenfalls auf Fälle von Arzneimittelprüfungen ein.
46 *Beyer*, wie Anm. 25, 201 ff.
47 Sima *Afschar-Hamdi:* Zwangsmaßnahmen an Kindern und Jugendlichen im Psychiatrischen Landeskrankenhaus Weissenau in den 50er und 60er Jahren (Dissertation). Ulm 2019.
48 *Unabhängige Kommission zur Aufarbeitung sexuellen Kindesmissbrauchs*: Stellungnahme der Unabhängigen Kommission zur Aufarbeitung sexuellen Kindesmissbrauchs zur Situation Betroffener der Heimerziehung in der Bundesrepublik und der DDR. Berlin, 23. April 2020. https://www.aufarbeitungskommission.de/wp-content/uploads/2020/08/Stellungnahme-Heimkindheiten_Aufarbeitungskommission.pdf (aufgerufen am 21.06.2024).
49 Holger *Wendelin* (Redaktion): Zwischenbericht des Runden Tisches *Heimerziehung in den 50er und 60er Jahren*. Berlin 2010. https://afet-ev.de/assets/themenplattform/2010-12-21_RTH_Zwischenbericht-01-2010.pdf (aufgerufen am 21.06.2024), S. 12.
50 *Fischer-Orthwein/von Kittlitz*, wie Anm. 19, S. 45–51.
51 Sebastian *Wenger*: Paulinenpflege Winnenden. In: Themenmodul Heimkindheiten. Stand: 21.02.2022. https://www.leo-bw.de/en-GB/web/guest/themenmodul/heimkindheiten/einrichtungen/einrichtungen-der-behindertenhilfe/paulinenpflege-winnenden (aufgerufen am 21.06.2024).
52 Im Folgenden siehe *Wohlfarth*, wie Anm. 12.
53 Wie Anm. 28, Aus Schreiben des Anwalts der Familie des Mädchens, 03.08.1954.
54 Anja *Röhl*: Das Schweigen beenden. In: Beiträge zur Aufarbeitung sexuellen Kindsmissbrauchs. Hg. von Sabine Andresen, Daniel Deckers und Kirsti Kriegel (Unabhängige Kommission zur Aufarbeitung sexuellen Kindesmissbrauchs) Berlin 2022. https://www.aufarbeitungskommission.de/mediathek/das-schweigen-beenden/ (aufgerufen am 21.06.2024). S. 40–45.
55 *Wohlfarth*, wie Anm. 12.
56 *Schmuhl*, wie Anm. 4, S. 200 ff.
57 *Schmuhl*, wie Anm. 4, S. 257.
58 So auch in der Rubrik *Zeitzeugenberichte* des Themenmoduls *Heimkindheiten*.
59 Dokumentiert ist es für die Betroffenen der Heimerziehung besser als für diejenigen, die in Einrichtungen der Behindertenhilfe untergebracht waren. Siehe *Wendelin/Loerbroks*, wie Anm. 12, S. 26 ff., *Fischer-Orthwein/von Kittlitz*, wie Anm. 19, S. 52 ff.
60 *Röhl*, wie Anm. 4, S. 16.
61 Siehe auch das Interview mit Prof. Dr. Andreas *Mayer* in diesem Band.

Medizin und Psychologie

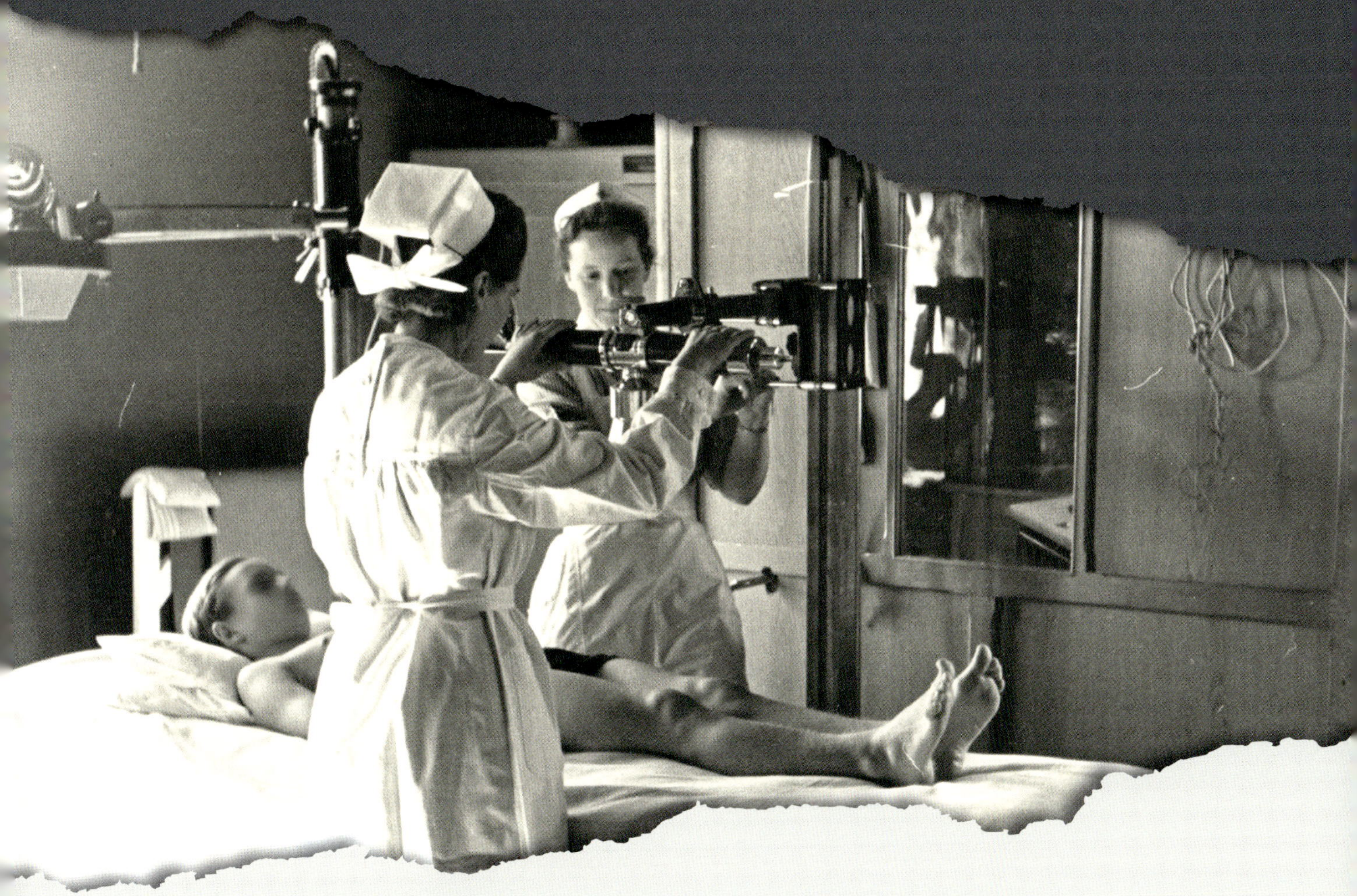

Ein historischer Blick auf die Kinderheilkunde: zwischen Anwaltschaft fürs Kind und Deprofessionalisierung

Claudia Peter

Die Geschichte der Kinderheilkunde ist ambivalent. Kinderärzte waren Anwälte der Kinder, ließen sich aber auch politisch indoktrinieren. Dies zeigt sich auch darin, zu welchem Zweck Kinderärzte Kinderkuren unterstützten.[1]

Die *soziale Wissenschaft vom Kinde*[2]

Gibt es Besonderheiten beim Kind – bei seiner psychosozialen wie körperlichen Entwicklung, bezüglich seines Körpers und in der Art und Weise zu erkranken –, die es nötig machen, zwischen Kindern und Erwachsenen zu unterscheiden? Diese Frage beschäftigt Mediziner seit Jahrhunderten. Gegen Ende des 18. Jahrhunderts zeichnete sich im europäischen Kulturraum eine Antwort ab: Es gibt diese Besonderheiten und sie machen es nötig, dafür ein eigenes Fachgebiet innerhalb der Medizin einzurichten: die Kinderheilkunde, auch Pädiatrie genannt.

Zuvor galten andere Vorstellungen im Umgang mit (kranken) Kindern: Entweder ging man – durch religiöse Vorstellungen geprägt – von der prinzipiellen Gleichheit aller Menschen als Geschöpfe Gottes aus, so dass vorhandene Unterschiede zwischen Erwachsenen und Kindern als nachrangig betrachtet wurden oder das traditionelle Autoritätsdenken legte nahe, dass Kinder hinter Erwachsene zurückzutreten hätten. Beide Varianten negierten die Notwendigkeit, sich gedanklich ernsthaft damit zu befassen, was das Typische am Kind-Sein und das Einzigartige an der Kindheit ist.

Das 18. und 19. Jahrhundert waren eine Zeit, in der sich die Wissenschaften rasant entwickelten, und neues Wissen rational, das heißt in sich logisch, begründbar, überprüfbar sein und auf Beobachtungen und Experimenten beruhen sollte, kurz: auf verifizierbaren Erfahrungen und nicht auf Behauptungen und Dogmen.

Im Zuge der Aufklärung – also der Aufforderung an jeden einzelnen Menschen, *sich seines eigenen Verstandes zu bedienen* (Kant) – wurden die Fragen drängend, ob Kinder *vernunftbegabt* sind und wenn ja, was das für das Zusammenleben, z. B. in der Familie, für die Erziehung und Bildung der Kinder bedeutet. Nicht zufällig bildete sich deshalb in dieser Zeit die *Wissenschaft vom Kinde* heraus, die sich genau diesen Fragen zuwandte. Was zunächst wie eine soziale Bewegung erschien und sich als *soziale Wissenschaft vom Kind*[3] konstituierte, folgt nicht der heutigen Einteilung der Wissenschaftsdisziplinen in Geistes-, Sozial- oder Naturwissenschaften. In dieser Bewegung kamen viele zusammen: Mediziner, die praktisch tätig waren, Politiker, die sich für das Schulrecht für alle Kinder und die Einrichtung von Volksschulen engagierten, Pädagogen, die pädagogische Konzepte entwickelten, und Sozialreformer, die sich für bessere Lebensbedingungen einsetzten.

Das Anliegen der ersten ärztlichen Generation in der Kinderheilkunde

Innerhalb dieser Gründungsszene versammelten sich Ärzte, die sich erstmals ausschließlich auf die Behandlung kranker Kinder spezialisierten. Dazu gehörte – neben der Behandlung der Kinder – auch, dass sie deren Krankheiten wissenschaftlich beobachteten und dazu publizierten. Auf Kongressen und in eigenen Zeitschriften tauschten sie sich europaweit mit ihren Kollegen aus.

Sie entdeckten, dass es tatsächlich typische *Kinderkrankheiten* gibt und formulierten damit das erste Fachwissen für die Kinderheilkunde, das nach modernen wissenschaftlichen Kriterien generiert wurde. An ihrer Devise, *für Kind, Wissenschaft und Staat* da zu sein, erkennt man das damalige Selbstverständnis dieser Mediziner: An erster Stelle steht das kranke Kind. Sie sahen sich zuallererst als praktisch Tätige bzw. Helfende, dann als Wissenschaftler und zuletzt als loyale Staatsbürger.

Die Kinderheilkunde wird eine Naturwissenschaft

Das so genannte *lange 19. Jahrhundert* war auch ein Jahrhundert der Medizin: In diesem Jahrhundert erweiterte sich das medizinische Wissen um ein Vielfaches. Ehemals unverstandene Symptome konnten nun gedeutet, erklärt und eingeordnet werden. Es entstanden therapeutische Ansätze zu Erkrankungen, an denen Menschen bis dahin verstorben waren. Die Medizin selbst wandelte sich in dieser Zeit in eine Wissenschaftsdisziplin, die auf naturwissenschaftlichen Modellen, Arbeitsweisen und Theorien beruhte; während philosophisches, anthropologisches und anderes sozialwissenschaftliches Wissen an Relevanz verloren oder zum Bestandteil anderer Wissenschaftsdisziplinen wurden, zu denen man in Abgrenzung und Konkurrenz stand, so z. B. der Pädagogik.

So hoch man die Erkenntnisfortschritte in der medizinischen Forschung, Diagnostik und Therapie sowie die praktischen Behandlungserfolge in dieser Zeit einschätzen muss, so muss man jedoch rückblickend auch feststellen, dass die Art und Weise, wie man zu diesem neuen Wissen gelangte und dabei die Bedürfnisse, Rechte und moralisch-ethischen Ansprüche der Patientinnen und Patienten überging, kritikwürdig war. Erste Schwächen in der Ethik und Professionalität ärztlichen Handelns offenbarten sich schon in dieser Zeit.

Die Politisierung der Kinderheilkunde in der ersten Hälfte des 20. Jahrhunderts

Inwieweit die Medizin und insbesondere die Kinderheilkunde professionell auftrat oder inwieweit sie sich politisch vereinnahm ließ, lässt sich genauer daran festmachen, wie sie sich verhielt, als ab dem Jahrhundertwechsel um 1900 und in den folgenden vier Dekaden die autoritären bzw. totalitären Bestrebungen in Deutschland zunahmen und schließlich die politische Macht übernahmen.

Blickt man zunächst auf die damaligen Lebensbedingungen der Kinder, sind folgende Fakten zu nennen: Durch die Industrialisierung kam es zu einer Landflucht und einer Zunahme der städtischen Bevölkerung. Diese proletarischen Familien lebten meistens in engen, dunklen und hygienisch dürftigen Wohnungen. Väter und Mütter mussten sich in der Fabrik verdingen, die Kinder wuchsen in kargen Verhältnissen auf. Aber auch bürgerliche Kinder hatten damals kein sorgenfreies Leben: Ihnen mangelte es zwar nicht an ausreichend Essen und hygienischen Wohnverhältnissen, dafür aber an liebevoller Zuwendung, da die Eltern-Kind-Beziehung im Bürgertum distanziert war und etliche Aufgaben der Sorge, Erziehung und Bildung an Bedienstete wie Kindermädchen und Hauslehrer[4] delegiert wurden.

Auch in medizinischen Kennzahlen bildeten sich diese Verhältnisse ab: Die Säuglingssterblichkeit in Deutschland war in den ersten Dekaden des 20. Jahrhunderts hoch. Jeder vierte oder fünfte Säugling starb damals in den ersten Lebenstagen oder -wochen.[5] Auch bei den vor allem in den ersten Lebensjahren auftretenden Ernährungskrankheiten oder den Infektionen waren sich die Mediziner einig, dass die schlechten Lebensbedingungen die eigentlichen Ursachen waren.

Die Mediziner scheiterten nun nicht mehr wie in den Jahrhunderten zuvor an ihrem fehlenden Fachwissen. Nun waren die Grenzen ihrer Interventionsmöglichkeiten in den sozial ungleichen Lebensbedingungen der Kinder begründet. Man kann die Kinderärzte in ihrem ärztlichen Ethos darin unterscheiden, welche Konsequenzen sie aus dieser Erkenntnis gezogen haben.

Die Kinderheilkunde etabliert sich als eigene Teildisziplin innerhalb der Medizin

Die Kinderärzte nutzten den Kriegstaumel zu Beginn des 1. Weltkriegs, um ihre Teildisziplin an den Universitätskliniken innerhalb der medizinischen Ausbildung zu etablieren. An allen großen Universitäten wurden nun Lehrstühle für Kinderheilkunde eingerichtet und alle Studierenden der Medizin hatte Vorlesungen in diesem neuen Fach.

Arthur Schloßmann[6] war um die Jahrhundertwende einer der bedeutendsten Kinderärzte seiner Zeit und Präsident der damaligen deutschen Fachgesellschaft. Er sah die Kinderheilkunde in der Aufgabe, die qualitative *Wiederaufforstung des deutschen Volksbestands*[7] zu garantieren – ein Aufruf, dem sich auf der *außerordentlichen Sitzung* der Deutschen Gesellschaft für Pädiatrie, der sogenannten *Kriegstagung* am 22. September 1917, sämtliche Pädiater anschlossen. Er drehte dabei rhetorisch die Säuglingssterblichkeit in einen *kulturwidrigen Faktor, ein beängstigendes Symptom völkischen Verfalls*[8]. Schloßmann war damit ein rhetorischer Wegbereiter für ein derart unverblümtes Reden, in dem die Kinder in ihrer Existenz verdinglicht und instrumentalisiert wurden. Anstatt sie in ihrem Eigenrecht zu leben zu betrachten, wurden sie vorwiegend in Bezug auf ihre zukünftige Funktion als Arbeits- oder Wehrkraft betrachtet.[9] Im Vergleich zu ihrer Gründungszeit hatte sich die Devise der Kinderärzte inhaltlich und ethisch beträchtlich verändert.

Disziplinierung und Sozialhygiene

Wie reagiert man auf die Tatsache, dass es die Lebensumstände sind, die die Kinder krank machen? Heutzutage ist das die Aufgabe von Sozialmedizin und Public Health. Damals gab es aber diese Ausdifferenzierung des Fachwissens und der Zuständigkeiten noch nicht; es gab auch noch keine Gesundheitsämter oder Ähnliches.

Eine Option war, mit Disziplinierung darauf zu reagieren: Man fordert die Betroffenen zur Veränderung ihres Verhaltens auf (anstatt die sozialen Verhältnisse zu verändern). Dieses Denken wird als Sozialdisziplinierung bezeichnet und wurde in den 1920er bis 1940er Jahren als Sozialhygiene[10] betrieben. Die weite Verbreitung dieses Deutungsmusters war insofern verheerend, weil es eugenische Implikationen hatte, disziplinierende Therapieansätze normalisierte und einem ärztlichen Fatalismus Vorschub leistete.

1 Abbildung in einer – anläßlich des 50jährigen Jubiläums der Einrichtung erstellten – Werbebroschüre des DRK-Kindersolbads in Bad Dürrheim. Vorlage: Landesarchiv Baden-Württemberg, Staatsarchiv Freiburg G 1176-1_70-2.

Gymnastik in frischer Luft ist ein wichtiger Bestandteil der Therapie im Kindersolbad. Links im Hintergrund stehen die Bohrtürme, die die Sole ans Tageslicht fördern.

Unterstützung und Sozialpädiatrie

Eine zur Sozialhygiene gegenteilige Haltung, auf die soziale Frage zu reagieren, war das Engagement praktischer Kinderärzte, die ausgleichende, emanzipative und präventive Unterstützungsangebote für Kinder organisierten. Diese Kinderärzte kooperierten mit Krankenschwestern, Sozialfürsorgerinnen und Lehrern und bauten die Strukturen der Fürsorge und Prävention wie Milchküchen, Kinderkrippen und Schulhygienemaßnahmen an den Heimatorten sowie Erholungsheime, Ferienkolonien und Seehospize in der Ferne auf. Bis heute existiert dieser Ansatz, der inzwischen Sozialpädiatrie genannt wird. Heutzutage wird durch ihn die Nachsorge für Kinder mit gesundheitlichen Beeinträchtigungen in ihren Heimatorten organisiert, er umfasst aber auch Mutter-Kind-Kuren, Kinderhospize und weitere Maßnahmen.

Diese Ärzte, die sich ab den 1920er Jahren in diesen Aktivitäten engagierten, waren also hinsichtlich der sozialen Frage sensibilisiert. Zumeist waren es niedergelassene Ärzte, die ihre Patienten und die jeweiligen Familiensituationen gut kannten. Da Juden oft eine Anstellung an den (Uni-)Kliniken aufgrund des Antisemitismus in diesen Jahren verwehrt wurde, war die Option, nach dem Studium in einer eigenen Praxis zu arbeiten, die wahrscheinlichere Variante. Das ist der Grund, warum der Anteil an Ärzten jüdischer Abstammung unter den niedergelassenen Kinderärzten sehr hoch war. Mehr als jeder zweite niedergelassene Kinderarzt war in dieser Zeit jüdisch.

Mit der beginnenden Verfolgung ab 1935 durch die Nürnberger Gesetze verschlechterte sich deren Situation. 1938 verloren sie ihre Approbation und mussten ihre Praxen schließen. Sofern sie nicht emigrierten, drohte ihnen die Deportation.[11] Nach 1938 überwogen deshalb in der Versorgung diejenigen Kinderärzte, die eher sozialdisziplinierend dachten bzw. sogar Anhänger des Nationalsozialismus waren.

Fazit

Erholungsheime, Seehospize und Ferienkolonien sind nach 1900 mit der Idee gegründet worden, dass sich Kinder dort gesundheitlich erholen sollten. Zum Teil sind es die gleichen Einrichtungen, die nach dem 2. Weltkrieg zur *Verschickung* der Kinder genutzt wurden. Inwieweit sich vor Ort der Umgang mit den Kindern dort eher durch Sozialdisziplinierung auszeichnete oder ob der Umgang mit den Kindern eher durch Unterstützung, Prävention und Fürsorge geprägt war, muss anhand von konkreten Untersuchungen einzelner Einrichtungen rekonstruiert werden. Bei diesen Analysen wäre genau zu untersuchen, inwieweit die beiden oben genannten und sich gegenseitig ausschließenden Deutungsmuster – einer sozialdarwinistisch-disziplinierenden oder einer emanzipativ-sozialpädiatrischen Einstellung zum Kind – von den Angestellten (nicht) geteilt wurden, wie der Alltag im Heim organisiert war und welchem Kurkonzept die konkrete Einrichtung folgte.

1 Dieser Text erschien zuerst im Themenmodul Heimkindheiten: Claudia *Peter*: Zwischen Anwaltschaft fürs Kind und Deproffesionalisierung. In: Themenmodul Heimkindheiten. Stand: 20.07.2024. https://www.leo-bw.de/en-GB/web/guest/themenmodul/heimkindheiten/rahmenbedingungen/historischer-hintergrund/zwischen-anwaltschaft-fuers-kind-und-deprofessionalisierung.

2 Claudia *Peter*: Ideen von Erziehung in der Geschichte der Pädiatrie. In: Diskurs Kindheits- und Jugendforschung 3 (2013) S. 259–272.

3 Hans-Heinrich *Raspe*: Kinderärzte als Erzieher. Ein spezieller Beitrag zur allgemeinen Geschichte der deutschen Pädiatrie (1800-1908). Diss. Freiburg 1973.

4 vgl. Michael *Hagner*: Der Hauslehrer. Die Geschichte eines Kriminalfalls. Erziehung, Sexualität und Medien um 1900. Frankfurt am Main 2010.

5 Roland *Wauer* und Gerd *Schmalisch*: Die Entwicklung der Kinder-, Säuglings- und Neugeborenensterblichkeit in Deutschland seit Gründung der deutschen Gesellschaft für Kinderheilkunde. In: 125 Jahre Deutsche Gesellschaft für Kinder- und Jugendmedizin e.V. Hg. von der *Historischen Kommission der DGKJ*. Berlin 2008. S. 133–143.

6 Arthur Schloßmann (1867–1932) ist eine heute ambivalent eingeschätzte Persönlichkeit: Er war jüdischer Abstammung und hat bedeutende Arbeiten zur Verbesserung und Stabilisierung der Säuglingsgesundheit verfasst. Er gründete eine Spezialklinik für Säuglinge und erzielte für die Kinderheilkunde einige berufspolitische Erfolge. Er hat sich aber auch, obwohl er eigentlich linksliberal orientiert war, des revanchistischen Vokabulars bedient, wie es seine Rede auf der *Kriegstagung* 1917 bezeugt.

7 zitiert von Eduard *Seidler*: *... die glückliche Spezialität der Kinderheilkunde*. 125 Jahre Deutsche Gesellschaft für Kinder-und Jugendmedizin. In: 125 Jahre Deutsche Gesellschaft für Kinder- und Jugendmedizin e.V. Hg. Von der *Historischen Kommission der DGKJ*. Berlin 2008. S. 17-36, hier: S. 27.

8 *Seidler*, wie Anm. 7, S. 124.

9 *Raspe*, wie Anm. 3, S. 123.

10 Die sog. Sozialhygeniker teilten ein sozialdarwinistisches Denken, das sowohl ihr ärztliches Denken durchdrang als auch ihre konservative Einstellung zu politischen und sozialen Fragen bestimmte.
Mit der Annahme, dass es *gute* und *schlechte Anlagen* gibt, über die man von Geburt an verfügt, rechtfertigten sie die Ungleichbehandlung und die Unterscheidung der Kinder mit *guten* und *schlechten Anlagen*.
Dieses Deutungsmuster breitete sich auch in das ärztliche Denken aus, obwohl es auf Vereinfachung und Verfälschung der Thesen Darwins und einer unzulässigen Übertragung außerhalb der biologischen Fachgebiete beruhte. In vielen ärztlichen Fachpublikationen dieser Zeit zu sozialmedizinischen Fragestellungen findet man entsprechende sozialdarwinistische Argumentationen, die allerdings innerhalb der Medizin schon damals umstritten blieben.

11 Eduard *Seidler*: Kinderärzte 1933–1945. Entrechtet – geflohen – ermordet. Bonn 2000.

Entwicklungsaufgaben und Entwicklungsziele von Kindern bis zur Pubertät. Grundlagen für weitergehende Überlegungen zu Einflüssen und Auswirkungen einer Verschickung

Andreas Oberle, Claudia Oberle und Hans G. Schlack (†)

Als Beitrag zum aktuellen Bemühen um Aufarbeitung der Geschehnisse um die Verschickung von Kindern werden im Folgenden die Grundzüge von kindlichen Entwicklungsvariablen aus der Sicht einer Kinderpsychologin und zwei Kinder- und Jugendärzten mit langjähriger entwicklungsneurologischer und sozialpädiatrischer Erfahrung dargestellt.[1]

Entwicklungsaufgaben sind komplexe, altersspezifische Erwartungen an bestimmte Anpassungsleistungen, die teils universeller Natur, teils von der Kultur der jeweiligen Lebenswelt vorgegeben sind. Ihre Bewältigung wird in der Regel als Voraussetzung dafür angesehen, als *normales*, vollwertiges Mitglied der sozialen Gemeinschaft zu gelten, in der das Kind beziehungsweise der/die Jugendliche aufwächst.

Von Entwicklungszielen spricht man, wenn die Bewältigung bestimmter Entwicklungsaufgaben einen gewissen (vorläufigen) Reifegrad erreicht hat, auf welchem weitergehende Entwicklungsaufgaben gelöst werden.

Körperliche und auch seelische Gesundheit ist die entscheidende Bedingung, dass ein Kind die anstehenden Entwicklungsaufgaben erfüllen sowie die Entwicklungsziele erreichen und sein individuelles Entwicklungspotential ausschöpfen kann. Darunter sind nicht nur die erwarteten sozialen Anpassungsleistungen und die zunehmende Selbstständigkeit zu verstehen, sondern auch das altersgerechte Erreichen der so genannten Meilensteine der funktionellen Entwicklung (heute *entwicklungsdiagnostische Items* genannt).

Altersstufe	**Entwicklungsaufgaben im Bereich der sozioemotionalen Entwicklung**	**Entwicklungsziele bis zum Ende der Altersstufe**
Frühe Kindheit (0–2 Jahre)	Bindungssicherheit, beginnende Autonomieentwicklung, beginnende Fähigkeit der Selbstregulation	Kontaktfähigkeit, Voraussetzungen zur *Gruppenfähigkeit*
Kindergartenalter (3–6 Jahre)	Allmähliche Ablösung von der Haupt- Bezugsperson, konzentrierte und eigenmotivierte Tätigkeiten, Verstehen und Einhalten von Regeln, Bedürfnisaufschub und Frustrationstoleranz, Freude am Lernen und am Erwerb eigener neuer Kompetenzen, zunehmende Empathiefähigkeit, Perspektivwechsel Kontrolle der Ausscheidungsfunktionen	Schulreife
Schulalter (7 Jahre bis Pubertät)	Lernbereitschaft aus eigener Motivation, Erwerb von Kulturtechniken, sichere Stellung in der Peergroup, Entwicklung von Selbstbild und Identität (einschließl. Geschlechtsrolle), Lockerung der Orientierung an den Eltern, zunehmende Orientierung an Altersgenossen	Erfolgreicher Schulbesuch Zunehmende Autonomie bei erhaltener Bindungsfähigkeit

1 Tabelle Entwicklungsaufgaben und -ziele. Vorlage: Autor/Autorin.

Wesentlich ist auch, dass es Entwicklungsschritte gibt, die nur ablaufen, wenn das Kind spezifische Erfahrungen macht. So lernt ein Kind das Fahrradfahren nur, wenn entsprechende Lerngelegenheiten vorhanden sind und das Kind entsprechend der spezifischen Anforderungen gezielt gefördert wird. Dieser Prozess wird auch als *erfahrungsabhängiges Lernen* bezeichnet.[2]

Gesundheit ist in diesem Zusammenhang Ausdruck eines dynamischen Gleichgewichtes zwischen den die Gesundheit erhaltenden und potenziell krank machenden Einflüssen; sie ist eine eigenständige Größe, die von bestimmten Bedingungen abhängt und nicht nur die Folge therapeutischer Interventionen im Fall einer Krankheit ist. Während über die Kriterien körperlicher Gesundheit in der Kinder- und Jugendmedizin weitgehend Einvernehmen besteht, ist der Begriff der seelischen Gesundheit nur unscharf gefasst. Als pragmatische Definition kann gelten:

Seelische Gesundheit in der *Frühen Kindheit* kann als gegeben angesehen werden, wenn die essentiellen sozial-emotionalen Bedürfnisse des Kindes hinreichend erfüllt werden. Zusätzlich können mögliche traumatische Erfahrungen (z. B. Verlust von Bezugspersonen, Missbrauch) die seelische Gesundheit bis hin zur Manifestation psychischer Störungen beeinträchtigen – und dies umso wahrscheinlicher, je weniger das betreffende Kind die Erfüllung seiner sozial-emotionalen Grundbedürfnisse in der Vorgeschichte erfahren konnte.

Essentielle Bedürfnisse in der frühen Kindheit
Der Idealzustand des *vollkommenen körperlichen, seelischen und sozialen Wohlbefindens* (WHO-Definition von Gesundheit) ist in der *Frühen Kindheit* leichter herbeizuführen als später, denn diese drei Bereiche sind in dieser Altersstufe besonders eng miteinander verbunden. Dabei hat insbesondere im Baby- und Kleinkindalter die Qualität der Eltern-(Bezugspersonen-)Kind-Beziehung (v.a. elterliche Fürsorge und Feinfühligkeit/Responsivität in der Interaktion mit dem Kind) einen maßgeblichen Einfluss auf die seelische Gesundheit des Kindes.

Kriterien der Responsivität von Bezugspersonen	
Responsivität bedeutet, die Signale und Initiativen des Kindes …	wahrzunehmen angemessen in Bezug auf die kindlichen Kompetenzen zu verstehen ggf. abzuwarten zuverlässig zu beantworten
Responsivität setzt voraus …	emotionales Interesse am Kind Anerkennung der Kompetenzen des Kindes
Responsivität bewirkt …	Förderung der Eigenaktivität des Kindes
Faktoren mit großem Einfluss auf die Fähigkeit von Eltern, responsiv zu sein:	Kindheitserfahrungen der Eltern Akzeptanz bzw. Ablehnung des Kindes Ängste, Depressivität Anhaltender sozialer Stress (Armut, Arbeitslosigkeit, chronische Krankheit(en), schwierige familiäre Situation u.a.) Autoritäre Konzepte von Erziehung und Förderung Körperliche Verfassung der Eltern (z.B. Müdigkeit) Elterliche Ressourcen

2 Tabelle Responsivität von Bezugspersonen. Vorlage: Autor/Autorin.

Diese – hier stark vereinfacht dargestellten – Zusammenhänge sind die Erklärung dafür, dass Defizite bei den Voraussetzungen seelischer Gesundheit im Kindesalter ein hohes Risiko nicht nur für Probleme der Emotionalität und des Verhaltens, sondern auch für die gesamte funktionelle (kognitive, sprachliche, motorische) Entwicklung bedeuten. Zudem unterstreichen die empirischen Befunde zur Bindungsforschung[3], dass das Nicht-Erfüllen von den oben genannten sozial-emotionalen (*Bindungs-*)Bedürfnissen, wie zum Beispiel Trennung von einer engen Bezugsperson, in der Regel den Eltern, traumatische Folgen (*Bindungstrauma*) hat und von den betroffenen Kindern Anpassungsleitungen (z.B. bedingungslose Unterwerfung, Gewaltausbrüche oder *Wegträumen* bis hin zu dissoziativen Zuständen wie *Einfrieren*) abverlangen, die wiederum ein gesundes Lernen und Aufwachsen in hohem Ausmaß erschweren.

Die genannten Grundbedürfnisse sind im Prinzip während der gesamten Kindheit (und darüber hinaus) die gleichen, sie sind aber in den verschiedenen Alters- und Entwicklungsstufen unterschiedlich gewichtet. Sie lassen sich, wie beschrieben, in drei grundsätzliche Kategorien einteilen.

Grundlegende Voraussetzungen für seelische Gesundheit (Essentielle Bedürfnisse)	
Kategorie	Wichtige Inhalte
Beziehung/Bindung	Erfahrung von Sicherheit und liebevoller Zuwendung, von Nähe und Verlässlichkeit/Berechenbarkeit der Bezugsperson(en); Orientierung an Regeln und Strukturen; Hilfe zur Regulierung eines optimalen (den aktuellen Anforderungen entsprechenden) Erregungsniveaus
Autonomie	Raum für Eigenaktivität, für Neugierverhalten und selbstbestimmtes erkundendes Spiel
Kompetenzerleben	Möglichkeit zu individuell zugeschnittenen und entwicklungsgerechten Erfahrungen, Erwerb von Selbstwert und eigenen Fähigkeiten durch Erfolgserlebnisse

3 Tabelle Grundlegende Voraussetzungen für seelische Gesundheit. Vorlage: Autor/Autorin.

Je jünger das Kind ist, desto wichtiger ist für seine seelische Gesundheit die Qualität der *Beziehung/Bindung* an die Bezugspersonen. Davon hängen nicht nur die prägenden Erfahrungen des Kindes über soziale Beziehungen ab, sondern auch das Gefühl von Sicherheit und Angstfreiheit, welches seinerseits eine Voraussetzung für Explorationsverhalten und Lernbereitschaft ist. Davon wird das Ausmaß der Eigenaktivität des Kindes bei der Auseinandersetzung mit der personalen und dinglichen Umwelt bestimmt. Das gelingt aber nur, wenn Beziehung/Bindung nicht gleichzeitig Einengung vonseiten der Bezugsperson bedeutet, sondern dem Kind ein altersgemäßes, das heißt dem aktuellen Entwicklungsstand angemessenes Maß an *Autonomie* ermöglicht. Angstfreiheit, Eigenaktivität und die Gelegenheit zu individuell zugeschnittenen (dem Entwicklungsstand angemessenen) Erfahrungen sind dann die Grundlage für motivierende Erfolgserlebnisse, für Selbstwert und Kompetenzerleben. Bereits in der *Frühen Kindheit* spielen Autonomie und Erfahrung eine große Rolle – vorausgesetzt, dass diese auf der Grundlage einer verlässlichen Beziehung erprobt werden können.

Die Förderung der funktionellen Entwicklung des Kindes erfolgt am effektivsten durch Bedingungen, welche die Eigenaktivität des Kindes anregen. Ein Kind muss also nicht *bespielt* werden. Wohl aber sind ein zurückhaltendes Mitspielen der Bezugsperson(en) mit Ausrichtung des Interesses auf ein gemeinsames Objekt einerseits und das Angebot sinnvollen und altersadäquaten Spielzeugs andererseits hilfreich.

Der Zusammenhang zwischen sozioökonomischen und psychosozialen Belastungen einerseits und hohen Risiken für Gesundheit und Entwicklung andererseits steht empirisch außer Frage. Es handelt sich dabei aber um eine statistische Aussage, die für den Einzelfall nicht unbedingt zutreffend ist. Zum einen gibt es Abstufungen im Schweregrad und in der Koinzidenz von Risikofaktoren, welche die Beurteilung erschweren, ob eine suboptimale Lebenssituation eines Kindes bereits auch pathogen ist; zum andern ist die Reaktion der einzelnen Kinder auf gleiche oder ähnliche Belastungen sehr unterschiedlich, offenbar abhängig von teils angeborenen, teils erworbenen Eigenschaften.

In der berühmten Hawaii-Studie,[4] der *Mutter* aller einschlägigen Untersuchungen, zeigte sich, dass rund ein Drittel der Kinder mit hoher Risikobelastung (Armut, zerrüttete Familien, Lebenskrisen) psychisch bis ins Erwachsenenalter stabil blieb, gut in Familie und Beruf integriert war und weder mit dem Gesetz in Konflikt kam noch anderweitig auffällig wurde. Dieses Phänomen, das in ähnlicher Form auch in anderen Studien bestätigt wurde, wird als Resilienz (psychische Widerstandsfähigkeit) bezeichnet.

4 Tabelle Sozialpädiatrische Kompetenz. Vorlage: Autor/Autorin.

Resilienz ist die Eigenschaft, Gesundheit auch unter schwer belastenden Bedingungen zu bewahren. Das Gegenteil von Resilienz wird als Vulnerabilität (Verletzlichkeit) bezeichnet.

Bei den Kindern, die sich im Laufe ihrer Entwicklung als resilient erwiesen, fand sich regelmäßig eine bestimmte Konstellation von Bedingungen: Einerseits persönliche Eigenschaften (mindestens durchschnittliche Intelligenz, ausgeglichenes Temperament, Kontaktfähigkeit, Selbstvertrauen), zum anderen Beziehung/Bindung an eine zuverlässig verfügbare Vertrauensperson (z. B. Großeltern oder ältere Geschwister, auch Personen außerhalb der Familie) sowie Rückhalt in einer sozialen Gruppe (z. B. Kirchengemeinde, Verein). Solche günstigen, kompensierenden Bedingungen werden als Schutzfaktoren bezeichnet. Von den erwähnten persönlichen Eigenschaften sind einige Faktoren weitgehend genetisch vorgegeben (intellektuelles Potenzial, Temperamentsmerkmale), andere aber, wie Kontakt- und Anpassungsvermögen, Gruppenfähigkeit, Motivation und Entwicklung von Selbstwert und Selbstvertrauen sind abhängig von sozialer Interaktion und daher grundsätzlich zugänglich für unterstützende und aufbauende Einflüsse.

Im Konzept der Salutogenese nach Antonovski (1997) sind Gesundheit und Resilienz Ausdruck einer persönlichen, erworbenen psychischen Kompetenz, deren Wurzeln in der Erfüllung essentieller Bedürfnisse während der Kindheit liegen, die aber lebenslang weiterentwickelt werden kann und sollte. Darin liegt eine enge inhaltliche Verbindung zum Begriff der seelischen Gesundheit im frühen Kindesalter, die auch für die körperliche Gesundheit und Entwicklung von entscheidender Bedeutung ist und eine eigenständige Größe darstellt, die durch präventive Maßnahmen gezielt gestärkt werden kann. Das gilt vor allem für die ersten Lebensjahre.

Eine wesentliche Voraussetzung einer bedarfsgerechten Prävention im Sinne der betroffenen Kinder ist die Bereitschaft, der seelischen Gesundheit im Kindesalter die gleiche Aufmerksamkeit, Fürsorge und Kompetenz zu widmen wie der körperlichen Gesundheit. Bei ungünstigen Bedingungen für die Erfüllung seelischer Grundbedürfnisse hat ein Kind von Beginn an schlechtere Entwicklungschancen.[5]

Sozialpädiatrische Kompetenz für die frühe Prävention psychosozial bedingter Entwicklungsstörungen	
Offenes Auge	Wahrnehmung von Freudlosigkeit, Kontaktarmut und anderen Auffälligkeiten in der Interaktion, von vernachlässigter Pflege
Offenes Ohr	Hellhörigkeit bei Andeutungen auf problematische Einflüsse aus dem Umfeld
Offenes Herz	Anteilnehmendes Interesse an den aktuellen Lebensbedingungen des einzelnen Kindes
Fachkompetenz	Spezifische Weiter- und Fortbildung; fachliche Kompetenz nicht nur in organischen, sondern auch in psychosozialen Fragestellungen

Auswirkungen der Kinderverschickung

Aufgrund der bisher bekannten Informationen, stand als Grund für die Verschickung der Kinder häufig ein organischer Aspekt im Vordergrund. Das Kind erschien der Ärztin oder dem Arzt, die die Verschickung initiierten, als zu blass, mit zu wenig Gewicht oder zu anfällig im Bereich der Atemwege.

Weder vor, während noch nach der Verschickung fanden psychosoziale und emotionale Faktoren ausreichende Berücksichtigung, schon gar nicht adaptiert an die jeweiligen Entwicklungsphasen des Kindes.

Auf grundlegende sozial-emotionale Bedürfnisse und Entwicklungsziele und

-aufgaben wurde nicht adäquat eingegangen bzw. waren diese weder bei den in den Einrichtungen oder im Vorfeld tätigen Personen, noch in den Familien ausreichend bekannt. Altersadaptiertes, erfahrungsabhängiges Lernen war genauso wenig möglich wie das differenzierte Eingehen auf individuelle Stärken und Schwächen. Damit relativiert sich auch die Diskussion über den Zusammenhang zwischen der Schwere der langfristigen Folgen und dem Alter des Kindes bei der Verschickung oder der Dauer der Belastungserfahrungen während des Aufenthalts in der Einrichtung.

Die vorliegenden Erfahrungsberichte der Betroffenen unterstreichen oben genannte Ausführungen. In diesen werden aktuelle psychische und körperliche Erkrankungen immer wieder auf die früheren Erfahrungen als Verschickungskinder zurückgeführt.

Um die Frage abschließend beantworten zu können, in welchem Ausmaß evidente Risikofaktoren für die Betroffenen einen kausalen Zusammenhang zu späteren körperlichen oder psychischen Einschränkungen und Erkrankungen darstellen, ist eine weitergehende wissenschaftliche Aufarbeitung erforderlich.

1 Der vorliegende Text wurde zunächst von H. G. *Schlack* für das Praxishandbuch der pädiatrischen Grundversorgung verfasst und wird seit der 3. Auflage von A. und C. *Oberle* aktualisiert. Die hier wiedergegebene Fassung wurde in Bezug auf die Kinderverschickung erweitert.

2 William T. *Greenough*, James E. *Black* und Christopher S. *Wallace*: Experience and brain development. In: Child Development 58 (3, 1987), S. 539 – 559.

3 *Bowlby*,1945 und *Ainsthworth*, 1977, zitiert nach *Grossmann* und *Grossmann* 2023, S. 35 ff. und 84 ff. und Van der Kolk, 2000.

4 Emmy E. *Werner* und Ruth S. *Smith*: Overcoming the odds. High risk children from birth to adulthood. Ithaca/London 1992.

5 Ergänzende Literatur zum Thema: Frühe Bindung. Entstehung und Entwicklung. Hg. von Lieselotte *Ahnert*. München/Basel 2004; Aaron *Antonovski:* Salutogonese. Zur Entmystifizierung der Gesundheit. Dt. erweiterte Ausgabe. Hg. von Alexa *Franke*. Tübingen 1997; Karl E. *Bergmann*, Renate L. *Bergmann* und Joachim W. *Dudenhausen*: Möglichkeiten und Wirksamkeit einer präventiven Familienmedizin in Deutschland. In: Familienmedizin in Deutschland. Hg. von Jürgen *Collatz*. Lengerich 2010. S. 154 – 176; Karl Heinz *Brisch*: Bindungsstörungen. Von der Bindungstheorie zur Therapie. Stuttgart 2000; Alexander *von Gontard*: Säuglings- und Kleinkindpsychiatrie. Ein Lehrbuch. Stuttgart 2010; Éva *Hédervári-Heller*: Emotionen und Bindungen bei Kleinkindern. Entwicklung verstehen und Störungen behandeln. Weinheim 2011; Bessel A. *van der Kolk*: Die Vielschichtigkeit der Anpassungsprozesse nach erfolgter Traumatisierung: Selbstregulation, Reizdiskriminierung und Entwicklung der Persönlichkeit. In: Traumatic stress. Hg. von Bessel A. *van der Kolk*, Alexander C. *McFarlane* und Lars *Weisaeth*. Paderborn 2000. S. 169 – 194; Remo H. *Largo*: Babyjahre. Entwicklung und Erziehung in den ersten vier Jahren. München 2007; Andreas *Oberle*, Claudia *Oberle* und Hans G. *Schlack* (†): Entwicklungsaufgaben im Kindesalter: Notwendige Voraussetzungen, Risiken, Präventionsbedarf. In: Praxishandbuch der pädiatrischen Grundversorgung. Hg. von Ulrich *Fegeler*, Elke *Jäger-Roman* und Klaus *Rodens*. Geplante 3. Auflage München 2024; Regulationsstörungen der frühen Kindheit. Hg. von Mechthild *Papoušek*, Michael *Schieche* und Harald *Wurmser*. Bern 2004;
Sozialpädiatrie. Gesundheitswissenschaft und pädiatrischer Alltag. Hg. von Hans G. *Schlack*, Ute *Thyen* und Rüdiger *Kries*. Heidelberg 2009.

Was bedeuteten die Kuraufenthalte für die kindliche Psyche? Eine Einschätzung der Kinderkuraufenthalte aus entwicklungspsychologischer Sicht

Andreas Mayer

Interview mit Prof. Dr. Andreas Mayer, Professor für Psychologie an der Evangelischen Hochschule Freiburg
Fragen von Johanna Weiler und Corinna Keunecke

Viele ehemalige Verschickungskinder setzen sich heute aktiv mit ihrer eigenen Biographie auseinander.[1] Manche können sich noch im Detail an ihren *Erholungsaufenthalt* erinnern, andere lässt ihr Gedächtnis im Stich. Sie alle eint die Frage, inwiefern sich das Erlebte nachhaltig auf ihre Persönlichkeit und ihren weiteren Lebensweg ausgewirkt hat. Pauschal lassen sich solche Fragen nicht beantworten, so viel ist sicher. Jedoch hat sich Andreas Mayer, Professor für Psychologie an der Evangelischen Hochschule Freiburg, bereit erklärt, uns einige Hintergrundfragen zu beantworten. Prof. Mayer ist spezialisiert auf Entwicklungspsychologie und klinische Psychologie des Kindes- und Jugendalters.

Herr Mayer, vielen Dank, dass Sie sich die Zeit für unsere Fragen nehmen. Wie Sie wissen, dauerten die meisten Verschickungsaufenthalte ungefähr sechs Wochen. Oft waren die Kinder zum ersten Mal überhaupt von zu Hause weg. Wie würde man eine solche plötzliche mehrwöchige Trennung von den Eltern aus heutiger Sicht entwicklungspsychologisch beurteilen?

Mayer: Unvorbereitete und damit abrupt stattfindende Trennungen im Kindesalter würde man aus heutiger Sicht sicher kritisch sehen und zu vermeiden versuchen. Ganz besonders in der frühen Kindheit. Plötzlich stattfindende Trennungen führen dazu, dass Kinder die Ursachen der Trennung nicht verstehen und die Trennung selbst ohnmächtig über sich ergehen lassen müssen. Bespricht man bevorstehende Trennungen mit Kindern altersgerecht, können sie sich besser darauf einstellen, sich dazu positionieren, die eigenen Gedanken und Gefühle mit den Eltern teilen. All das hilft dabei, ihnen ein Gefühl von Vorhersehbarkeit und Kontrolle zu vermitteln. Der Gedanke an den Spruch *lieber kurz und schmerzlos* ist hier völlig fehl am Platz. Ihre Frage bezieht sich aber auch auf die Dauer der Trennung. Wie Kinder Trennungen erleben und verarbeiten, hängt sehr stark von ihrem Alter ab – und natürlich auch davon, wer während der Trennung an ihrer Seite steht und wie einfühlsam das Kind dabei begleitet wird, eine Trennung zu überstehen. Man muss also unterscheiden zwischen den Folgen einer längeren Trennung an sich, und den Folgen von dem, was während der Trennung geschieht beziehungsweise nicht geschieht.

Konzentrieren wir uns zunächst auf die Trennung an sich. Inwiefern spielt das Alter der Kinder eine Rolle dafür, wie gut oder schlecht die Kinder diese Situation verarbeiten konnten? Kann man pauschal sagen: Je jünger das Kind zum Zeitpunkt des Aufenthalts, desto schwieriger die Verarbeitung?

Mayer: Kinder unterscheiden sich sehr voneinander, zum Beispiel im Temperament, in der Sensibilität oder auch hinsichtlich des Vorhandenseins von individuellen Schutzfaktoren. Daher darf man eine solche Aussage nicht als Gesetzmäßigkeit missverstehen, die auf jedes einzelne Kind anwendbar ist. Allerdings würde ich der getroffenen Aussage in der Tendenz zustimmen und mit Blick auf die Kinderverschickungen ist sie sicherlich passend. Eine Trennung von sechs Wochen ist lang und vor allem für Kinder unter drei bis vier Jahren viel zu lang. Kinder in diesem jungen Alter verfügen noch nicht über das, was man in der psychoanalytischen Tradition als *Objektkonstanz* bezeichnet, das heißt, sie können sozusagen das *innere Bild* der Bezugsperson noch nicht lange genug in sich lebendig halten, um eine so lange Trennung gut zu überstehen. Die Trennung fühlt sich in diesen jungen Jahren wie ein völliger Verlust an und es kann sein, dass die eigenen Eltern nach solch einer Trennung nicht wiedererkannt werden. Darüber hat beispielsweise der britische Kinderarzt und Psychoanalytiker Donald Winnicott berichtet. Wir Erwachsenen können das vielleicht nicht mehr nachvollziehen. Uns gelingt es über längere Zeit, das innere Bild einer geliebten Person lebendig zu halten, etwa wenn der Partner oder die Partnerin für Wochen oder Monate ins Ausland reist und wir innerlich die Verbindung zu dieser Person aufrechterhalten, in unseren Gedanken, Gefühlen und Fantasien. Kinder müssen die Fähigkeit hierzu allerdings erst entwickeln.

1 »Quiet Time«, Collage von Nana Dix, 29x21 cm, 2016. Die Künstlerin setzt sich in ihren Arbeiten u.a. mit ihrer eigenen Verschickungserfahrung sowie transgenerationaler Weitergabe auseinander. Vorlage: Nana Dix.

Aus Briefen der verantwortlichen Stellen an die Eltern, die diese im Vorfeld des Aufenthalts erhielten, wissen wir, dass ihnen teilweise geraten wurde, vor der Reise nicht mit ihrem Nachwuchs über mögliches Heimweh zu sprechen. Sonst könnten die Kinder meinen, sie müssten Heimweh haben. Wie schätzen Sie diesen Ratschlag ein?

Mayer: Nun, auf einer sehr trivialen Ebene könnte man das vielleicht noch nachvollziehen: Die sprachliche Äußerung eines Wortes wie *Heimweh* aktiviert das entsprechende Konzept beim Zuhörer. Das ist ein wenig so wie mit dem Satz *Denken Sie nicht an den rosa Elefanten.* Daraus aber abzuleiten, dass es besser ist, Kinder nicht auf schwierige Gefühle vorzubereiten und nicht mit ihnen ins Gespräch zu gehen, ist absurd. Im Gegenteil: Eltern vermitteln Kindern über ein entsprechendes Gespräch, dass sie sich einfühlen können, dass sie um die möglichen schwierigen Gefühle wissen, diese akzeptieren und dem Kind dennoch zutrauen, damit zurechtzukommen. Das vermittelt Nähe und Vertrauen.

Natürlich ist es nicht ratsam zu sagen: *Du wirst auf jeden Fall Heimweh bekommen, lass uns daher jetzt darüber sprechen.* Aber man kann das Kind ja fragen, wie es der Reise gegenübersteht, was es fühlt, usw. Ich möchte aber auch daran erinnern, dass es früher in vielen Familien allgemein nicht üblich war, über schwierige Gefühle miteinander zu sprechen. Die Schatten des vergangenen Krieges hatten sich als Schweigemantel über viele Familien gelegt. Der Rat, mit Kindern nicht über mögliches Heimweh zu sprechen, entsprach häufig einer ohnehin bestehenden Neigung innerhalb von Familien, nicht über schwierige Gefühle miteinander zu reden.

Der Kontakt der Kinder zu ihren Eltern wurde während des Aufenthaltes im Verschickungsheim sehr stark eingeschränkt. Aufgrund von Briefzensur hatten die Kinder keine oder fast keine Möglichkeit, die Eltern um Hilfe zu bitten. Gleichzeitig wurde den Eltern nahegelegt, von viel Post oder gar Besuchen abzusehen, um den Kindern die Eingewöhnung zu erleichtern und die Gruppendynamik nicht zu gefährden. Wie schätzen Sie diese Situation für ein Kind ein? Kann eine solche Situation die Bindung zwischen Eltern und Kind nachhaltig beschädigt haben?

Mayer: Hier müsste man zunächst einmal klären, was mit einer beschädigten Bindung gemeint ist, es handelt sich hierbei um keinen fest definierten Fachbegriff. Zunächst einmal: Natürlich kann das Gefühl von Hilflosigkeit in solch einer Situation, aus der einem die eigenen Eltern nicht heraushelfen, Folgen auch für die Beziehung zu den Eltern haben. Bindung vermittelt Sicherheit, in unsicheren oder ängstigenden Situationen sucht man demnach die Nähe der Bindungsperson beziehungsweise der Bindungspersonen. Genau das wurde mit den genannten Maßnahmen unmöglich gemacht, so dass sich das verinnerlichte Gefühl, sich auf die Eltern verlassen zu können, bei manch einem Kind vor dem Hintergrund langer Trennungen und schwieriger Erfahrungen während der Trennung womöglich verändert hat oder instabil wurde. Die Erforschung von solchen Fragen ist allerdings schwierig, man ist hier auf die mündlichen Berichte von Betroffenen angewiesen, ohne unabhängig von diesen Berichten die Bindungsqualität vor den Verschickungen einschätzen zu können.

Ihre Frage stellt aber auch eine Verbindung zur vorherigen her. Man dachte, dass ein Ansprechen von Heimweh zu Problemen führt, dass Besuche das Heimweh erst entstehen lassen oder verstärken könnten. In derselben Logik gefährden Besuche die Eingewöhnung oder eben die Gruppendynamik. Viele Verschickungsheime waren so rigide organisiert, dass negative Emotionen und Affekte die Abläufe störten. Man begegnete solchen Gefühlsäußerungen oft mit autoritärer Härte. Daher liegt die Vermutung sehr nahe, dass es den Verantwortlichen nicht darum ging, die Kinder vor schwierigen Gefühlen wie Heimweh zu schützen oder ihnen die Eingewöhnung zu erleichtern, sondern in erster Linie darum, sich selbst und die eigenen Abläufe vor *Störungen* durch unliebsame Gefühle zu bewahren. Wenn ein solcher Zustand der forcierten Unterdrückung von Gefühlen über Wochen oder gar Monate der Trennung von den Eltern anhält, kann das gravierende psychische Folgen haben. Und sicherlich gab es noch einen weiteren Grund für die Kontakteinschränkungen beziehungsweise -verbote: Besuche hätten den Eltern Einblicke in die konkreten Bedingungen und in die zwischenmenschliche Atmosphäre vor Ort geben.

Zeitzeuginnen und Zeitzeugen berichten uns von einem kaltherzigen Umgang mit Heimweh in vielen Einrichtungen. Dieser reichte vom Verbot zu weinen bis hin zu Schlägen, wenn das Gefühl nicht unterdrückt werden konnte. Nicht wenige begannen während ihres Aufenthaltes, nachts einzunässen. Welche Auswirkungen auf die Psyche eines Kindes sind durch derartige Erfahrungen zu befürchten?

Mayer: Die Folgen können massiv sein. Das Einnässen ist selbst bereits ein Beispiel für eine gravierende psychische Folge, ein Hinweis auf eine große seelische Not, für die das Kind keinen anderen Ausdruck finden konnte oder durfte. Erfahrungen von Demütigung, Gewalt und Lieblosigkeit, und dann noch fern von den eigenen Eltern – so etwas vergisst man nicht, auch wenn das nicht heißt, dass man sich immer bewusst daran erinnert. Derartige Erfahrungen können sich in verschiedenen Gestalten später im Leben zeigen, zum Beispiel in Träumen, in diffusen Gefühlen von Leere, Verlassenheit, Ohnmacht, Angst, Traurigkeit oder auch Wut. Sie können sich in der Unfähigkeit zeigen, anderen Menschen zu vertrauen oder Beziehungen einzugehen. Wenn betroffene Personen keine Erklärung für entsprechende Gefühle in ihrem gegenwärtigen Leben finden, aber auch keine konkreten Erinnerungen mehr an früher haben, kann das sehr belastend sein. Unabhängig davon, ob die diagnostischen Kriterien für eine psychische Erkrankung erfüllt sind, können solche Erfahrungen also massives seelisches Leid nach sich ziehen. Und natürlich können sich in der Folge auch verschiedenste psychische Erkrankungen im engeren Sinne manifestieren, etwa depressive Störungen, Angsterkrankungen oder auch Traumafolgestörungen.

Inwiefern spielt es Ihrer Meinung nach eine Rolle, ob die Kinder sich ihren Eltern oder anderen Vertrauenspersonen nach dem Kuraufenthalt anvertrauten und von ihren Erlebnissen berichteten und wie die Eltern im Anschluss mit diesen Informationen umgingen?

Mayer: Das spielt eine sehr große Rolle. Man darf aber eines nicht vergessen: Die Eltern der Verschickungskinder waren auch Kinder ihrer Zeit. Für nicht wenige war ein autoritärer Erziehungsstil selbstverständlich. Härte, Distanz, Prügel waren häufig auch das, was die Eltern selbst in ihrer Kindheit kennengelernt hatten. Es ist gut, dass wir die dunklen Seiten der Verschickung aufarbeiten, wir dürfen in unserer Vorstellung aber nicht den Fehler begehen, von durchweg behuteten, liebevollen Kindheiten auszugehen, auf welche nur die Verschickungen einen Schatten warfen. Damit will ich nicht relativieren, was Kindern in den Verschickungsheimen an Schrecklichem widerfahren ist, ich möchte nur daran erinnern, dass für viele Kinder damals auch zuhause ein rauer Wind wehte. Das kann es im Nachhinein im Einzelfall schwer machen, die Folgen der Verschickung unabhängig von den Beziehungserfahrungen innerhalb der Familie oder auch beispielsweise der Schule einzuschätzen. Viele Kinder trafen ja nicht nur im Verschickungsheim auf autoritäre Erwachsene. Manche kamen nach schlimmen Erfahrungen während der Verschickung nach Hause und stießen auf taube Ohren, auf emotionale Kälte und eine bereits bekannte autoritäre Erziehung. Hier ist davon auszugehen, dass das die Erfahrungen während der Verschickung noch schlimmer machte, da sie nicht mit einer einfühlsamen Person geteilt werden konnten. Wenn die Kinder aber das Glück hatten, zuhause emotional zugängliche Eltern mit offenem Ohr zu haben, dann konnte die Anerkennung des im Heim erfahrenen Leids durch die Eltern eine sehr wichtige Rolle bei der Verarbeitung der gemachten Erfahrungen spielen.

Natürlich ist es leichter, die Geschehnisse in der Rückschau mit dem heutigen Wissensstand zu beurteilen. Können Sie sagen, wie verbreitet die Erkenntnisse aus der Bindungstheorie in Deutschland in den 1950er und 1960er Jahren waren, einerseits in der Wissenschaft und andererseits in der Gesellschaft?

Mayer: Auf diese Frage muss ich etwas ausführlicher antworten. Zunächst zum eigentlichen Inhalt der Frage: Die Bindungstheorie war zu dieser Zeit noch nicht sehr bekannt, auch der Begründer dieser Theorie, John Bowlby, formulierte seine entscheidenden Schriften erst Ende der 1950er und dann weiter in den 1960er Jahren. Wir dürfen aber nicht vergessen, dass sich schon vor der Bindungstheorie wichtige Vertreter und Vertreterinnen der Psychoanalyse mit den Folgen von Trennungen und der Bedeutung der Eltern, damals vor allem der Mutter, beschäftigt haben, man denke an Anna Freud,

René Spitz oder Donald Winnicott. Bowlby und Winnicott hatten bereits 1939 in einem Brief an das *British Medical Journal* vor den Folgen langer Trennungen im Zuge von Evakuierungen gewarnt. Bowlby hatte die Bindungstheorie also nicht im luftleeren Raum entwickelt, er war ja selbst Analytiker.

In Deutschland wirkten die Vorstellungen von autoritärer Erziehung und Gefühlskontrolle leider noch sehr lange nach. Vermeintliche Ratgeber aus der Nazi-Zeit, allen voran das Buch *Die deutsche Mutter und ihr erstes Kind* von Johanna Haarer, empfahlen Eltern Härte und Gefühlskälte gegenüber den Kindern. Es ging darum, die Kinder im Sinne der NS-Ideologie zu formen beziehungsweise zu verformen. Erschreckenderweise wurden Haarers Schriften noch Jahrzehnte nach dem Krieg aufgelegt und konnten so ihre Wirkung weiter entfalten. Entsprechend wirkten Erziehungsvorstellungen aus der NS-Zeit weiter und dazu gab es zunächst erst einmal wenig professionelles Gegengewicht: Mit der Machtübernahme der Nazis flohen viele jüdische Denker und Forscher, darunter zum Beispiel auch Sigmund und Anna Freud. So wurde in gewisser Weise auch jenes Wissen vertrieben, dass man hierzulande gut hätte gebrauchen können.

Ihre Frage nach der Verbreitung bindungstheoretischen Wissens kann aber auch leicht missverstanden werden, denn sie scheint nahezulegen, dass wir die Bindungstheorie und ihre Erkenntnisse brauchen, um mit Kindern angemessen umgehen und ihre Bedürfnisse achten zu können. Doch die Menschen wissen seit jeher um die Verletzlichkeit und Bedürfnisse von Kindern, diese Erkenntnisse fielen nicht mit der Bindungstheorie vom Himmel. Wichtiger erscheint mir daher die Frage, wie das intuitive Wissen von Eltern um die Bedürfnisse ihrer Kinder so systematisch verdrängt und korrumpiert werden konnte. Das Problem damals war nicht das Fehlen der Bindungstheorie, sondern die Außerkraftsetzung intuitiven elterlichen Wissens um das, was Kinder brauchen. Die Ursachen hierfür sind in der deutschen Geschichte zu suchen, in den Ursachen von Autoritarismus und schwarzer Pädagogik.

Gibt es darüber hinaus aus entwicklungspsychologischer Perspektive weitere Aspekte, die es bei diesem Thema zu berücksichtigen gilt?

Mayer: Wir haben uns in der Entwicklungspsychologie in den vergangenen Jahrzehnten auch mit der Frage beschäftigt, was Kinder gesund hält, also mit Schutzfaktoren. Es bleibt ja eine offene Frage, warum für manche Kinder die Verschickungen weniger schlimm waren, warum manche sie sogar in positiver Erinnerung haben. Als wichtigster Schutzfaktor stellte sich in Studien zum Thema Schutz- oder Resilienzfaktoren immer wieder das Vorhandensein einer vertrauensvollen Person, mit der das Kind in Beziehung treten konnte, heraus. Das ist insofern interessant, weil es erklären mag, warum manche Kinder die Verschickung vergleichsweise gut überstanden. Wenn es in den Heimen eine erwachsene Person gab, die Kindern nicht mit autoritärer Härte begegnete, sondern mit Nachsicht, mit echtem Interesse, dann können diese Personen den entscheidenden Unterschied gemacht haben. Ich möchte diesen Aspekt erwähnen, weil es innerhalb der Einrichtungen eben auch zugewandte Menschen gab, denen etwas an den Kindern und an ihrem Wohlbefinden lag.

Und ich möchte gerne noch einen Bogen in unsere Zeit spannen. Ich denke, dass wir auch heute noch unterschätzen, wie sensibel und verletzlich Kinder sind, wie sehr sie von ihren Bezugspersonen abhängig und auf diese angewiesen sind. Zwar reden wir heute offen über die Heime in der DDR und mittlerweile eben auch über die bundesweite Verschickungspraxis, doch scheint mir, dass wir häufig noch immer dazu tendieren, die Perspektive der Kinder zu vernachlässigen und damit einen vergleichbaren Fehler begehen. Man denke nur an die Einschränkungen für Kinder während der Corona-Pandemie. Ein weiteres aktuelles Beispiel wäre die Diskussion um die Ausweitung der Frühbetreuung. Es geht in der Debatte, so scheint mir, vor allem um Gleichberechtigung, um die Vereinbarkeit von Familie und Beruf, doch die Bedürfnisse und Empfindungen der Kinder sind wie sie sind, sie lassen sich nicht durch gewünschte oder politisch motivierte Veränderungsprozesse auf gesellschaftlicher Ebene verändern. Aus entwicklungspsychologischer Sicht ist etwa ein massiver Ausbau von U-3 Betreuungsplätzen nicht wünschenswert, wenn dort die von der Wissenschaft geforderten Qualitätsstandards nicht erfüllt werden können. Angebote, einjährige Kinder von 8 Uhr morgens bis 17 Uhr betreuen zu lassen bei schlechtem Betreuungsschlüssel und hoher Personalfluktuation – das bereitet mir Sorgen, wir tun den Kindern damit nichts Gutes. Wenn wir aus den damaligen Erfahrungen etwas lernen wollen, dann sollten wir die Einsichten in die Abhängigkeit und Verletzlichkeit von Kindern sowie in die Bedeutung zugewandter Bezugspersonen auch in aktuelle Diskussionen immer wieder einbringen.

1 Dieser Text erschien zuerst im Themenmodul *Heimkindheiten*: Andreas *Mayer*: Eine Einschätzung der Kinderkuraufenthalte aus entwicklungspsychologischer Sicht. Interview mit Prof. Dr. Andreas Mayer, Professor für Psychologie an der Evangelischen Hochschule Freiburg. In: Themenmodul Heimkindheiten. https://www.leo-bw.de/en-GB/web/guest/themenmodul/heimkindheiten/rahmenbedingungen/historischer-hintergrund/eine-einschaetzung-der-kinderkuraufenthalte-aus-entwicklungspsychologischer-sicht (aufgerufen am 09.07.2024).

Medikamentenvergabe an Verschickungskinder. Eine medizin- und rechtshistorische Einordnung

Niklas Lenhard-Schramm

Seit circa 2018 erfahren Leid- und Unrechtserfahrungen von sogenannten Verschickungskindern eine wachsende Aufmerksamkeit in der medialen, politischen und wissenschaftlichen Öffentlichkeit. Neben körperlicher, psychischer und sexueller Gewalt, die den Betroffenen in Kinderkurheimen und -heilstätten angetan wurde, rückt dabei auch die medizinische Gewalt zunehmend in den Blick. Einordnen lässt sich dieser Problemkreis in Forschungen, die sich mit entsprechenden Fragestellungen für Kinder- und Fürsorgeerziehungsheime, aber auch für Anstalten der Behindertenhilfe, psychiatrische Einrichtungen und andere Kinderkliniken befasst haben. Besonders das Bekanntwerden von medizinischen Versuchen erregte 2016 eine breite öffentliche Aufmerksamkeit,[1] was verschiedene Träger (Staat, Kommunen, Kirchen usw.) dazu veranlasste, die Frage nach Medikationen in ihren Einrichtungen genauer zu untersuchen. In der Folge erschienen zahlreiche Arbeiten mit unterschiedlichem Zuschnitt und von unterschiedlicher Qualität, die meist einen bestimmten Träger oder eine bestimmte Region beleuchten.[2] Jedoch fehlt bis heute eine Gesamtschau, die die Einzelforschungen zusammenführt und einordnet und darüber hinaus versucht, die Größenordnung des Problems näherungsweise zu erfassen.

Mit Blick auf Verschickungsheime ist noch weniger bekannt. Zahlreichen Presseartikeln und Berichten Betroffener stehen nur wenige wissenschaftlich einigermaßen fundierte Arbeiten gegenüber, die Hintergründe, Formen und Folgen medizinischer Behandlungen und Gewalterfahrungen beleuchten.[3] Die vorliegenden Beiträge bestehen aus wenigen Artikeln bzw. Buchabschnitten und gehen über das ohnehin schon Bekannte allenfalls punktuell hinaus, zumal viele ähnliche Aspekte schon in der Forschung zu Kinder- und Erziehungsheimen thematisiert wurden.[4] Nichtsdestoweniger machen sie deutlich: Es ist lohnenswert, sich genauer mit diesem Problemkreis zu befassen, zumal es bislang an einer fundierten, auch die zeitgenössischen Rahmenbedingungen berücksichtigenden Einordnung fehlt. Von Interesse sind dabei nicht zuletzt die strukturellen Gemeinsamkeiten und Unterschiede zu medizinischen Behandlungen und Gewalterfahrungen in anderen institutionellen Kontexten.

Auch der vorliegende Beitrag kann mangels empirischer Einzelfallstudien keinen Gesamtüberblick über das Ausmaß medizinischer Behandlungen in Kurheimen oder Kinderheilstätten bieten. Ziel der folgenden Ausführungen ist es vielmehr, diesen Themenkomplex historisch einzuordnen und grundlegende Problemlagen aufzuzeigen, die das medizinische Regime in entsprechenden Einrichtungen wesentlich prägten. Im Mittelpunkt stehen dabei Arzneimittelanwendungen, da andere Behandlungen (etwa chirurgische Eingriffe oder Elektroschocktherapien) absolute Ausnahmen dargestellt haben dürften, zumal sie in den betreffenden Einrichtungen kaum vorgenommen werden konnten. Dazu werden in einem ersten Schritt einige soziale Rahmenbedingungen geschildert, ohne die die medizinischen Behandlungen (auch) in Kurheimen und Heilstätten unverständlich bleiben. Diese erfolgten nämlich nicht im luftleeren Raum, sondern spiegeln einschlägige Denkschemata und Handlungsmuster wider, die auch in anderen gesellschaftlichen Bereichen virulent waren. In einem zweiten Abschnitt geht es um die Frage, weshalb Kinder in entsprechenden Einrichtungen überhaupt medizinisch behandelt wurden. Diese Motive sind für eine Einordnung und Bewertung der medizinischen Behandlungen wesentlich, was auch für den dritten Abschnitt gilt. Dort stehen die zeitgenössischen rechtlichen und ethischen Rahmenbedingen im Mittelpunkt, die in diversen Publikationen thematisiert, aber meist unscharf und im Detail oft unzutreffend beschrieben worden sind. Sodann richtet sich der Blick auf zeitgenössische Richtlinien, mit denen Mediziner Empfehlungen für ärztliches Handeln im Kurkontext gaben. Abschließend sollen in einem fünften Abschnitt noch einige Fallbeispiele beleuchtet und unter Berücksichtigung der vorigen Ausführungen eingeordnet werden.

Gesellschaftliche Rahmenbedingungen

In den Jahrzehnten nach 1945 veränderte sich die westdeutsche Gesellschaft von Grund auf. Dies ließ auch die medizinische Welt in vielerlei Hinsicht nicht unberührt. Dominierte in der frühen Bundesrepublik noch das traditionelle Ideal einer *unpolitischen* Medizin,[5] so setzte ab den frühen 1960er Jahren ein tiefgreifender Politisierungsprozess ein. Immer mehr medizinische Bereiche, die bis dahin einer behördlichen Aufsicht und klaren rechtlichen Regelung weitgehend entzogen waren, fielen unter staatliche Regulierung. Stärkste Triebkraft dieses Prozesses war die allmählich entstehende kritische Medienöffentlichkeit, die – nicht zuletzt dynamisiert durch verschiedene Skandale – neue Handlungsimperative an den Staat richtete, der die Bevölkerung vor gesundheitlichen Gefahren schützen sollte. Die Folge war die Ausbildung einer genuinen Gesundheits- und bald auch Umweltpolitik.[6] Eine Facette dieser Entwicklung war die Ausformung einer wirksamen staatlichen Arzneimittelregulierung.[7]

Das allmähliche Aufweichen autoritärer und paternalistischer Denk- und Handlungsmuster prägte auch das Verhältnis zwischen Ärzten und Patienten. Einstweilen verkörperte der Arzt aber noch für viele Menschen den *Halbgott in Weiß*, der nicht selten die Entscheidungshoheit über therapeutische Maßnahmen für sich beanspruchte und als wissenschaftlicher Forscher auftrat, der sich nicht nur dem individuellen Wohl des Patienten verpflichtet sah, sondern auch dem medizinischen Fortschritt. Diese Haltung fand ihre Entsprechung in einer insgesamt gefügigen Patientenschaft, die eine ärztliche Autorität akzeptierte. Erst die mentale Demokratisierung der westdeutschen Gesellschaft ließ die Sozialfigur des kritischen und selbstbewussten Patienten allmählich aufkommen, wodurch sich das hierarchische Gefälle zwischen Medizinern und Laien immer weiter abflachte, wenngleich nie völlig einebnete.

Diese Veränderungen verliefen indes nie gradlinig. Vielmehr war auch die medizinische Welt der alten Bundesrepublik durch eine Gleichzeitigkeit des Ungleichzeitigen geprägt, in der noch alte autoritäre Denk- und Handlungsschemata fortwirkten, sich parallel aber neue, egalitärere Formen medizinischen Handelns durchzusetzen begannen. Letztlich hing es von den einzelnen Ärzten und Patienten, aber auch von Leitbildern, Organisationsstrukturen und Wissenskulturen in den jeweiligen Anstalten und Kliniken ab, inwieweit sie selbst noch den traditionell-paternalistischen Ordnungsideen verhaftet waren oder sich bereits einem demokratischen Wertehorizont geöffnet hatten.

Zugleich änderte sich in dieser Zeit auch der gesellschaftliche Umgang mit Arzneimitteln: Dienten sie ursprünglich vor allem der

Behandlung von Erkrankungen, so wurden sie ab Mitte des 20. Jahrhunderts zunehmend als Mittel entwickelt, vermarktet und angewandt, die der Behandlung sozialer Probleme dienten (etwa in Familie oder Beruf). Dies galt nicht zuletzt für psychoaktive Substanzen, die das gesamte Spektrum von leistungssteigernd über angstlösend bis dämpfend bedienten. Der Bedarf nach solchen Mitteln war hoch in einer Wiederaufbaugesellschaft, die von Kriegstraumata und Leistungsimperativen geprägt war, aber auch vom Wunsch nach einem guten Leben, in dem sich die kleinen Unpässlichkeiten des Alltags medikamentös ausschalten ließen.[8] Das Gefahrenbewusstsein war dabei eher schwach ausgeprägt, denn bis zum Contergan-Skandal ab 1961 hatte es in Deutschland keinen Vorfall gegeben, der die breite Öffentlichkeit nachhaltig für das prinzipielle Risikopotenzial aller Arzneimittel sensibilisiert hätte. Die Aussagen der Hersteller konnten daher verfangen, die ihre Präparate nicht selten als *absolut harmlos* oder *frei von Nebenwirkungen* anpriesen. Besonders die pharmazeutische Großindustrie genoss einen immensen Vertrauensvorschuss, der heute naiv anmuten mag, aber zeitgenössisch in so sensationellen therapeutischen Durchbrüchen wie der Erfindung und Einführung von Insulin, Cortison und Penicillin seine Berechtigung zu finden schien.

Vor diesem Hintergrund fanden Arzneimittel auch aus sozialen Motiven eine breite und oftmals arglose Anwendung. Zahlreiche Mittel fluteten den Markt, meist als unbedenklich deklariert und für soziale Indikationsgebiete ausgeboten.[9] Eine zentrale Indikation bildeten dabei Erziehungsprobleme.[10] Die Firma Bayer empfahl etwa ihr Neuroleptikum Megaphen 1956 ausdrücklich zur Behandlung von *Problemkindern*. Das dämpfend wirkende Präparat sei ein *idealer, stummer Assistent in der Kinderpraxis*, mit dem *nervöse, reizbare und streitsüchtige* Kinder *beruhigt* werden könnten.[11] Das gleiche Unternehmen bewarb auch das 1965 eingeführte Neuroleptikum Aolept auf ähnliche Weise: als ein *Medikament des mitmenschlichen Kontakts*. Aolept *erleichtert das Zusammenleben*, so hieß es auf diversen Werbematerialien.[12] In ähnlicher Weise empfahlen Hersteller und Mediziner das bereits erwähnte Contergan. *Zunahme und Vielfältigkeit allgemein nervöser Störungen und die damit verbundenen erzieherischen Schwierigkeiten beim Kinde der heutigen Zeit rechtfertigen*, so hieß es zum Beispiel 1959 in der Fachliteratur, *die Suche nach neuen Behandlungsmitteln*. Dabei seien Ärzte *schon aus Zeitmangel auf medikamentöse Hilfe angewiesen*. Contergan, das zu dieser Zeit noch als unbedenklich galt, wurde vor diesem Hintergrund eine *ausgezeichnete Wirksamkeit* auch bei Kindern mit *allgemeiner Unruhe* attestiert. *Zornesausbrüche* seien zurückgegangen, bettnässende Kinder habe man *trocken* therapieren können und auch *exzessiv onanierende Kinder* seien zum Teil mit Erfolg behandelt worden.[13] Solche Anwendungsmuster beschränkten sich freilich nicht auf die Ärzteschaft, ganz im Gegenteil. Ein Großteil des Umsatzes wurde im rezeptfreien Verkauf erzielt. Schon bald war eine flüssige, nach Himbeeren schmeckende Contergan-Form als *Kino-Saft* in aller Munde, mit dem Eltern und andere Erziehungspersonen die Kinder bei Bedarf ruhigstellen konnten.[14]

Motive für Medikationen und medizinische Maßnahmen

Angesichts dieses gesamtgesellschaftlichen Umgangs mit Arzneimitteln, der uns heute unreflektiert erscheinen mag, aber zeitgenössisch auf den Aussagen der Hersteller und den Indikationen der Mediziner fußte, kann es nicht überraschen, dass diese Formen des Medikamenteneinsatzes auch in Kurheimen oder Kinderheilstätten erfolgten. Dass Kinder im Laufe eines dortigen Aufenthalts nicht selten medizinischen Behandlungen ausgesetzt waren, ist durch zahlreiche Zeitzeugenberichte, Dokumente und Publikationen hinlänglich belegt. Der Fokus liegt dabei meist auf der Gabe von Medikamenten, besonders psychoaktiven Substanzen. Doch weshalb erhielten Kinder in Verschickungsheimen überhaupt Medikamente? Und warum nahmen Ärzte manchmal auch andere medizinische Behandlungen an ihnen vor? Wie im Folgenden zu zeigen ist, wirkten dabei mehrere Motive und Formen der Medikation zusammen, die zum Teil auch außerhalb der Heime und somit gesamtgesellschaftlich verbreitet waren, die aber zum Teil auch spezifische Probleme der Heimorganisation betrafen. Dabei lassen sich idealtypisch drei verschiedene Motive unterscheiden:

1. Medizinische Behandlungen aus therapeutischen Gründen.

Hierbei handelt es sich wohl um das naheliegendste und unproblematischste Motiv. Erkrankten Kinder im Laufe eines Kuraufenthalts (etwa durch Ansteckung mit einer Infektionskrankheit), so wurden eventuell medizinische Behandlungen erforderlich. Gleiches gilt für Verletzungsfälle. Erfolgte der Aufenthalt zu Heilzwecken (etwa in einer Heilstätte), so kam ihm schon grundsätzlich ein therapeutischer Charakter zu, der ärztliche Behandlungen in einem gewissen Rahmen verlangte und auch erlaubte (siehe unten).[15]

2. Medizinische Behandlungen als Mittel der sozialen Disziplinierung.

Medizinische Behandlungen aus sozialen Motiven sind keine Phänomene, die sich auf Heimeinrichtungen beschränken lassen. Dennoch erfolgten Arzneimittelgaben gerade im institutionellen Kontext oft in einer Weise, die nicht das individuelle Wohl des behandelten Kindes adressierte. Vielmehr wurden die Kinder und ihre Belange der Funktionslogik des Heimbetriebes unterworfen und aus institutionellen Interessen behandelt. Auch die Verschickungsheime entsprachen zumindest für die Aufenthaltsdauer dem Typus der *totalen Institution* (Erving Goffmann),[16] also einer sozialen Einrichtung, die zwar offiziell gesellschaftlich gebilligte Ziele verfolgt, eben dafür aber zunächst einmal darauf ausgerichtet ist, eine große Zahl an Menschen mit knappen Mitteln auf engstem Raum zu verwahren. Um das Funktionieren der Institution zu gewährleisten, ist das Personal für reibungslose Betriebsabläufe verantwortlich. In der Folge wird der dortige Lebensalltag durch strenge Disziplin und straffe Strukturen allumfassend geregelt und kontrolliert. Die soziale Logik solcher Einrichtungen zielt nicht nur darauf, jedes widerspenstige Verhalten zu unterdrücken, sondern vielmehr alle individuellen Lebensäußerungen der Insassen als potenziellen Störfaktor abzuschleifen.[17] Gerade in diesem Kontext fanden Medikamente Anwendung, insbesondere sedierende und andere psychoaktive Substanzen, die subversives, lautes oder in anderer Weise störendes Verhalten ausschalten sollten. Als Sonderform kann hier der Einsatz von Medikamenten und anderen Behandlungsformen zum Zwecke der Strafe gelten, der zumindest für Einzelfälle verbürgt ist[18] und auch zeitgenössisch die Grenze des rechtlich und ethisch Zulässigen bei weitem überschritten hat.

3. Medizinische Behandlungen zu Versuchszwecken.

Streng genommen handelt es sich bei medizinischen Behandlungen stets um Versuche, weil ihr Erfolg nie von vornherein mit absoluter Sicherheit feststeht. Der Motivkomplex hier ist jedoch enger gefasst und meint Behandlungen im Rahmen der medizinischen Forschung und der gezielten Erkenntnisgewinnung (etwa die Erprobung eines neuen Arzneimittels). Dabei lassen sich – bei allen Abgrenzungsschwierigkeiten in der Realität – zwei Subkategorien idealtypisch unterscheiden: das Humanexperiment, das keinen unmittelbaren Nutzen für die Versuchsperson hat und oft an Gesunden vorgenommen wird, und der Heilversuch, der sowohl der Versuchsperson helfen als auch Forschungsresultate produzieren soll. Für beide Formen der wissenschaftlichen Erkenntnisgewinnung ist eine Beobachtung und Kontrolle durch Fachpersonen wesentlich, weshalb solche Behandlungen in der Regel unter klinischen Bedingungen erfolgen.

Gerade solche Bedingungen mit permanenten Überwachungsmöglichkeiten boten sich auch in Heimen und ähnlichen Anstalten. Hinzu kam, dass Kinder dort der direkten Aufsicht der Eltern oder Sorgeberechtigten entzogen waren. Hier war also kaum Widerstand zu erwarten, zumal sich Kinder solcher Behandlungen oft nicht erwehren konnten.[19]

So klar eine solche Unterscheidung auf den ersten Blick erscheinen mag, so deutlich wird bei genauerer Betrachtung, dass die Grenzen zwischen den Kategorien fließend waren (und sind). So kann zum Beispiel die Abgrenzung von einer Standard- zu einer versuchsweisen Behandlung schwierig sein, zumal auch etablierte Methoden wissenschaftlich erforscht werden können. Auch die Abgrenzung zwischen medizinischen und sozialen Indikationen ist unter Umständen schwierig, weil die Zuschreibung *Krankheit* letztlich immer eine soziale Aushandlung ist. Daher ist es aus geschichtswissenschaftlicher Rückschau oft nicht leicht, Behandlungsweisen adäquat einzuordnen und medizinische Diagnosen zu stellen oder zu korrigieren.[20] Gerade in Einzelfällen trifft eine oft nur unzureichende Informationsgrundlage auf medizinische Wissensbestände und Standards, die sich mitunter in sehr kurzen Zeiträumen stark ändern konnten. Eine Herausforderung stellen schließlich auch unterschiedliche Wahrnehmungsweisen dar. So ist zum Beispiel nicht auszuschließen, dass eine medizinisch gebotene Behandlung von den Kindern dennoch als Gewalt erfahren wurde, insbesondere in Situationen, in der Kinder gegen ihren Willen in Kurheime verschickt wurden und das ganze Setting als leidvollen Zwang erlebten. Umgekehrt können andere Behandlungen, die die Kinder damals als nicht problematisch erlebten, nach zeitgenössischen Maßstäben illegal gewesen sein.

Rechtliche, ethische und praktische Rahmenbedingungen

Ärztliche Behandlungen in Verschickungs- oder Kurheimen erfolgten keineswegs im rechtsfreien Raum. Vielmehr unterlagen sie den allgemeinen rechtlichen Grenzen ärztlichen Handelns, die seit dem späten 19. Jahrhundert in erster Linie durch das Richterrecht gezogen wurden.[21] Wegweisend war hier ein Strafurteil des Reichsgerichts von 1894, dem die höchstrichterliche Rechtsprechung in Deutschland bis heute konsequent gefolgt ist. Die Richter werteten jede kunstgerechte und medizinisch indizierte ärztliche Behandlung als tatbestandliche Körperverletzung, deren Rechtswidrigkeit erst durch eine Einwilligung des Verletzten entfalle.[22] Das Einwilligungserfordernis war unter Juristen *von vornherein weitgehend unangefochten* und fand schon bald Eingang ins Zivilrecht.[23] Bis sich die Rechtsprechung intensiver mit den Anforderungen an die Einwilligung befasste, dauerte es aber noch. Erst ab 1931 begann das Reichsgericht allmählich, eine ärztliche Aufklärungspflicht anzuerkennen, wobei zunächst noch viele Ausnahmen zugestanden wurden.[24]

Nach 1945 änderte sich die formale Rechtslage zu ärztlichen Behandlungsbefugnissen kaum. Das Grundgesetz hob das Recht auf Selbstbestimmung und körperliche Unversehrtheit 1949 in ein verfassungsmäßig unmittelbar geltendes Recht.[25] Wie der 1950 gegründete Bundesgerichtshof (BGH) in zahlreichen Entscheidungen bestätigte, war eine ärztliche Behandlung nur dann rechtskonform, wenn eine wirksame Einwilligung vorlag. Dies setzte voraus, dass der Patient *das Wesen, die Bedeutung und die Tragweite des ärztlichen Eingriffs in seinen Grundzügen erkannt hat.*[26] Viele Mediziner protestierten scharf gegen die ärztliche Aufklärungspflicht, die sie als unzumutbare Beschränkung ihres Wirkens sahen.[27] Trotz der heftigen Kontroverse – der Spiegel sprach von einem *Krieg zwischen einem rot uniformierten Elitetrupp der Juristen und der weißgekleideten Heerschar bundesdeutscher Mediziner*[28] – behielt die Rechtsprechung ihre Linie im Kern bei, die auch für Medikationen galt.[29]

Die Rechtsprechung stellte dabei weitere wichtige Grundsätze auf. Eine Einwilligung in eine Behandlung war nur dann rechtswirksam, wenn die konkrete Behandlung medizinisch indiziert war und kunstgerecht erfolgte. Eine rechtswirksame Einwilligung musste zudem nicht schriftlich erfolgen oder mündlich ausdrücklich erklärt werden. In bestimmten Situationen durfte der Arzt eine Einwilligung des Patienten in gewissem Umfang voraussetzen (*präsumtive Einwilligung*), etwa wenn letzterer sich zu therapeutischen Zwecken hilfesuchend an einen Arzt wandte. Dabei konnte die Einwilligung insbesondere durch schlüssiges (*konkludentes*) Handeln des Patienten erfolgen (etwa durch Hinhalten des Armes zur Injektion), sofern einer etwaigen Aufklärungspflicht Genüge geleistet worden war.[30] Deutlich umstrittener war die Aufklärungspflicht. Deren Intensität hing von der Häufigkeit und Schwere der bekannten Komplikationen ab, ebenso von der Dringlichkeit der Behandlung.[31] Während bei lebensrettenden Noteingriffen oder harmlosen Behandlungen also eine Aufklärung über das Risiko weitgehend entfiel, stellten aufschiebbare, gravierende oder nicht zwingend erforderliche Eingriffe besonders hohe Aufklärungsanforderungen an den Arzt.[32]

Diffiziler war die Einwilligungsproblematik bei Patienten, die selbst als einwilligungsunfähig galten. Dazu zählten auch Minderjährige, insbesondere Kinder. Da den Ärzten kein Berufsrecht zu eigenmächtigen Behandlungen zukam, waren es bei Minderjährigen im Regelfall die Eltern, die eine rechtswirksame Einwilligung erteilen konnten.[33] Waren Minderjährige aus medizinischen Gründen oder zu erzieherischen Zwecken dauerhaft oder zeitweilig in einem Heim oder in einer Anstalt untergebracht, so verblieben die Personensorgerechte grundsätzlich bei den Eltern. Waren die Eltern verstorben oder wurde ihnen das Sorgerecht vollständig entzogen, so ging dieses auf einen Vormund oder auf einen vom Vormundschaftsgericht bestellten Pfleger über. Dieser hatte dann die Einwilligung zu erteilen, nicht aber der Arzt. Dass Ärzte und Kliniken sich darüber bewusst waren, zeigen die generellen formularmäßigen Einwilligungen, die Eltern bei Einweisung in eine Klinik oft unterschreiben mussten. Solche Erklärungen konnten aber, wie etwa das OLG Bamberg 1955 entschied, *als rechtswirksame Einwilligung nur insoweit anerkannt werden, als eine Aufklärungspflicht des Arztes nicht besteht.*[34] Sofern aufgrund der Eigenart der Behandlung eine Aufklärungspflicht bestand, war also eine gesonderte Einwilligung der Eltern oder des Vormundes nach voriger Aufklärung einzuholen. Dies galt etwa für operative Eingriffe und die Gabe stark wirksamer Medikamente, nicht aber für die Notfallbehandlung oder etwa die Verabreichung von Aspirin oder Hustensaft.

Während medizinisch nicht indizierte Behandlungen im Grundsatz illegal waren, unterlagen versuchsweise medizinische Behandlungen strikten Beschränkungen. Dabei wurde bereits seit dem 19. Jahrhundert unterschieden: zwischen *Experimenten*, die keinen individuellen Nutzen für die Versuchsperson bargen und ausschließlich Forschungsinteressen bedienten, und *Heilversuchen*, die sowohl dem Patienten helfen sollten als auch überindividuelle Interessen verfolgten.[35] Wie das Reichsgericht bereits 1908 urteilte, handele derjenige Arzt rechtswidrig, der eine *neue noch unerprobte Methode* anwende, sofern er eben dazu *nicht vorher die Einwilligung des Patienten eingeholt* habe.[36] Wegweisender noch waren die *Richtlinien für neuartige Heilbehandlung und für die Vornahme wissenschaftlicher Versuche am Menschen*, die die Reichsregierung 1931 entwarf und die die Länder in Verwaltungsvorschriften überführten.[37] Auch Heilversuche hatten demnach der ärztlichen Ethik und den Regeln der medizinischen Wissenschaft zu entsprechen, zudem waren Aufklärung und Einwilligung ausdrücklich gefordert. Die Richtlinien konkretisierten die von der Rechtsprechung statuierten Grundsätze und wurden

auch von zahlreichen Juristen und Medizinern nach 1945 als bindend betrachtet.[38] In der Bundesrepublik galten diese Rechtsgrundsätze weiter fort. Wie aus diversen Einzelurteilen des BGH hervorgeht,[39] unterlagen neuartige Behandlungen einem Einwilligungs- und Aufklärungserfordernis:
Je weiter ein Arzt vom medizinischen Standard abwich, desto weiter war auch seine Aufklärungspflicht. Wollte ein Arzt also eine neue Therapie erproben, so hatte er nach entsprechender Aufklärung die Einwilligung einzuholen[40] – bei Minderjährigen von den Personensorgeberechtigten.

Parallel zur Verrechtlichung ärztlicher Behandlungsbefugnisse setzte im späten 19. Jahrhundert eine entsprechende ethische Diskussion ein. Prägend war dabei zunächst ein paternalistisch-autoritäres Arztbild, während Patientenbelange oft nur eine untergeordnete Rolle spielten. Die NS-Medizinverbrechen warfen nach 1945 aber die drängende Frage nach ethischen Standards für medizinische Versuche und Behandlungen auf. Einen Meilenstein bildete dabei der Nürnberger Kodex, der im Urteil des Nürnberger Ärzteprozess 1946/47 enthalten war. Dieser Kodex forderte die *freiwillige Zustimmung* der Versuchsperson, die eine aufgeklärte Entscheidung treffen können muss. Ebenso verlangte er eine Aufklärung über Wesen, Zweck und Risiken der Versuche sowie ein angemessenes Nutzen-Risiko-Verhältnis. In der deutschen Ärzteschaft herrschte nach 1945 jedoch eine Schlussstrichmentalität, welche die NS-Verbrechen allzu oft tabuisierte. Die Resonanz auf den Nürnberger Ärzteprozess war daher schwach. Stattdessen verabschiedeten die westdeutschen Ärztekammern 1947 in Bad Nauheim ein Gelöbnis, das für alle Ärzte verbindlich sein sollte und jede Form gefährlicher Versuche untersagte. Ersetzt wurde es 1949 durch das Genfer Gelöbnis, um die Wiederaufnahme in den Weltärztebund zu ermöglichen.

Der internationale ethische Standard konkretisierte sich, als der Weltärztebund 1964 die Deklaration von Helsinki verabschiedete. Die Deklaration griff die Prinzipien des Nürnberger Kodex auf und entwickelte sie weiter, indem sie etwa zwischen therapeutischen und nicht-therapeutischen Versuchen unterschied. Wie auch die fachethische Literatur dieser Zeit zeigt, hatte sich das Recht auf Selbstbestimmung fest etabliert, während die Ansicht weitgehend verschwunden war, dass Ärzte sich über Patientenrechte hinwegsetzen dürften. Bis allerdings medizinische Versuche an Minderjährigen ausdrücklich problematisiert und das Konzept des *informed consent* ethisch eingehender begründet wurde, vergingen noch einige Jahre. Erst in den 1970er Jahren kam es zu einer differenzierten Normierung und intensiveren Diskussion über die Voraussetzungen und Folgen der informierten Einwilligung – eine Diskussion, die bis heute andauert.

Indes liegen zahlreiche Belege und Indizien dafür vor, dass rechtliche und ethische Standards von vielen Medizinern bis weit in die 1960er, teil auch 1970er Jahre hinein nicht eingehalten wurden. Solche Fragen lassen sich aber – wie es oft geschieht – kaum über die Auswertung zeitgenössischer Publikationen oder allein von Krankenakten klären.[41] Dass Aufklärung und Einwilligung oftmals fehlten, geht vielmehr aus anderen Quellen hervor. Sowohl für die Zeit vor als auch nach 1945 existieren zahlreiche Einlassungen von Medizinern, die dieses Fehlen ausdrücklich einräumten oder problematisierten.[42] Wie sich etwa im Contergan-Strafprozess herausstellte, hatte keiner der Ärzte, die das Mittel an Kindern erprobten, vorher eine elterliche Einwilligung eingeholt.[43]

Wie groß der Anteil von medizinischen Versuchen ohne Aufklärung und Einwilligungen war, lässt sich heute nicht mehr feststellen. Abgesehen von der unzureichenden Quellenlage ist auch in diversen Fällen von einer wirksamen Einwilligung auszugehen, obwohl keine ausdrücklichen Erklärungen vorliegen. So gibt es in vielen Fällen starke Indizien, dass die Eltern über die Erprobung eines neuen Medikamentes an ihrem Kind im Bilde waren und durch konkludentes Handeln rechtswirksam eingewilligt hatten. Dies gilt etwa für Fälle, in denen die Erprobung eines Medikaments im Arztbrief mitgeteilt wurde. Vor diesem Hintergrund muss die Arzneimittelerprobung sowohl mit als auch ohne Aufklärung und Einwilligung in den 1950er und 1960er Jahre als verbreitet und insoweit üblich bezeichnet werden. Wenn überhaupt, so lässt sich nur im Einzelfall eine fundierte Aussage darüber treffen, ob eine ggf. erforderliche Einwilligungserklärung vorlag.

Indikationen und ärztliche Empfehlungen

Um sich den medizinischen Praktiken in Verschickungseinrichtungen zu nähern, bietet es sich an, einen Blick auf Richtlinien und Empfehlungen zu werfen, die Mediziner wie zum Beispiel Hans Kleinschmidt (Chefarzt des DRK-Kindersolbads in Bad Dürrheim), zeitgenössisch aufstellten und die als Orientierungshilfe auch Einfluss auf das Handeln diverser Heimärzte gehabt haben dürften (auch wenn klar ist, dass sie diese Praktiken nicht eins zu eins widerspiegeln).[44] Deutlich wird in diesem Zusammenhang, dass Entsendungen fast immer in einem ärztlichen Kontext erfolgten.[45] Dabei wurde bereits zeitgenössisch strikt unterschieden in Erholungskuren einerseits und Heilkuren andererseits. Im Gegensatz zur Erholungskur, die für gesunde Kinder vorgesehen war, galt die Heilkur als *ärztlich indizierte Maßnahme*[46] – und somit als Heilbehandlung, die eine gewisse Einwilligung in ärztliche Behandlungen logisch voraussetzte. Kurheimen kam daher auch der Status staatlich anerkannter Krankenanstalten zu.[47]

Gerade im Bereich der Heilkur legten Mediziner großes Augenmerk auf die durchgehende ärztliche Betreuung der Kinder. Eingangsuntersuchungen waren demnach ebenso empfohlen wie laufende Kontrollen, bevor am Ende eine Abschlussuntersuchung mit ärztlichem Bericht über den Kurerfolg angefertigt werden sollte.[48] Entrissen aus der gewohnten Umgebung und untersucht von fremden Ärzten stellten sich solche Kontrollen und Behandlung sicherlich nicht selten als unangenehme, teils auch als Gewalterfahrungen dar.[49] Daran ändert nichts, dass manche Mediziner es zum Ziel erklärten, *den anvertrauten Kindern das Empfinden zu nehmen, daß sie in einer Krankenanstalt zur ärztlichen Behandlung sind; die Kinder sollen vielmehr das Gefühl haben, in einer vergnügten und fröhlichen Kindergemeinschaft ohne ärztlichen Zwang und ohne dauernde Krankenbehandlung einige schöne Wochen zu verleben.*[50]

Aus den Eigenheiten der Verschickung ergaben sich auch spezifische Probleme, die Mediziner ansprachen: Dem Arzt *sind die Kinder während der Kurzeit anvertraut, und er ist in seinen Entscheidungen völlig auf sich allein gestellt, da gerade bei akuten Erkrankungen die Eltern vor bestimmten und sofort notwendigen Behandlungsmaßnahmen nicht gefragt und um ihr Einverständnis gebeten werden können.*[51] Dies war nach den zeitgenössischen rechtlichen Rahmenbedingungen durchaus zutreffend, weil der Arzt hier eine Einwilligung der Eltern annehmen durfte – allerdings nur bei tatsächlich akuten Erkrankungen oder Verletzungen, die eine ärztliche Behandlung unbedingt erforderten, um weiteren gesundheitlichen Schaden vom Kind abzuwenden. Dessen ungeachtet galt, worüber sich auch die Mediziner im Klaren waren: *Bei allen auch leichten Erkrankungen hat der Arzt die Eltern zu verständigen.*[52]

Mit Blick auf medikamentöse Behandlungen zeigten sich manche Mediziner zumindest nach außen hinzurückhaltend. Diese seien für Notfälle oder andere notwendige Behandlungen (etwa Insulin für Diabetiker) vorgesehen; ansonsten solle der Arzt versuchen, *die Heilkuren mit den naturgemäßen Heilmitteln, die unser Kurort bietet, allein durchzuführen. Es ist oftmals erschreckend, wie viele Medikamente unsere Kurkinder schon geschluckt haben und auch weiter einnehmen sollen.*[53] Diese Empfehlung verwies zum einen auf den gesamtgesellschaftlich stark ausgeprägten Medikamentengebrauch, stand aber zum anderen in gewisser Spannung zu der Aussage, Kindern mit starkem Heimweh unter Umständen auch angstlösende und beruhigende Medikamente zu geben.[54] Bei solchen Arzneimittelgaben handelte es sich fraglos um eine soziale Medikation, die nicht (nur) das Wohl der Kinder adressierte, sondern auch durch institutionelle Interessen bedingt war. Folgenreich war in diesem Zusammenhang die Funktion der Mediziner als Multiplikator: Wenn Ärzte die Anwendung solcher Mittel empfahlen, besonders in gedruckten Richtlinien, dann konnte das auch anderes Betreuungspersonal dazu ermuntern, im Zweifelsfall zu pharmakologischen Helfern zu greifen.

In den Richtlinien wurden auch wissenschaftliche Untersuchungen thematisiert. Wie Kleinschmidt schrieb, bestehe gerade in größeren Einrichtungen *die Möglichkeit, die großen Erfahrungen, die bei den vielen Kindern gesammelt werden, praktisch-wissenschaftlich auszuwerten*. Kleinschmidt bezog sich hier vor allem auf den Erfolg der Heilkuren, insbesondere mit Blick auf bäder- und klimatherapeutische Maßnahmen. Sicherlich wird man hier das Ziel nicht absprechen können, die Heilmaßnahmen zu *vervollkommnen*, um den Kindern zu helfen.[55] Zugleich scheint in manchen Äußerungen aber auch eine abwertende Haltung den Kindern gegenüber durch, die sich an vermeintlichen Defiziten orientierte: etwa wenn von *Abartigkeiten* der Kinder die Rede war, denen *Fehler in der Psyche* attestiert wurden – Fehler, die der Behandlung bedürften.[56]

Fallbeispiele

Einen Gesamtüberblick oder gar quantitative Annäherungen an den Problemkreis der medizinischen Behandlung in Kurheimen kann der vorliegende Beitrag nicht leisten. Stattdessen sollen einige Fälle in den Blick genommen werden, die das Spektrum verschiedener medizinischer Behandlungen in den Verschickungseinrichtungen schlaglichtartig abbilden. Für eine historisch korrekte Einordnung ist dabei wichtig – was in der Diskussion bisweilen nicht erfolgt –, den zeitgenössischen Wissensbeständen, medizinischen wie ethischen Standards sowie Rechtsvorschriften Rechnung zu tragen, die das medizinische Regime inner- und außerhalb von Verschickungsheimen prägten.

Angesichts der Vielzahl der Verschickungen und entsprechenden Einrichtungen kann die Bandbreite der diskutierten Versuche kaum erstaunen. Dabei stechen einige Fälle besonders hervor. Dies gilt namentlich für den vieldiskutierten Fall des – an der sog. Kinder-*Euthanasie* in der NS-Zeit maßgeblich beteiligten – Kinderarztes Werner Catel, der ab 1947 an der Tuberkulose-Kinderheilstätte Mammolshöhe im Taunus Versuche mit dem Prüfpräparat TB I 698 an Kindern unternahm. Durch die Anwendung dieses später als Conteben eingeführten Tuberkulostatikums kam es zu mindestens vier Todesfällen. Ein bereits damals angestrengtes Ehrengerichtsverfahren gegen Catel lief allerdings ins Leere, offenbar, weil sich Catel auf die Rückendeckung maßgebender Stellen bei der Ärztekammer und den Behörden stützen konnte.[57] Das ändert allerdings nichts daran, dass dieser Fall auch nach damaligen Maßstäben als grob rechtswidrig zu werten ist, denn Catel hatte es nicht nur unterlassen, eine informierte Einwilligung der Eltern einzuholen, sondern führte die Versuche auch durch, obwohl Nutzen und Risiko in keinem ausgewogenen Verhältnis standen und er die Versuche auch fortsetzte, als es zu tödlichen Nebenwirkungen kam.

Eine ebenso große Beachtung hat ein Fall gefunden, der das berüchtigte Schlaf- und Beruhigungsmittel Contergan betraf. Dabei geht es um eine Prüfung an 302 tuberkulosekranken Kindern im Alter von zwei bis 14 Jahren, die das Mittel über einen Zeitraum von bis zu zwölf Monaten in einer Kinderheilstätte in der Eifel erhalten hatten und über die die verantwortliche Ärztin, Ingeborg Schiefer, 1960 auch publizierte.[58] Wie diese schrieb,

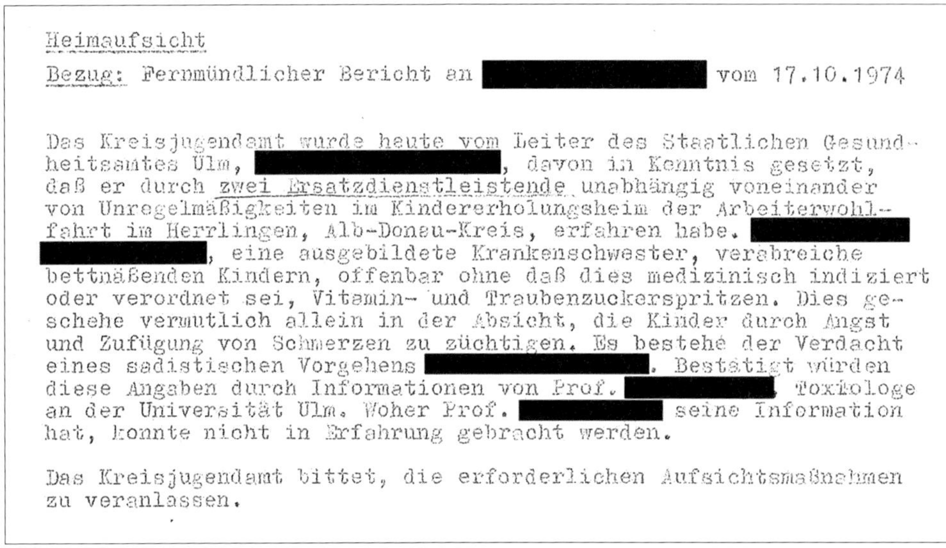

Heimaufsicht

Bezug: Fernmündlicher Bericht an ██████ vom 17.10.1974

Das Kreisjugendamt wurde heute vom Leiter des Staatlichen Gesundheitsamtes Ulm, ██████, davon in Kenntnis gesetzt, daß er durch zwei Ersatzdienstleistende unabhängig voneinander von Unregelmäßigkeiten im Kindererholungsheim der Arbeiterwohlfahrt im Herrlingen, Alb-Donau-Kreis, erfahren habe. ██████ ██████, eine ausgebildete Krankenschwester, verabreiche bettnäßenden Kindern, offenbar ohne daß dies medizinisch indiziert oder verordnet sei, Vitamin- und Traubenzuckerspritzen. Dies geschehe vermutlich allein in der Absicht, die Kinder durch Angst und Zufügung von Schmerzen zu züchtigen. Es bestehe der Verdacht eines sadistischen Vorgehens ██████. Bestätigt würden diese Angaben durch Informationen von Prof. ██████, Toxikologe an der Universität Ulm. Woher Prof. ██████ seine Information hat, konnte nicht in Erfahrung gebracht werden.

Das Kreisjugendamt bittet, die erforderlichen Aufsichtsmaßnahmen zu veranlassen.

1 Auszug aus einem Schreiben des Kreisjugendamtes des Alb-Donau-Kreises an den Landeswohlfahrtsverband Württemberg-Hohenzollern. Vorlage: Landesarchiv Baden-Württemberg, Staatsarchiv Ludwigsburg 180 a II Bü 433.

sei die *Ruhigstellung des Patienten* eines *der vordringlichsten Probleme, das in der Lungenheilstätte an den Arzt herangetragen* werde.[59] Da gerade Kinder durch einen Appell an die Vernunft oft nicht hinreichend zu beruhigen seien, könne *man die dämpfende Wirkung eines Sedativums nicht entbehren*. Mit der Behauptung, die Anwendung sei nicht medizinisch indiziert gewesen, weil sie auch heimwehkranken Kindern geholfen habe,[60] macht man es sich zweifellos zu leicht. Denn im Bereich der Liegekuren gehörte die Ruhighaltung unmittelbar zum therapeutischen Ansatz. Insoweit handelt es sich hier um einen Fall, in dem therapeutische und soziale Medikationsmotive unauflöslich miteinander verschmolzen. Problematisch bei diesen Versuchen ist etwas anderes: Bei ihnen gab es hier Fälle *eindeutiger Überdosierung*, die auch die Ärztin selbst einräumte.[61] Da sie hierfür eine Einwilligung nicht voraussetzen durfte, sind diese Fälle auch nach zeitgenössischen Maßstäben ohne ausdrückliche und informierte Einwilligung rechtlich unzulässig gewesen, zumal die Überdosierungen nicht aus therapeutischen Zwecken erfolgten.

Tatsächlich handelt es sich bei diesem medial oft herausgehobenen Fall keineswegs um eine Ausnahme. In den späten 1950er Jahren erschienen diverse Arbeiten, die über die klinischen Erfahrungen bei der Anwendung von Contergan in Kinderkliniken, -heilstätten und -kurheimen berichteten, die den Anwendungen Schiefers weithin entsprachen.[62] So skandalös die Verabreichung von Contergan aus heutiger Sicht erscheinen mag: Bei diesem Schlaf- und Beruhigungsmittel handelte es sich in der untersuchten Zeit um ein regulär auf dem Markt befindliches Medikament, das als besonders harmlos und ungefährlich galt (und von Menschen damals als weniger gefährlich eingeschätzt wurde, als beispielsweise Aspirin heute von uns[63]) und auch regulär für die in Rede stehenden Anwendungsgebiete indiziert war. Gleiches gilt für diverse andere Präparate. Solche Versuche bewegten sich daher im Graubereich zwischen dem Zulässigen und dem Nichtzulässigen.

Eine besondere Aufmerksamkeit hat auch der oben erwähnte Mediziner Hans Kleinschmidt erfahren, der aber nicht mit dem gleichnamigen Pädiater zu verwechseln ist, der während der NS-Zeit an der Berliner Charité wirkte. Im Rahmen der Debatte um medizinische Versuche in Verschickungsheimen ließen sich zahlreiche Publikationen Kleinschmidts identifizieren, in denen dieser über die Prüfung von Antibiotika, Hustentherapeutika,

Asthma-Präparaten und Anti-Wurmmitteln berichtete.[64] Auch wenn sich allein anhand der Publikationen viele Fragen nicht klären lassen, erscheint ein Teil der Versuche (zumindest nach zeitgenössischen Maßstäben) eher unproblematisch, während ein anderer Teil ernste Fragen aufwirft. Unproblematisch erscheinen etwa Versuche mit Traubensaft mit und ohne Eisenzusatz oder Versuche mit der Inhalation von Sole.[65] Problematischer sind dagegen Versuche mit stark wirksamen Medikamenten:[66] Sofern keine informierte Einwilligung zu diesen Versuchen gegeben wurde und es keinen unmittelbaren Nutzen für die Kinder gab, erscheinen diese auch nach damaligen Maßstäben als unzulässig.

Abgesehen von medizinischen Versuchen gibt es auch Unterlagen, die auf andere höchst problematische medizinische Behandlungen hindeuten. Wie zwei Zivildienstleistende Mitte der 1970er Jahre dem Staatlichen Gesundheitsamt in Ulm berichteten, habe die Leiterin eines Kindererholungsheims der Arbeiterwohlfahrt in Herrlingen, Alt-Donau-Kreis, bettnässenden Kindern zu Straf- oder Züchtigungszwecken Vitamin- und Traubenzuckerspritzen gegeben. Inwieweit die Vorwürfe zutrafen, war schon damals nicht zu klären, weshalb hier klare Aussagen kaum möglich erscheinen.[67]

Grundsätzlich gilt aber hier: Sollten die Injektionen zu Straf- oder Züchtigungszwecken erfolgt seien, so handelte es sich auch nach damaligen Maßstäben um widerrechtliche Körperverletzungen zuungunsten der Kinder.

Schluss

Auch wenn sich Kinderverschickung und Heimerziehung in verschiedenen Punkten (etwa in Aufenthaltsdauer, Einweisungsgrund und Trägern der Einrichtungen) grundlegend unterschieden, zeigen sich doch auch deutliche Gemeinsamkeiten. Kinder erlebten in beiden Kontexten entwürdigendes Verhalten, das mitunter traumatische Erlebnisse auslöste. Beide Systeme hatten gewaltförmige Elemente, die nicht zuletzt aus der Funktionslogik der Heime hervorgingen und die auf eine Anpassung der Kinder an die institutionellen Strukturen hinwirkten. Die medikamentöse Behandlung war dabei eine verbreitete Methode, die aber stets mit ähnlichen Medikationsmustern außerhalb des Heimkontextes korrespondierte. Darüber hinaus kam es auch zu anderen Formen medizinischer Gewalt sowie zu versuchsweisen Behandlungen, die im Bereich der Verschickung meist einen mehr oder weniger ausgeprägt therapeutischen Charakter hatten. Besonders deutlich zeigt sich dabei die Notwendigkeit, von Einzelfällen auszugehen und diese genauer zu betrachten. Nur bei einem solchen Vorgehen lässt sich letztlich klären, weshalb die Versuche oder Behandlungen zustande gekommen sind, ob sie zulässig waren und welche Folgen sie hatten. Erst auf einer solchen Grundlage kann die zukünftige Forschung eine belastbare und systematische Synthese erarbeiten, um das Schicksal der Betroffenen aufzuarbeiten und medizinische, administrative und persönliche Aspekte in einem größeren Gesamtzusammenhang zu beleuchten und einzubetten.

1 Sylvia *Wagner*: Ein unterdrücktes und verdrängtes Kapitel der Heimgeschichte. Arzneimittelstudien an Heimkindern. In: Sozial.Geschichte Online 19 (2016) S. 61 – 113.
2 Siehe etwa Niklas *Lenhard-Schramm*: Vorstudie zur Erforschung des Medikamenteneinsatzes in Kinderheimen, Einrichtungen der Öffentlichen Erziehung und heilpädagogischen und psychiatrischen Anstalten erstellt im Auftrag des MGEPA NRW. Münster 2017; Sylvelyn *Hähner-Rombach* und Christine *Hartig*: Medikamentenversuche an Kindern und Jugendlichen im Rahmen der Heimerziehung in Niedersachsen zwischen 1945 und 1978. Forschungsprojekt im Auftrag des Niedersächsischen Ministeriums für Soziales, Gesundheit und Gleichstellung. 2019; Frank *Sparing*: Medikamentenvergabe und Medikamentenerprobung an Kinder und Jugendlichen. Eine Untersuchung zu kinder- und jugendpsychiatrischen Einrichtungen des Landschaftsverbandes Rheinland 1953 bis 1975. Berlin 2020; Uwe *Kaminsky* und Katharina *Klöcker*: Medikamente und Heimerziehung am Beispiel des Franz-Sales-Hauses. Historische Klärungen – Ethische Perspektiven. Münster 2020; Christof *Beyer* u.a.: Wissenschaftliche Untersuchung der Praxis der Medikamentenversuche in schleswig-holsteinischen Einrichtungen der Behindertenhilfe sowie in den Erwachsenen-, Kinder- und Jugendpsychiatrie in den Jahren 1949 bis 1975. Lübeck 2021; Niklas *Lenhard-Schramm*, Dietz *Rating* und Maike *Rotzoll*: Göttliche Krankheit, kirchliche Anstalt, weltliche Mittel. Arzneimittelprüfungen an Minderjährigen im Langzeitbereich der Stiftung Bethel in den Jahren 1949 bis 1975. Bielefeld 2022.
3 Siehe Sylvia *Wagner* und Burkhard *Wiebel*: *Verschickungskinder* – Einsatz sedierender Arzneimittel und Arzneimittelprüfungen. Ein Forschungsansatz. In: Sozial.Geschichte Online 28 (2020) S. 11 – 42; Lena *Gilhaus*: Verschickungskinder. Eine verdrängte Geschichte. Köln 2023, S. 150 – 157; Anja *Röhl*: Das Elend der Verschickungskinder. Kindererholungsheime als Orte der Gewalt. Gießen 2021, S. 270 – 288.
4 Siehe die in Anm. 1 und 2 angegebene Literatur.
5 Siehe etwa Tobias *Weidner*: Die unpolitische Profession. Deutsche Mediziner im langen 19. Jahrhundert. Frankfurt am Main 2012.
6 Wie sich zum Beispiel in der Gründung des Bundesministeriums für Gesundheitswesen im November 1961 zeigt. Siehe weiterführend Wolfgang *Woelk*: *Gesundheit als politisches Problem?* Historische Aspekte der Gesundheitspolitik und Gesundheitsverwaltung in Nordrhein-Westfalen und der Bundesrepublik Deutschland bis Mitte der 1960er Jahre. Diss. phil. Düsseldorf 2001; Willibald *Steinmetz*: Ungewollte Politisierung durch die Medien? Die Contergan-Affäre. In: Die Politik der Öffentlichkeit – Die Öffentlichkeit der Politik. Politische Medialisierung in der Geschichte der Bundesrepublik. Hg. von Bernd *Weisbrod*. Göttingen 2003, S. 195 – 228.
7 Zu Arzneimittelregulierung Niklas *Lenhard-Schramm*: Die Duogynon-Affäre. Staatliche Arzneimittelregulierung in der Bundesrepublik zwischen Öffentlichkeit, Recht und Medizin. Göttingen 2024.
8 Das Seelen-Aspirin. In: Der Spiegel Nr. 35/1956 (28.08.1956). https://www.spiegel.de/politik/das-seelen-aspirin-a-25daeda3-0002-0001-0000-000043063976. Die Tablettomanen. In: Der Spiegel 27/1958 (01.07.1958) https://www.spiegel.de/politik/die-tablettomanen-a-8f22f165-0002-0001-0000-000041761782 (beides aufgerufen am 01.07.2024).
9 Nils *Kessel*: Doriden von Ciba. Sleeping pills, pharmaceutical marketing, and Thalidomide 1955 – 1963. In: History and Technology 29 (2013) S. 153 – 168. Zahlreiche weitere Nachweise bei Niklas *Lenhard-Schramm*: Das Land Nordrhein-Westfalen und der Contergan-Skandal. Gesundheitsaufsicht und Strafjustiz in den *langen sechziger Jahren*. Göttingen 2016, S. 80 – 83; Nils *Kessel*: Nebenwirkungen der Konsumgesellschaft? Geschichte des Arzneimittelgebrauchs in Westdeutschland, 1950 – 1980. Diss. phil. Freiburg 2015, S. 211 – 226 und passim.
10 Dies wurde bereits zeitgenössisch problematisiert, siehe etwa Robert Jules *Corboz*: Klinische Erfahrungen mit Psychopharmaka im Kindesalter. In: Psychopharmakologie im Kindesalter. Hg. von Jakob *Lutz*. Basel 1965, S. 24 – 39, hier S. 24.
11 Bayer, Arztbrief v. 14.9.1956. Zitiert nach Viola *Balz*: 1953 – Megaphen wird zur Wirkung gebracht. In: Arzneimittel des 20. Jahrhunderts. Historische Skizzen von Lebertran bis Contergan. Hg. von Nicholas *Eschenbruch* u.a. Bielefeld 2009, S. 167 – 198, hier S. 192.
12 Siehe diverse Werbemotive in: Bayer-Archiv Leverkusen (BAL) 465/1; Rundschreiben Nr. 41, in: BAL 367/616.
13 Günther *Resemann*: Zur Therapie von Verhaltensstörungen im Kindesalter. In: Die Medizinische (1959) S. 203 – 204.
14 Bericht Verkaufsbezirk Dortmund, 3.9.1960, LAV NRW R, Gerichte Rep. 139, Nr. 26, Bl. 200.
15 Einen Sonderbereich, der den medizinischen Behandlungen im weitesten Sinne zuzurechnen ist, hier aber nicht eingehender beleuchtet werden kann, stellen Impfungen dar. Siehe dazu *Lenhard-Schramm*, wie Anm. 2, S. 48 – 58. Aufgrund der kürzeren Aufenthaltsdauer ist davon auszugehen, dass Impfungen in Verschickungsheimen keine große Rolle spielten. Siehe auch Anm. 51.
16 Erving *Goffmann*: Asyle. Über die soziale Situation psychiatrischer Patienten und anderer Insassen. Frankfurt am Main[10] 1995.
17 Siehe *Goffmann*, wie Anm. 16, sowie die vorzüglichen Einordnungen bei Franz-Werner *Kersting* und Hans-Walter *Schmuhl*: Psychiatrie- und Gewalterfahrungen von Kindern und Jugendlichen im St. Johannes-Stift in Marsberg (1945 – 1980). Münster 2018, S. 30 – 37.
18 Siehe bspw. *Kersting* und *Schmuhl*, wie Anm. 17, S. 85 – 86; Bernhard *Frings*: Heimerziehung im Essener Franz Sales Haus 1945 – 1970. Strukturen und Alltag in der *Schwachsinnigen-Fürsorge*. Münster 2012, S. 94 – 96.
19 *Lenhard-Schramm*, *Rating* und *Rotzoll*, wie Anm. 2, S. 53 – 61.
20 Karl-Heinz *Leven*: Krankheiten – historische Deutung versus retrospektive Diagnose zur Problematik historischer Diagnosen. In: Medizingeschichte. Aufgaben, Probleme, Perspektiven. Hg. von Norbert *Paul* und Thomas *Schlich*. Frankfurt am Main 1998, S. 153 – 185.

21 Siehe für eine erste Annäherung an das Thema: Recht und Medizin (Wege der Forschung). Hg. von Albin *Eser*. Darmstadt 1990. Barbara *Elkeles*: Der moralische Diskurs über das medizinische Menschenexperiment im 19. Jahrhundert. Stuttgart 1996; Thorsten *Noack*: Eingriffe in das Selbstbestimmungsrecht des Patienten. Juristische Entscheidungen, Politik und ärztliche Positionen 1890–1960. Frankfurt am Main 2004.
22 Dies galt für die *Anwendung jedes einzelnen Heilmittels, seien es innerlich wirkende Medikamente, seien es äußere operative Eingriffe*, siehe das Urteil des Reichsgerichts (RG) v. 31.05.1894 in: RGSt 25 (1894) S. 375–389, hier S. 382.
23 *Eser*, wie Anm. 21, S. 21.
24 RG, Urteil v. 19.05.1931, in: BArch, R 3002/108757. Siehe auch *Noack*, wie Anm. 21, S. 141–144.
25 Art. 2 Abs. 2 GG.
26 BGH, Urteil v. 10.07.1954, in: NJW 1956, S. 1106–1108, Zitat S. 1106.
27 Siehe etwa die Reaktionen verschiedener Mediziner und Juristen in: Medizinische Klinik 50 (1955) S. 168–171, 204–205, 773–774. Siehe auch *Noack*, wie Anm. 21, S. 194–199.
28 Galgen aufgestellt. In: Der Spiegel 50/1961 (05.12.1961). https://www.spiegel.de/politik/galgen-aufgestellt-a-c5a144b6-0002-0001-0000-000043367721 (aufgerufen am 01.07.2024).
29 Herbert *Kleinewefers*: Ärztliche Aufklärungspflicht und Rechtsprechung des Bundesgerichtshofes. In: Fortschritte der Medizin 80 (1962) S. 235–236.
30 Die Rechtsfigur des konkludenten Handelns wurde später diversen Urteilen zugrunde gelegt, siehe zum Beispiel: BGH, Urteil v. 4. 1. 1966, VersR 1966, S. 245–246. Auch strafrechtlich war dieser Grundsatz anerkannt: BGH, Urteil v. 28.6.1963, JZ 1964, S. 231–232.
31 BGH, Urteil v. 10.7.1954, NJW 1956, S. 1106–1108; BGH, Urteil v. 10.02.1959, BGHSt 12 (1959), S. 379–386.
32 BGH, Urteil v. 9.12.1958, BGHZ 29 (1959), S. 46–62, Zitat S. 46.
33 RG, Urteil v. 31.5.1894, RGSt 25 (1894), S. 375–389.
34 OLG Bamberg, Beschluss v. 7.9.1955, VersR 1956, S. 86–87, Zitat S. 86.
35 Karl von *Lilienthal*: Die pflichtmäßige ärztliche Handlung und das Strafrecht. In: Festgabe zur Feier des fünfzigsten Jahrestages der Doktor-Promotion des Geheimen Rates Professor Dr. Ernst Immanuel Bekker. Berlin 1899, S. 1–57, hier S. 54–56.
36 RG, Urteil v. 9.10.1908, in: Das Recht 1908, Sp. 619–620, Nr. 3413. Dazu *Noack*, wie Anm. 21, S. 88.
37 Reichs-Gesundheitsblatt (1931) S. 174–175.
38 Siehe etwa Hellmuth *Kleinsorge*: Umfrage zum Placebo-Problem. In: Die Medizinische (1956) S. 1242.
39 Diverse Nachweise bei *Lenhard-Schramm*, *Rating* und *Rotzoll*, wie Anm. 2, S. 45–48.
40 Max *Kohlhaas*: Medizin und Recht. München 1969, S. 88, 91.
41 Siehe diverse Quellennachweise bei *Lenhard-Schramm*, *Rating* und *Rotzoll*, wie Anm. 2, S. 57–69.
42 *Lenhard-Schramm*, *Rating* und *Rotzoll*, wie Anm. 2, S. 59–60.
43 Siehe diverse Vernehmungsunterlagen der Mediziner in: LAV NRW R, Gerichte Rep. 139, Nr. 342.
44 Hans *Kleinschmidt*: Über die Durchführung von Kindererholungs- und Heilkuren. In: Kinderheime Kinderheilstätten in der Bundesrepublik Deutschland, Österreich und der Schweiz. Hg. von Sepp *Folberth*. Lochham-München [2]1964, S. 25–89.
45 *Kleinschmidt*, wie Anm. 44, S. 28, 37 und öfter; Kurt *Nitsch*: Grundsätze der Kinderverschickung. In: Kinderheime Kinderheilstätten 1964, S. 9–12.
46 *Nitsch*, wie Anm. 45, S. 11. *Kleinschmidt*, wie Anm. 44, S. 37–38, 45.
47 Kleinschmidt, wie Anm. 44, S. 26.
48 *Kleinschmidt*, Wie Anm. 44., S. 46–47, 50.
49 Dies gilt sicherlich nicht nur für ärztliche Untersuchungen und Behandlungen als solche, die sich für Kinder als höchst unangenehm dargestellt haben können (etwa wegen Injektionen), sondern auch zum Beispiel wegen einer Isolierung von infektiösen Kindern (so empfohlen von *Kleinschmidt*, wie Anm. 44, S. 48).
50 *Kleinschmidt*, wie Anm. 44, S. 46.
51 *Kleinschmidt,* Wie Anm. 44, S. 46. Dies galt etwa für Tetanusimpfungen bei verdächtigen Verletzungen, wenn der Impfstatus unbekannt war (S. 39). In solchen Fällen wird man nicht nur eine Befugnis, sondern auch eine Verpflichtung der Ärzte annehmen dürfen, eine Impfung durchzuführen.
52 *Kleinschmidt*, wie Anm. 44, S. 50.
53 *Kleinschmidt*, wie Anm. 44, S. 47.
54 *Kleinschmidt*, wie Anm. 44, S. 72; Kurt *Nitsch* und Kurt *Hartung*: Klimakuren bei Kindern zur Behandlung von Konstitutionsschwächen. Indikation, Planung und Durchführung. Stuttgart 1961, S. 35. Walter Klaus *Meyerhoff*: Medikamentöse Sedierungen bei Kuraufenthalten. In: Therapie der Gegenwart 98 (1959) S. 580–581, hier S. 580.
55 *Kleinschmidt*, wie Anm. 44, S. 45.
56 *Kleinschmidt*, wie Anm. 44, S. 51.
57 Thomas *Gerst*: Catel und die Kinder. Versuche an Menschen – ein Fallbeispiel 1947/48. In: 1999. Zeitschrift für Sozialgeschichte des 20. und 21 Jahrhunderts 15/2 (2000) S. 100–109; Hans-Walter *Schmuhl* und Karsten *Wilke*: Die Landeskinderheilstätte Mammolshöhe und ihr Direktor Werner Catel. Sanatorium, Klinik, Forschungsstätte – Kontinuitäten und Zäsuren, 1927–1954. Kurze Zusammenfassung der wichtigsten Ergebnisse. Online veröffentlicht am 22.4.2024. Siehe ferner *Wagner* und *Wiebel*, wie Anm. 3, S. 25–26. *Röhl*, wie Anm. 3, S. 285.
58 Ingeborg *Schiefer*: Über klinische Erfahrungen mit Contergan bei tuberkulosekranken Kindern. In: Die medizinische Welt (1960) S. 2765–2768.
59 *Schiefer*, wie Anm. 58, S. 2765.
60 *Wagner* und *Wiebel*, wie Anm. 3, S. 23–24, 31.
61 *Schiefer*, wie Anm. 58, S. 2768.
62 *Meyerhoff*, wie Anm. 54, S. 580–581; August-Heinrich *Kunstmann*: Erfahrungen mit Contergan in der Kinderheilkunde. In: Therapie der Gegenwart 99 (1960) S. 106–109. Andreas *Rett*: Zur Therapie vegetativer Erregungszustände im Kindesalter. In: Monatsschrift für Kinderheilkunde 109 (1961) S. 335–338. Siehe diverse Unterlagen auch in: LAV NRW R, Gerichte Rep. 139, Nr. 8–9.

63 In der zeitgenössischen Fachliteratur erschienen diverse Arbeiten mit der Aussage, dass Contergan unschädlich, ungiftig und harmlos sei, man sich selbst mit 140 auf einen Schlag eingenommenen Tabletten keinen ernsthaften Schaden zufügen könne und auch ein Dauerkonsum unbedenklich sei; siehe: Günter *Neuhaus* und Karla *Ibe*: Klinische Beobachtungen über einen Suicidversuch mit 144 Tabletten Contergan-forte (N-Phthalyl-glutaminsäureimid). In: Medizinische Klinik 55 (1960), S. 544 – 545. *Kunstmann*, wie Anm. 62. Demgegenüber sind heute zahlreiche schwere Nebenwirkungen von Aspirin (Acetylsalicylsäure) bekannt. 20 Tabletten können zu einer lebensgefährlichen Vergiftung führen. Dazu Beneficial and Toxic Effects of Aspirin. Hg. von Susan E. *Feinman*. Boca Raton 1993.

64 *Röhl*, wie Anm. 3, S. 281. *Gilhaus*, wie Anm. 3, S. 155. Siehe auch das Gutachten eines Kinder- und Jugendarztes für die Landesärztekammer Baden-Württemberg über medizinische Versuche des Mediziners Hans Kleinschmidt, 17. 4. 2023. Es wurde auf Anfrage des Vereins Aufarbeitung Kinderverschickungen Baden-Württemberg (AKVBW e.V.) verfasst und auf der inzwischen abgeschalteten Website des Vereins veröffentlicht. Das Gutachten liegt dem Landesarchiv Baden-Württemberg vor, ist aber historisch sehr ungenau, da es zum Beispiel für die Versuche nach einem Zulassungsstatus des jeweiligen Medikaments fragt, obwohl es zeitgenössisch keine Zulassung gab.

65 Hans *Kleinschmidt*: Versuche zur Unterscheidung der Wirkung von Sole und NaCl-Lösung. In: Zeitschrift für Bäder- und Klimaheilkunde 8 (1961), S. 304 – 308; Hans *Kleinschmidt*: Über die Wirkung von rotem Kurtraubensaft und Eisen auf die hypochrome Anämie im Kindesalter. In: Medizin und Ernährung 8 (1967), S. 34 – 35.

66 Hans *Kleinschmidt*: Versuche mit ABOB zur Prophylaxe und Therapie bei Masern und Varizellen. In: Münchener medizinische Wochenschrift 104 (1962), S. 2294 – 2296.

67 Staatsarchiv Ludwigsburg, E 180 a II Bü 433.

Archivierung und Forschung

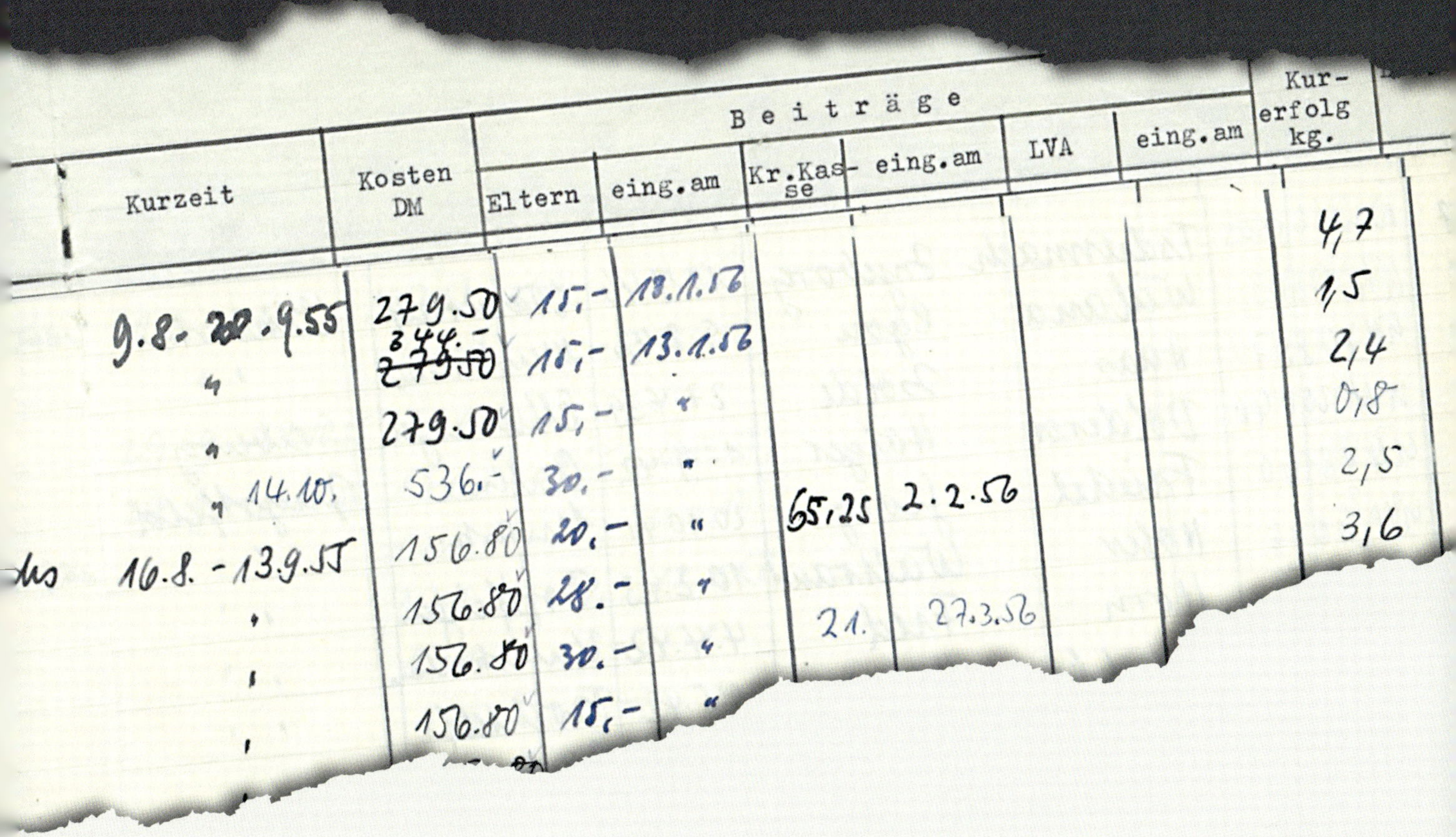

Kurzeit	Kosten DM	Beiträge: Eltern	eing.am	Kr.Kasse	eing.am	LVA	eing.am	Kurerfolg kg.
9.8.-20.9.55	279.50	15,-	18.1.56					4,7
"	344.- ~~279.50~~	15,-	13.1.56					1,5
"	279.50	15,-	"					2,4
" 14.10.	536.-	30,-	"	65,25	2.2.56			0,8
16.8.-13.9.55	156.80	20,-	"					2,5
"	156.80	28,-	"	21.	27.3.56			3,6
"	156.80	30,-	"					
"	156.80	15,-	"					

Aspekte der Überlieferungsbildung in Kommunalarchiven zum Thema Kinderverschickung

Wolfram Berner

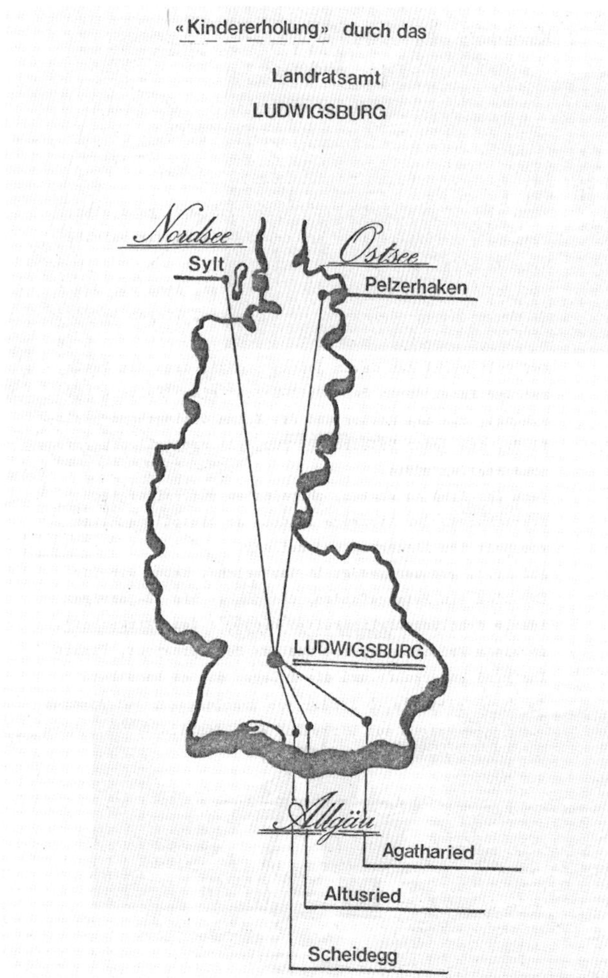

1 Werbefaltblatt für die Kinderkurangebote des Landratsamtes Ludwigsburg aus den 1970er Jahren. Vorlage: Kreisarchiv Ludwigsburg, 423.41.

Bevor es möglich wird, zu einem bestimmtem Themenkomplex in Archiven zu suchen, müssen die entsprechenden Unterlagen zunächst ihren Weg ins zuständige Archiv finden. Dies wiederum ist nicht selbstverständlich und setzt oft intensive Recherchen seitens der zuständigen Archive und deren Mitarbeitenden voraus. Themen wie die Kinderverschickung, im amtlichen Gebrauch als Kindererholung bezeichnet, scheinen in Kommunalarchiven auf den ersten Blick nicht unmittelbar recherchierbar zu sein. Dennoch stiegen die Anfragen in den Kommunalarchiven im Zuge der Projekte des Landesarchivs Baden-Württemberg zur Heimerziehung und Kinderverschickung spätestens seit 2019 stark an. Der Fokus lag dabei auf möglichen Altbeständen[1] in hiesigen Archiven und Registraturen. So war es auch bei den aktenbildenden Landratsämtern in Baden-Württemberg mit Ihren Dezernaten, Fachbereichen und Geschäftsteilen im Bereich der Jugendfürsorge und anderen Dienststellen.[2] Wo aber könnten sich diese Akten befinden? Eine Durchsicht des Behördenorganigramms sollte eine mögliche Zuschreibung des Entstehungsortes der zu überliefernden Altakten liefern. Parallel müssen aber auch Aktenpläne konsultiert werden. Hinweise von langjährigen Mitarbeiterinnen und Mitarbeitern aus den zuständigen Fachbereichen, welche mitunter auch die Behördenstruktur zur Zeit der Aktenbildung kennen, sind für die Suche nach relevanten Unterlagen unabdingbar.

An dieser Stelle sei schon vorangestellt, dass man bei aller Akribie der Recherche nach Altakten in den Registraturen zur dauerhaften Übernahme ins Archiv vor Rückschlägen und Enttäuschungen nicht geschützt ist. Nach Ende der gesetzlichen Aufbewahrungsfristen muss teils mit Totalverlusten in den einschlägigen Aktengruppen gerechnet werden. Umso erfreulicher ist jeder Fund, sei er noch so zufällig, vor allem weil hierdurch den Betroffenen und weiteren Einsichtsberechtigten authentische Quellen zu Ihrem Schicksal bereitgestellt werden können.

Ausgewählte Aktentypen in Kommunalarchiven

Die ehemaligen Verschickungskinder suchen in den Kreisarchiven Dokumente zu den Kinderkurheimen im eigenen Landkreis, aber auch zu den Heimen, in welche sie verschickt wurden. Diese Quellen sollten auffindbar sein und dann auch den Betroffenen zur Verfügung gestellt werden. Die Recherchen hierzu bestätigten den Eindruck, dass es kaum personenbezogene Unterlagen gibt, jedoch viele andere Archivalien wie Aufsichtsakten, Bauakten, Prospekte, Elternbriefe und vieles mehr sowohl in Kommunalarchiven als auch im Landesarchiv überliefert sind. Sie können für Forschungen verschiedener Wissenschaftsbereiche eine Quellenbasis bereitstellen.[3] Zwar hat die deutsche Archivwelt in den letzten Jahrzehnten im Bereich des Gesundheitswesens auch über die Akten aus dem Themenfeld der Kinderverschickung gesprochen. Zugleich wurde das Thema in fachinternen Diskussionen nur randständig behandelt.

Welchen Unterlagen daher dauerhafter Wert und somit Archivwürdigkeit zugesprochen werden sollte und damit ihre permanente Verwahrung in einem Archiv mit allen damit anfallenden Kosten rechtfertigt, ist bislang nur in Teilen fachlich abgestimmt.[4]

2 Ansicht des Kindererholungsheims auf Sylt. Vorlage: Kreisarchiv Ludwigsburg, 423.41.

Überlieferungsbildung im Kreisarchiv – ein Praxisbericht

Als staatliche Verwaltungsbehörden sind Landratsämter in Baden-Württemberg unter anderem für die Jugendhilfe zuständig. Der Kreistag entscheidet als kommunale Volksvertretung über alle grundlegenden Angelegenheiten des Landkreises und kann Grundsätze für die Verwaltung des Landkreises festlegen. Diese Grundsätze werden durch Beschlüsse in der Quellengattung der *Protokollbände* der politischen Kreisgremien schriftlich dokumentiert. Einer dieser Tagesordnungspunkte des Sozial- und Jugendausschusses beinhaltete demnach auch die Gesundheitsvorsorge von Kindern- und Jugendlichen durch Kinderkuren. Im Landkreis Ludwigsburg beschloss der Kreissozialausschuss in seiner vierten Sitzung am 21. Oktober 1966 die *Richtlinien für die Gewährung vorbeugender Gesundheitshilfe nach § 36 des Bundessozialhilfegesetz (BSHG) und die Heranziehung der Eltern zu den Kosten der Erholungsmaßnahmen für Kinder und Jugendliche*. Im selben Tagesordnungspunkt wird zudem von *Schwierigkeiten* in einem Kinderheim in List auf Sylt sowie von *Aussprachen mit Eltern* betroffener Kinder berichtet.

Die Beilagen zu den einzelnen Tagesordnungspunkten finden sich am Ende des jeweiligen Protokollbandes. Die Einsichtnah-

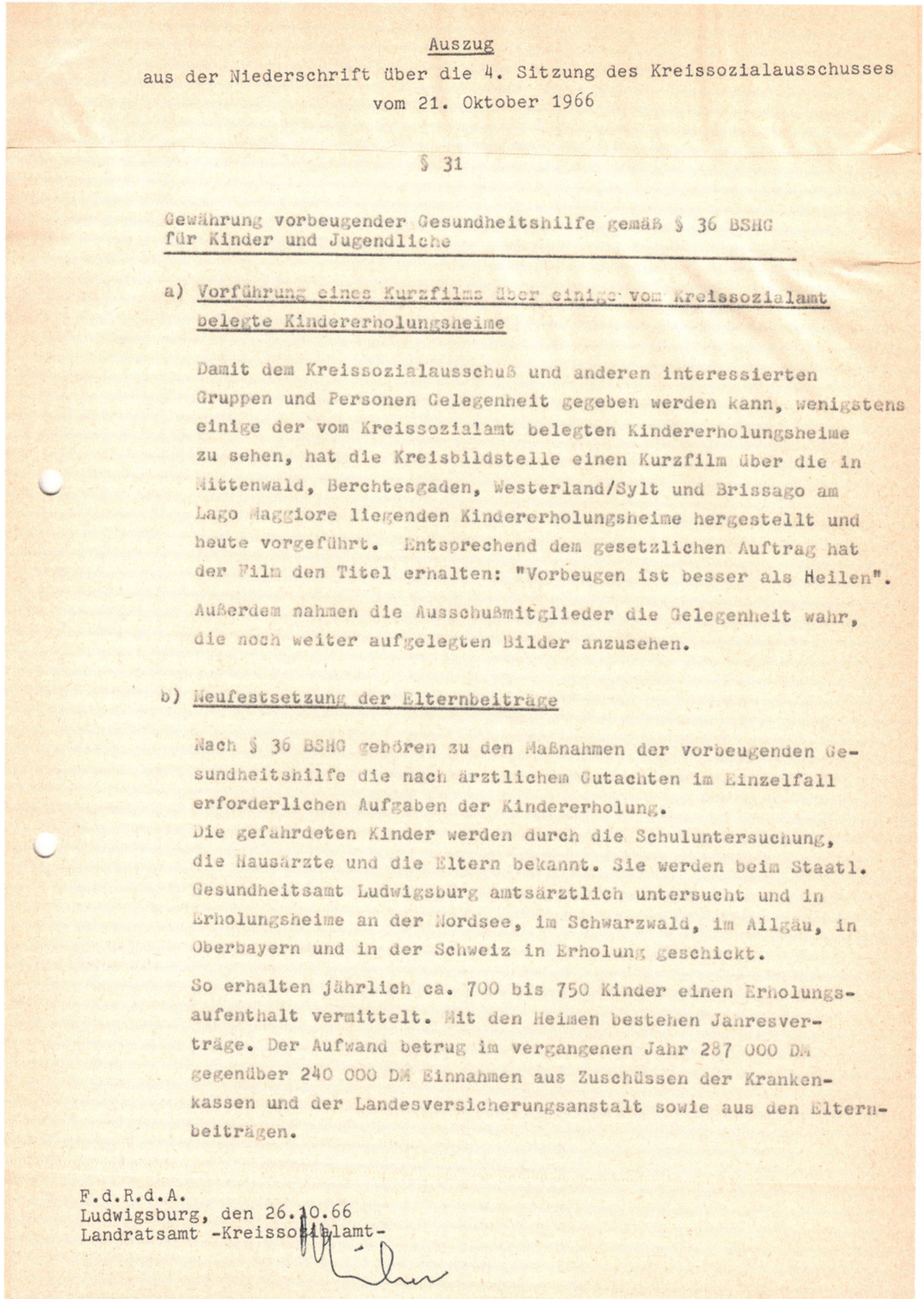

Auszug
aus der Niederschrift über die 4. Sitzung des Kreissozialausschusses
vom 21. Oktober 1966

§ 31

Gewährung vorbeugender Gesundheitshilfe gemäß § 36 BSHG
für Kinder und Jugendliche

a) Vorführung eines Kurzfilms über einige vom Kreissozialamt belegte Kindererholungsheime

Damit dem Kreissozialausschuß und anderen interessierten Gruppen und Personen Gelegenheit gegeben werden kann, wenigstens einige der vom Kreissozialamt belegten Kindererholungsheime zu sehen, hat die Kreisbildstelle einen Kurzfilm über die in Mittenwald, Berchtesgaden, Westerland/Sylt und Brissago am Lago Maggiore liegenden Kindererholungsheime hergestellt und heute vorgeführt. Entsprechend dem gesetzlichen Auftrag hat der Film den Titel erhalten: "Vorbeugen ist besser als Heilen".

Außerdem nahmen die Ausschußmitglieder die Gelegenheit wahr, die noch weiter aufgelegten Bilder anzusehen.

b) Neufestsetzung der Elternbeiträge

Nach § 36 BSHG gehören zu den Maßnahmen der vorbeugenden Gesundheitshilfe die nach ärztlichem Gutachten im Einzelfall erforderlichen Aufgaben der Kindererholung.
Die gefährdeten Kinder werden durch die Schuluntersuchung, die Hausärzte und die Eltern bekannt. Sie werden beim Staatl. Gesundheitsamt Ludwigsburg amtsärztlich untersucht und in Erholungsheime an der Nordsee, im Schwarzwald, im Allgäu, in Oberbayern und in der Schweiz in Erholung geschickt.

So erhalten jährlich ca. 700 bis 750 Kinder einen Erholungsaufenthalt vermittelt. Mit den Heimen bestehen Jahresverträge. Der Aufwand betrug im vergangenen Jahr 287 000 DM gegenüber 240 000 DM Einnahmen aus Zuschüssen der Krankenkassen und der Landesversicherungsanstalt sowie aus den Elternbeiträgen.

F.d.R.d.A.
Ludwigsburg, den 26.10.66
Landratsamt -Kreissozialamt-

3 Auszug aus dem Protokollband des Kreissozialausschusses Ludwigsburg vom 21. Oktober 1966. Vorlage: Kreisarchiv Ludwigsburg, Sozialausschuss Band 1966.

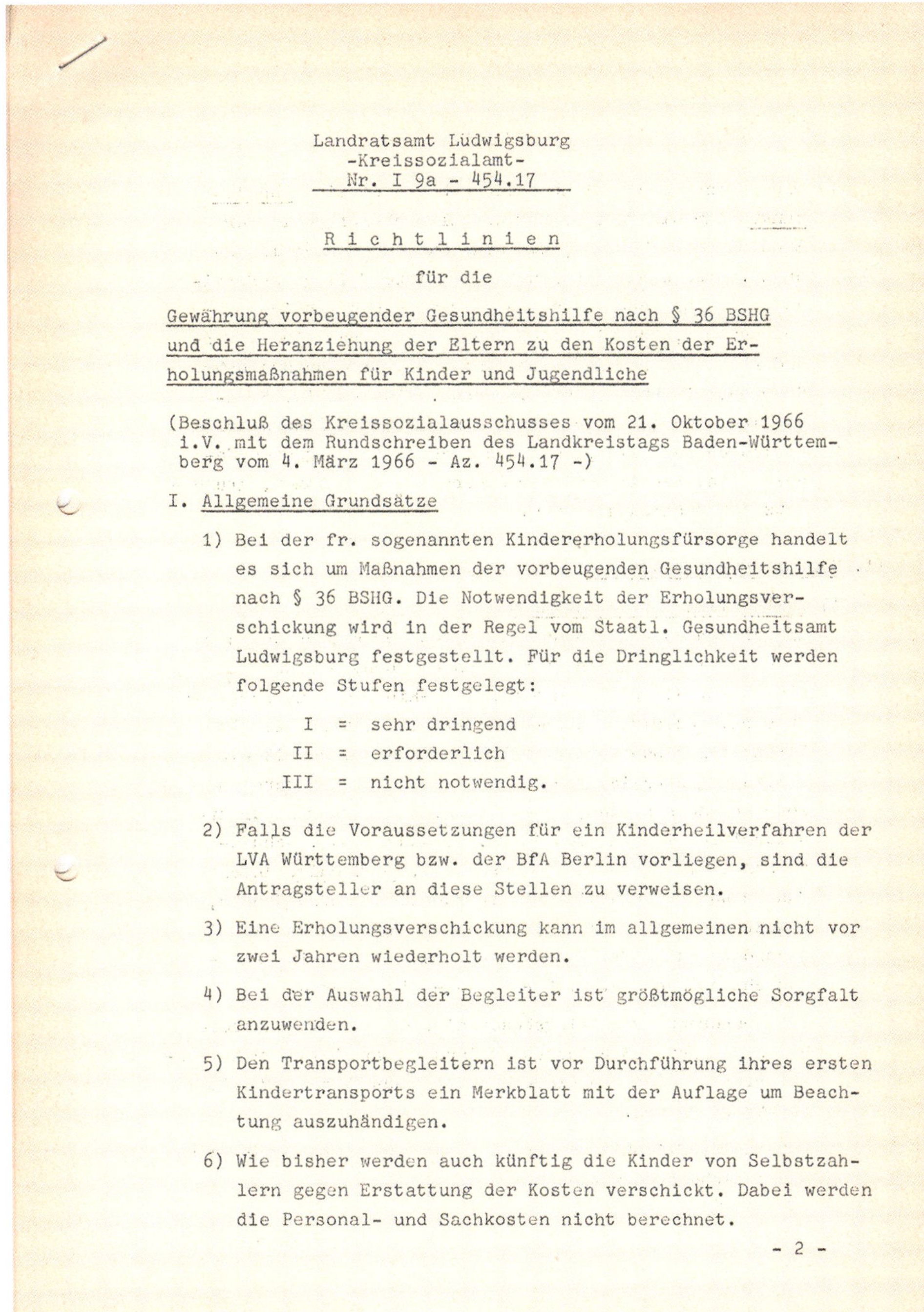

Landratsamt Ludwigsburg
-Kreissozialamt-
Nr. I 9a - 454.17

R i c h t l i n i e n

für die

Gewährung vorbeugender Gesundheitshilfe nach § 36 BSHG und die Heranziehung der Eltern zu den Kosten der Erholungsmaßnahmen für Kinder und Jugendliche

(Beschluß des Kreissozialausschusses vom 21. Oktober 1966 i.V. mit dem Rundschreiben des Landkreistags Baden-Württemberg vom 4. März 1966 - Az. 454.17 -)

I. Allgemeine Grundsätze

1) Bei der fr. sogenannten Kindererholungsfürsorge handelt es sich um Maßnahmen der vorbeugenden Gesundheitshilfe nach § 36 BSHG. Die Notwendigkeit der Erholungsverschickung wird in der Regel vom Staatl. Gesundheitsamt Ludwigsburg festgestellt. Für die Dringlichkeit werden folgende Stufen festgelegt:

I = sehr dringend
II = erforderlich
III = nicht notwendig.

2) Falls die Voraussetzungen für ein Kinderheilverfahren der LVA Württemberg bzw. der BfA Berlin vorliegen, sind die Antragsteller an diese Stellen zu verweisen.

3) Eine Erholungsverschickung kann im allgemeinen nicht vor zwei Jahren wiederholt werden.

4) Bei der Auswahl der Begleiter ist größtmögliche Sorgfalt anzuwenden.

5) Den Transportbegleitern ist vor Durchführung ihres ersten Kindertransports ein Merkblatt mit der Auflage um Beachtung auszuhändigen.

6) Wie bisher werden auch künftig die Kinder von Selbstzahlern gegen Erstattung der Kosten verschickt. Dabei werden die Personal- und Sachkosten nicht berechnet.

- 2 -

4 Auszug aus den Richtlinien, die als Beilage Teil des Tagesordnungspunkts vom 21. Oktober 1966 sind. Vorlage: Kreisarchiv Ludwigsburg, Sozialausschuss Band 1966.

me in die Protokollbände ist unter Berücksichtigung der Veröffentlichungsform im öffentlichen oder nichtöffentlichen Sitzungsteil möglich. Die Sitzungen des Kreistags und der Ausschüsse sind öffentlich. In der Geschäftsordnung des Kreistags und seiner Ausschüsse wird geregelt, welche Tagesordnungspunkte nichtöffentlich behandelt werden sollen. Nichtöffentlich darf nur verhandelt werden, wenn es das öffentliche Wohl oder berechtigte Interessen einzelner erfordern. Auf Grundlage des Landesarchivgesetzes in Verbindung mit der jeweiligen Archivbenutzungsordnung des aktenverwahrenden Kommunalarchivs ist von einer Auswertung der öffentlichen Sitzungsteile von Protokollbänden nebst Beilagen auszugehen.

Aus diesen Bänden lassen sich in diesem konkreten Fall schon erste Rückschlüsse auf mögliche Verfehlungen des Personals in den Kinderkurheimen ableiten. Beilagen zu den amtlichen Protokollen, wie die oben genannten Richtlinien, finden sich im Anhang im selben Protokollband. Jedoch sind hierin nicht jene Schriftdokumente zu finden, die zu dieser Entscheidung des politischen Gremiums geführt haben. Hierzu gilt es den kommunalen *Aktenplan für Gemeinden, Städte und Landkreise in Baden-Württemberg*, herausgegeben vom Gemeindetag und Landkreistag Baden-Württemberg aus dem Jahr 1981, umgangssprachlich auch als *Aktenplan81* bezeichnet, auf einschlägige Aktenplanstellen hin zu konsultieren. In der *Aktenhauptgruppe 4, Soziale Sicherung*, sind unter der *Aktenuntergruppe 423* die Leistungen der Sozialhilfe abgelegt. Die *Gesundheits- und Krankenhilfen*, unter denen beispielsweise *Erholungsmaßnahmen* geführt werden, wurden im Landratsamt Ludwigsburg unter der *Aktensachgruppe 423.4* abgelegt. Allgemeine Sachakten, die zum Entstehen des Zuschussprozesses der Kinderkuren führten, lassen sich einer weiteren Ebene unter der *Aktensachgruppe*, in der *Aktenstelle 423.41*, ermitteln. Innerhalb der Aktenstelle finden sich chronologisch nach einzelnen Aktenbetreffen, wie beispielsweise Werbeprospekte der Einrichtungen, Kurpläne, Presseberichte, Statistiken, Reisekosten und Transportbegleiter sowie die Korrespondenz mit dem zuständigen staatlichen Gesundheitsamt, gegliedert Dokumente, welche die Grundlage für die Beteiligung des lokalen Jugendamtes an der Kinderverschickung bilden. Hinweise auf Einzelschicksale finden hier nur bedingt ihren Niederschlag. Manchmal lassen sich hier beispielsweise Beschwerdeschreiben von betroffenen Familien sowie Korrespondenzen zu Missständen in einzelnen Kurheimen finden. Die negativen Rückmeldungen an das Jugendamt dürften aber in der Zeit ab 1966 überschaubar gewesen sein. Ein anderer Aktentypus unter der gleichen Aktenstelle könnte hier, sofern vorhanden, weitere Detailinformationen liefern. Aufgrund der sehr flachen Gliederung, also der Zusammenfassung zahlreicher Themen unter einem Aktentitel und den dann wiederum sehr allgemein gehaltenen Aktentiteln lässt sich der Inhalt der Unterlagen nicht bewerten, ohne die Akten einzeln gesichtet zu haben. Eine Aktenautopsie ist daher erforderlich.

4	Soziale Sicherung	Aktenhauptgruppe
423	Leistungen der Sozialhilfe	Aktenuntergruppe
423.4	Gesundheits- und Krankenhilfen	Aktensachgruppe
423.41	Kindererholung	Aktenstelle

Aktenplanauszug mit der Aktenstelle des Themenbereichs Kindererholung im Landratsamt Ludwigsburg.

Diese Ausführungen zeigen, dass eine genaue Kenntnis der kommunalen Verwaltung notwendig ist, um die Akten zum Thema überhaupt zu finden und dann wiederum im Archiv auffindbar zu machen.[5]

423.41 Kindererholung – scheinbar unbedeutender Aktentypus mit aufschlussreichem Inhalt

423.41 Kindererholung, so lautet der unspektakuläre Aktentitel, der auf den ersten Blick kaum Rückschlüsse über die möglichen Inhalte freigibt. Der Bestand ist chronologisch von 1976 bis 1989 gegliedert und scheint in sich nicht abgeschlossen zu sein. Vermutlich handelt es sich hierbei um einen möglichen Restbestand einer schon früher eingesetzten Aktenbildung. Vorgängerakten konnten jedoch weder in den archivischen Altbeständen des Landratsamtes, welche im Staatsarchiv Ludwigsburg die Bestände StAL FL 20/12 I–III bilden, noch in der aktiven Sozialregistratur der Kreisverwaltung ermittelt werden. Dass eine Kassation, also Vernichtung, möglicher Vorgängerakten plausibel ist, verdeutlicht ein erster kursorischer Blick in die Beschaffenheit der Akten. Scheinbar sollten in diesen Akten die Zuschüsse der Kinderkuren durch das Jugendamt des Landratsamtes dokumentiert werden. Dem Anschein nach massenhaft gleichförmigen *Ab- bzw. Schlussrechnungsakten* ähnelnd, sollte dieser Bestand bei der Bewertung für die dauerhafte Archivwürdigkeit keine wesentliche Rolle spielen. Da die Aufbewahrungsfristen längst ausgelaufen sind, hätten diese Akten der Kassation zugeführt werden können. Die stichprobenhafte einzelblattbasierende Aktenautopsie durch das Kreisarchiv ergab aber ein anderes Bild: zwischen den Abrechnungsdokumenten, mit welchen vor allem die Bezuschussung der An- und Abreise[6] nachgewiesen wurde, fanden sich zwischen entwerteten Bundesbahn-Fahrkarten und Abrechnungssummen auf Endlospapier für Nadeldrucker auch Teilnehmerlisten der Kinder sowie andere personenbezogene Einzeldokumente. Abrechnungsdokumente der Transportbegleiterinnen und -begleiter lassen diese Mitarbeitenden hierin erstmals *sichtbar* werden. Eine Zuordnung, welche Mitarbeitenden die Kinder während der Bahnfahrt in die Kinderkur betreut haben, ist dadurch möglich. Die Vorgänge lassen sich an dieser Stelle erstmals mit Namen aus dem Behördenteil verbinden und können für die Rekonstruktion einzelner Vorgänge einen hohen Wert haben. Dieser Fund zeigt erneut, dass relevante Akten auch von Archivarinnen und Archivaren zum Teil mühsam in den aktenführenden Stellen ermittelt werden müssen.

Als große Besonderheit dieses Bestandes lässt sich eine weitere Dokumentenart finden, die man an dieser Stelle so nicht erwarten würde. Unter die Abrechnungsdokumente wurden sogenannte Anamnesebögen einzelner Kinder eingefügt, welche vom ärztlichen Personal in den Kinderkurheimen vor Ort nach Ankunft angelegt wurden. Der meist einblättrige Bogen hat im unteren Bereich der Rückseite häufig einen Abschlussvermerk kurz vor Ende des Kuraufenthaltes. Hierin sollte als Erfolg für den Aufenthalt der physisch und/oder psychisch verbesserte Zustand des jeweiligen Kindes schriftlich bestätigt werden. Dass es sich hierbei um die subjektive Wahrnehmung eines Mitarbeitenden der Einrichtung handelt, ist bei der inhaltlichen Bewertung zu beachten. Allein dieser personenbezogene medizinische Meldebogen macht diesen Aktenbestand so wertvoll und damit auf jeden Fall archivwürdig für die Überlieferungsbildung zum Thema Kinderverschickung.

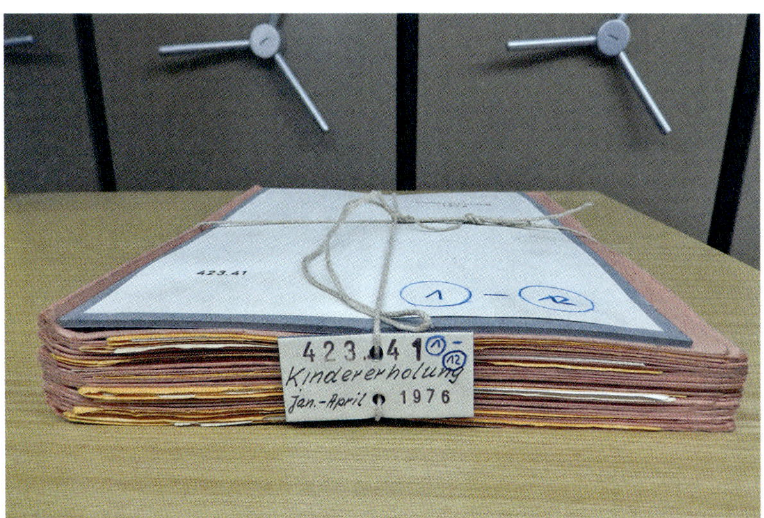

5 Aktenbüschel mit dem unscheinbaren Aktentitel *Kindererholung*. Vorlage: Kreisarchiv Ludwigsburg, 423.41.

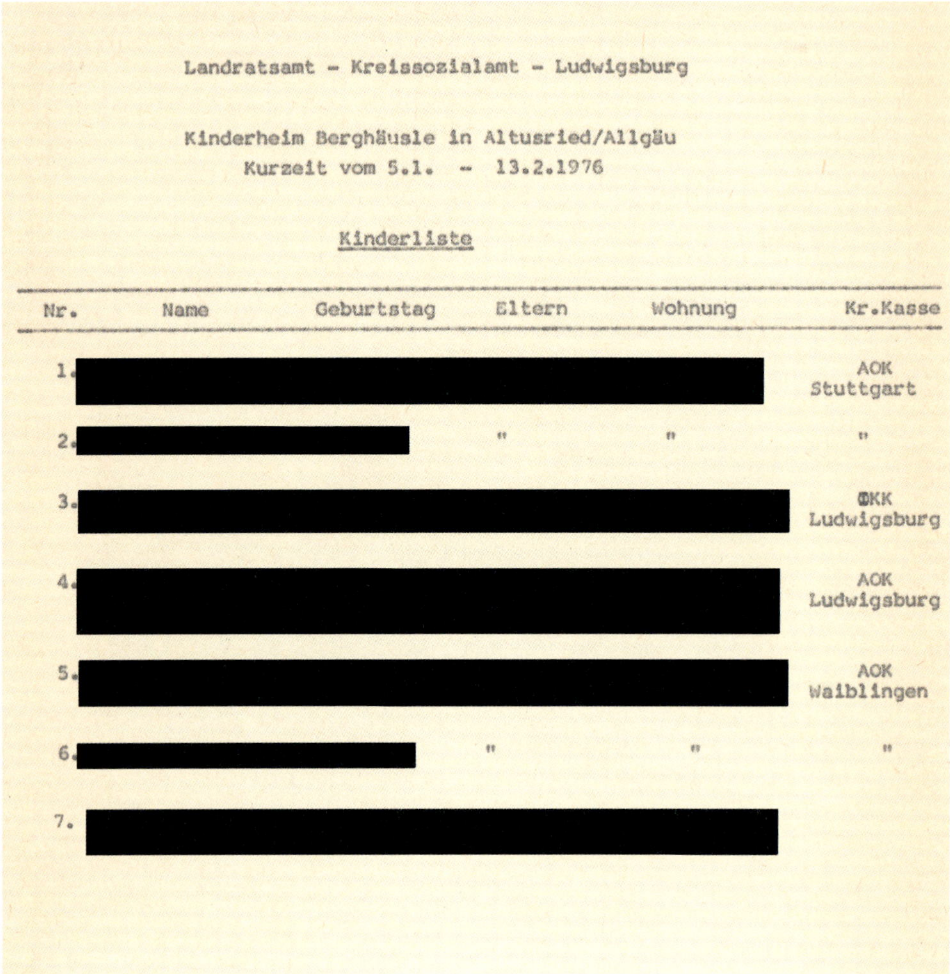

Landratsamt - Kreissozialamt - Ludwigsburg

Kinderheim Berghäusle in Altusried/Allgäu
Kurzeit vom 5.1. - 13.2.1976

Kinderliste

Nr.	Name	Geburtstag	Eltern	Wohnung	Kr.Kasse
1.					AOK Stuttgart
2.			"	"	"
3.					BKK Ludwigsburg
4.					AOK Ludwigsburg
5.					AOK Waiblingen
6.			"	"	"
7.					

6 Teilnehmerliste der Kindererholung im Kurheim Berghäusle in Altusried im Allgäu im Jahr 1976. Vorlage: Kreisarchiv Ludwigsburg, 423.41.

Bei einer rein oberflächlichen Betrachtung oder gar einer Bewertung nur anhand einer Ablieferungsliste wäre diese Quelle mit ihrem hohen Evidenzwert, also großer Aussagekraft, sehr wahrscheinlich verloren gegangen. Auch hier zeigt sich aber das Dilemma der Archivarinnen und Archivare, dass solche genauen Analysen in vielen Fällen aus Zeitgründen gar nicht geleistet werden können.

Weitere Quellengattungen zur möglichen Überlieferungsbildung

Neben den bereits genannten Protokollen politischer Gremien und den vermeintlich reinen Abrechnungsdokumenten des Jugendamtes gibt es weitere Archivalientypen, welche den Themenkomplex Kinderverschickung sichtbar werden lassen. Mögliche Aufsichtsakten des jeweiligen Kreisgesundheitsamtes könnten hier eine weitere Quelle sein. Im Einzelfall gilt es dann die Kommune und den Landkreis zu ermitteln, in welchem sich das gesuchte Kinderkurheim befand. Statt eines Kreisgesundheitsamtes kann dieser Aktentyp aber

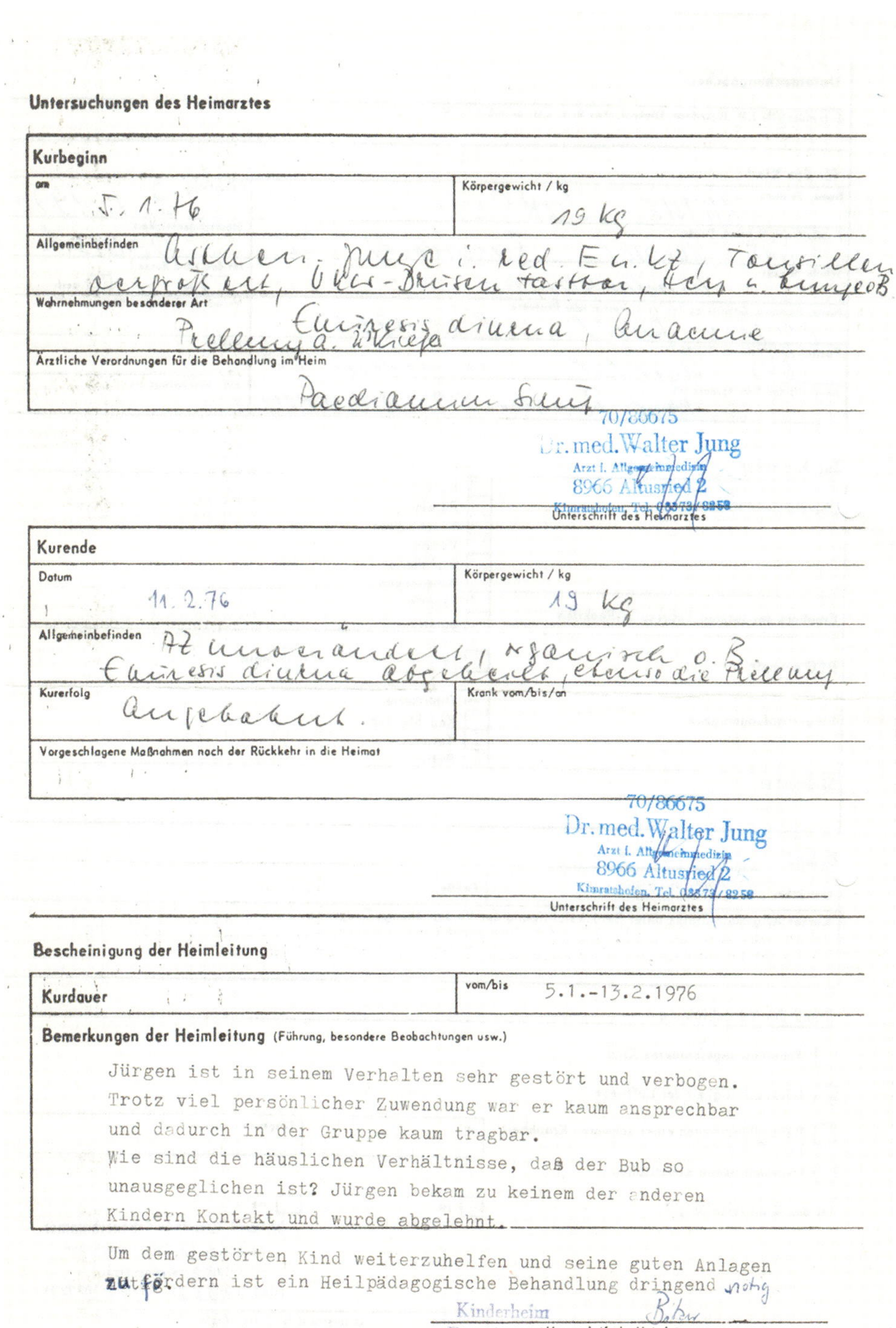

Untersuchungen des Heimarztes

Kurbeginn

am 5. 1. 76 — Körpergewicht / kg 19 kg

Allgemeinbefinden

Wahrnehmungen besonderer Art

Ärztliche Verordnungen für die Behandlung im Heim

70/86675
Dr. med. Walter Jung
Arzt f. Allgemeinmedizin
8966 Altusried 2
Unterschrift des Heimarztes

Kurende

Datum 11. 2. 76 — Körpergewicht / kg 19 kg

Allgemeinbefinden

Kurerfolg — Krank vom/bis/an

Vorgeschlagene Maßnahmen nach der Rückkehr in die Heimat

70/86675
Dr. med. Walter Jung
Arzt f. Allgemeinmedizin
8966 Altusried 2
Unterschrift des Heimarztes

Bescheinigung der Heimleitung

Kurdauer — vom/bis 5.1.-13.2.1976

Bemerkungen der Heimleitung (Führung, besondere Beobachtungen usw.)

Jürgen ist in seinem Verhalten sehr gestört und verbogen. Trotz viel persönlicher Zuwendung war er kaum ansprechbar und dadurch in der Gruppe kaum tragbar.
Wie sind die häuslichen Verhältnisse, daß der Bub so unausgeglichen ist? Jürgen bekam zu keinem der anderen Kindern Kontakt und wurde abgelehnt.

Um dem gestörten Kind weiterzuhelfen und seine guten Anlagen zu fördern ist ein Heilpädagogische Behandlung dringend nötig

Kinderheim

7 Ausschnitt aus einem Anamnesebogen, der den Abrechnungsdokumenten beiliegt. Vorlage: Kreisarchiv Ludwigsburg, 423.41.

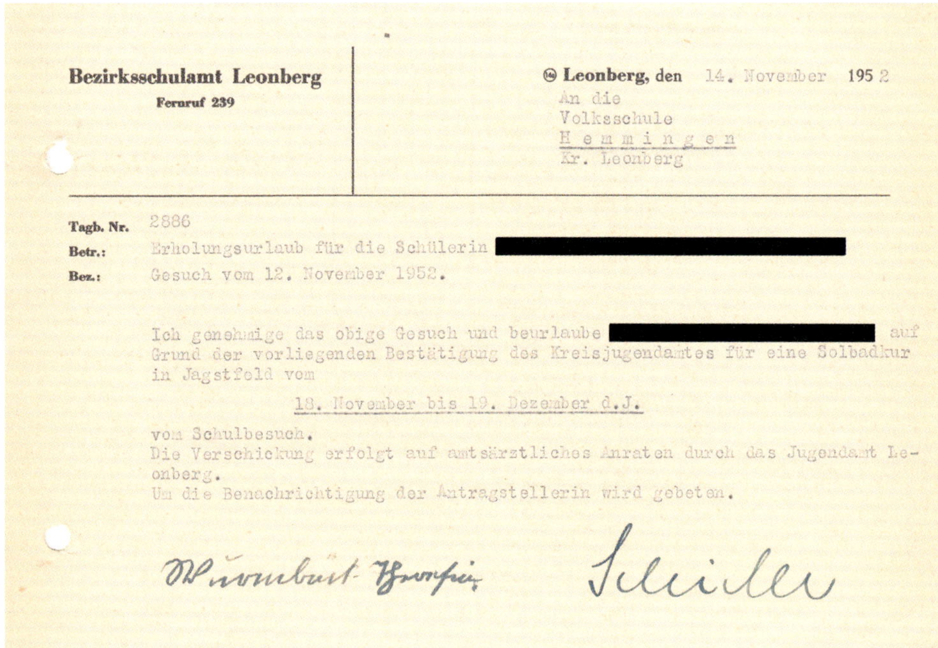

Bezirksschulamt Leonberg
Fernruf 239

Leonberg, den 14. November 1952

An die
Volksschule
Hemmingen
Kr. Leonberg

Tagb. Nr. 2886
Betr.: Erholungsurlaub für die Schülerin [geschwärzt]
Bez.: Gesuch vom 12. November 1952.

Ich genehmige das obige Gesuch und beurlaube [geschwärzt] auf Grund der vorliegenden Bestätigung des Kreisjugendamtes für eine Solbadkur in Jagstfeld vom

18. November bis 19. Dezember d.J.

vom Schulbesuch.
Die Verschickung erfolgt auf amtsärztliches Anraten durch das Jugendamt Leonberg.
Um die Benachrichtigung der Antragstellerin wird gebeten.

8 Grundschulbefreiung für eine Kinderkur im Jahr 1952. Vorlage: Kreisarchiv Ludwigsburg.

auch im staatlichen Gesundheitsamt entstanden und verwahrt worden sein. Statt eines Kreisarchivs wäre die Recherche dann in einem Staatsarchiv zu absolvieren.

Auch Bauakten weisen einen bestimmten Quellenwert für dieses Forschungsfeld auf. Hinweise auf den Bauträger, Eigentümer und Betreiber der Einrichtung sowie Verantwortungsträger lassen sich in Bauakten neben dem Planungs- und Entstehungshorizont des jeweiligen Gebäudekomplexes herausarbeiten. Das Baurechtsamt kann dabei entweder bei der Kommune selbst oder dem Landkreis angesiedelt sein. Bauakten werden während der Zeit des Bestehens eines Gebäudes als Registraturgut verwahrt und sind nur in besonderen Fällen schon vor dem Abriss in Archiven eingelagert. Eine Dokumentation von Einzelschicksalen ist in Bauakten aber nicht zu erwarten.

Da die Kuraufenthalte meist außerhalb der regulären Ferienzeiten stattfanden und medizinisch verordnet waren, musste die Schule über diesen Vorgang unterrichtet werden. So ist es kaum verwunderlich, dass Korrespondenzen mit den örtlichen Schulen auch Aufschluss über Kinderverschickungen geben können. Die Schulbefreiung für den Zeitraum des Kuraufenthalts kann sich daher in den Altregistraturen der jeweiligen Schule erhalten haben. In Einzelfällen können Schulakten nach Delegation durch das Landesarchiv auch in Kommunalarchiven zu finden sein. Für den Kreis Ludwigsburg liegt hierfür aktuell auch eine heterogene Überlieferungsbildung vor, es bedarf eines noch auszuarbeitenden Konzepts, bevor eine kontrollierte Übernahme von Schulakten durch das jeweils zuständige Archiv in die Wege geleitet werden kann.

Nutzung der Archivalien – eine Rückmeldung aus der Forschung

Seit 2020 wurden über das Jugendamt Einzelfallanfragen von Betroffenen an das Kreisarchiv Ludwigsburg gestellt. In einem Fall konnte für den Anfragenden der personenbezogene Nachweis seiner Teilnahme an einer Kinderverschickung erbracht werden. Andere Anfragen mussten aufgrund nicht vorhandener Akten aus dem Anfragezeitraum vor 1976 und nach 1989 negativ beschieden werden. Eine wissenschaftliche Auswertung der vorhandenen Überlieferung für Sozialverbände sollte folgen.

Dr. Gudrun Silberzahn-Jandt, freiberufliche Kulturwissenschaftlerin aus Esslingen am Neckar, wurde vom Caritasverband der Diözese Rottenburg-Stuttgart e.V. und dem Diakonischen Werk der evangelischen Kirche in Württemberg e. V. damit beauftragt, zum Themenkomplex der Verschickungskinder in den Jahren 1950–1990 die möglichen Bestände und Archivalien in staatlichen und kommunalen Archiven zu sichten. Im Mai 2022 fand eine Nutzung der benannten Archivalien im Kreisarchiv Ludwigsburg statt. Anhand dieser und weiterer Einsichtnahmen in Archivalien- und Altregistraturakten in verschiedenen Institutionen kommt Dr. Gudrun Silberzahn-Jandt zur folgenden Momentaufnahme: *In Kreis- und Kommunalarchiven können Überlieferungen zum Themenkomplex der Erholungsheime und Verschickung von Kindern vorliegen, wenn es um finanzielle Förderung der Maßnahme durch die Sozial- oder Jugendämter geht oder diese Ämter als Mitorganisatoren auftraten. Diese Quellen führen manchmal auch die Kinder namentlich und mit Diagnose auf, enthalten Untersuchungsscheine und aus wenigen Worten bestehende Bemerkungen zum Verlauf der Kur. Auch Beschwerden können sich in solchen Quellen finden, insbesondere, wenn die Kommune auch als Mitverantwortliche des Heimes oder gar als Träger fungierte, wie bei der Stadt Stuttgart in den frühen 1950er Jahren. Es ist zu hoffen, dass manche Archivalien noch abgeliefert werden oder neu für dieses Thema genutzt werden können.*[7]

Die Frage nach der Rolle des Jugendamtes als einzelner Behördenteil im Gesamtkomplex Kinderverschickung im Landkreis Ludwigsburg kann anhand der vorliegenden Akten nur unzureichend beantwortet werden. Im Spannungsfeld von Meldepflicht und moralischer Verantwortung können nur bedingt Missstände und Versäumnisse dieses Teils des Behördenapparates abgeleitet werden. Es bleibt daher beispielsweise unbeantwortet, ob die partiell vorhandenen Anamnesebögen nach Abschluss des Kuraufenthaltes an lokales medizinisches Fachpersonal weitergeleitet wurden oder es gar dem behandelnden Kinderarzt analog einem Arztbrief nach Entlassung eines Klinikaufenthaltes in Kopie übergeben wurde.

9 Ansicht des Kindererholungsheim Berghäusle in Altusried im Allgäu. Vorlage: Kreisarchiv Ludwigsburg, 423.41.

Schlussbetrachtung

Es wird noch einige Untersuchungen zu Bewertungsentscheidungen rund um Akten aus dem Themenkomplex Kinderverschickung benötigen, um eine Handreichung zur Bewertung im Sinne einer planmäßigen, effizienten und transparenten Überlieferungsbildung erarbeiten zu können. Ein erster Schritt mag mit diesem Aufsatz getan sein. So wie die Aufarbeitung der Kinderverschickung mitnichten aktuell abgeschlossen sein darf, so ist zu hoffen, dass weiterhin dauerhaft zu sicherndes Archivgut aus Altregistraturen von Aktenbildnern aus dem Sozialbereich und dem Gesundheitswesen den zuständigen Archiven angeboten wird. Eine Bewertung anhand von

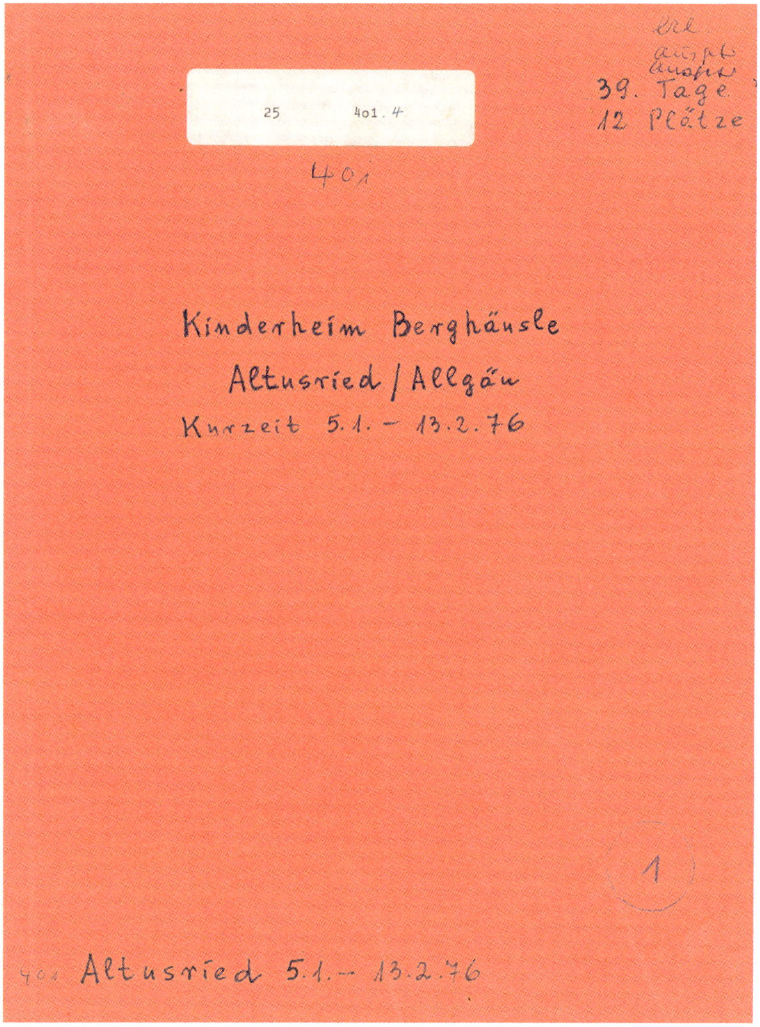

10 Umschlag der Zuschussakte für die Kindererholung im Kurheim Berghäusle in Altusried im Allgäu im Jahr 1976. Vorlage: Kreisarchiv Ludwigsburg, 423.41 Nr. 1.

Ablieferungs- und Anbietungslisten ist hierfür nicht ausreichend. Ein Blick in die Akten selbst ist dabei zwingend zu empfehlen, um den Evidenzwert eindeutig ermitteln zu können. Die archivische Überlieferungsbildung sollte hierbei für diesen Themenkomplex einen neuen Stellenwert erhalten, um allen Einsichtsberechtigten sowie Betroffenen und ganz besonders allen, die unbeschreibliches Leid durch die Kinderverschickung erfahren haben, gerecht zu werden.

1 Dieser Artikel enthält einige archivspezifische Fachbegriffe. Viele davon finden Sie auf der Website des Landesarchivs Baden-Württemberg unter Recherche – Recherchehilfen – Fachsprache im Archiv: https://www.landesarchiv-bw.de/de/recherche/recherchehilfen/fachsprache-im-archiv/57670 (aufgerufen am 20. Juni 2024).

2 Ulf *Möhle*: Die kommunalen Registraturbildner im Bereich Soziales – Überblick über Aufgaben und Quellengruppen. In: Wohlfahrt und Soziales als kommunalarchivische Überlieferungsfelder. Hg. von Marcus *Stumpf* und Katharina *Tiemann* (Texte und Untersuchungen zur Archivpflege 34). Münster 2018. S. 25 – 34.

3 Gerhard *Fichtner*: Krankenunterlagen als Quellen. Auswahl und Erschließung aus der Sicht der Forschung. In: Der Archivar 44 (1991). Sp. 549 – 558; Volker *Rödel*: Möglichkeiten und Grenzen der Archivierung medizinischer Unterlagen. In: Der Archivar 44 (1991). Sp. 427 – 435.

4 Tamara *Kefer*: Überlieferungsbildung – Grundlagen, Ziele und Methoden. In: Mitteilungen des Referats für die Kulturgüter der Orden (MiRKO) 1(2016) S. 12 – 27.

5 Walter *Bauernfeind* und Marius *Pfaller*: Aktenverwaltung und Records Management im Bereich *Soziale Angelegenheiten*. In: Wohlfahrt und Soziales als kommunalarchivische Überlieferungsfelder. Hg. von Marcus *Stumpf* und Katharina *Tiemann* (Texte und Untersuchungen zur Archivpflege 34). Münster 2018. S. 53 – 64.

6 Gudrun *Silberzahn-Jandt*: Die Finanzierung der Kinderkur in Leo-BW. In: Themenmodul Heimkindheiten. Stand 21.02.2024. https://www.leo-bw.de/en-GB/themenmodul/heimkindheiten/alltag/die-finanzierung-der-kinderkur (aufgerufen am 13. Mai 2024).

7 Gudrun *Silberzahn-Jandt*, Juni 2024 per E-Mail an den Autor.

Perspektiven der Forschung. Sieben Anregungen für künftige Studien

Hans-Walter Schmuhl

Mittlerweile liegt eine ganze Reihe wichtiger Studien zum Kinderkurwesen in der Bundesrepublik Deutschland vor. Wie könnte es mit der Forschung weitergehen?[1]

1. Die vergleichenden Perspektiven sollten weiter ausgedehnt werden. Wichtig wäre, die Forschungen, die sich zumeist auf *eine* Einrichtung, *einen* Einrichtungsträger, *eine* Entsendestelle, *einen* Kostenträger, *einen* Ort oder *eine* Region fokussieren, miteinander zu vernetzen, Foren des Austauschs zu schaffen, die vielen Einzelbefunde aufeinander zu beziehen, um zu verallgemeinernden Aussagen in vergleichender Perspektive zu gelangen. Gab es Unterschiede zwischen einzelnen Heimen und/oder zwischen verschiedenen Heimträgern – etwa zwischen Heimen in privater Trägerschaft, Heimen der Diakonie und Caritas und Einrichtungen öffentlicher Träger? Wie stellen sich verschiedene Heimtypen, etwa Erholungsheime und Heilstätten, im Vergleich dar? Ein Desiderat ist auch ein systematischer deutsch-deutscher Vergleich, auf lange Sicht könnten Vergleiche auf internationaler Ebene möglich werden.

2. Es hat sich als sinnvoll erwiesen, weiter in die Geschichte zurückzugehen und die tieferen Wurzeln des Kinderkurwesens in Deutschland freizulegen. Das gilt etwa im Hinblick auf das Konzept insbesondere der Kinder*erholungs*kuren, das sich seit dem späten 19. Jahrhundert herausgebildet hat. Hier überrascht der starke pädagogische, man könnte auch sagen: psychagogische Impuls, der sowohl aus der Bäderheilkunde als auch aus der Kinderheilkunde in das Kurkonzept einfloss. Dabei schwingen Zivilisationskritik, Antimodernismus und Großstadtfeindschaft mit, Ideen aus der Lebensreform- und Wandervogelbewegung scheinen auf. Das machte das Kinderkurkonzept anschlussfähig für völkische Milieus und auch für den Nationalsozialismus. Diese Ideengeschichte der Kinderkuren genauer zu untersuchen, erscheint lohnenswert.

3. Kontinuitätslinien, die vom Nationalsozialismus über die Epochenzäsur von 1945 hinweg in die frühe Bundesrepublik hineinreichen, sollten näher in den Blick genommen werden. Das betrifft zum einen *personelle* Netzwerke, etwa bei den in den Kurheimen tätigen Ärzten und Ärztinnen, Jugendleiterinnen oder Betreuerinnen. Zu fragen wäre auch nach Kontinuitätslinien in den Erziehungs*praktiken* – zu diesem Zweck müsste man die Forschungen zur Hitlerjugend und zum BDM, zur Kinderlandverschickung, vielleicht auch zum Reichsarbeitsdienst, ganz allgemein zur Sozialform des nationalsozialistischen Lagers mit heranziehen.

4. Die Kinderkurheime sollten in einem größeren Kontext betrachtet werden. Sie reihen sich ein in ein breites Spektrum *anderer Orte* – wie sie der französische Soziologe Michel Foucault genannt hat[2] –, exterritorialer Räume, in die Menschen abgeschoben wurden, die aufgrund von körperlicher oder geistiger Behinderung, psychischer Erkrankung, abweichendem Verhalten oder Delinquenz

nicht in die herrschende gesellschaftliche Ordnung passten. Die Forschung zum Kinderkurwesen lässt erkennen, dass dieser Anstaltskosmos sehr viel größer war, dass sehr viel mehr Menschen als bisher angenommen in Kontakt mit diesen Sonderwelten gekommen sind. Daraus ergibt sich die Frage, welche Rückwirkungen diese fast schon kollektive Erfahrung auf die gesellschaftliche Ordnung hatte – dienen die *anderen Orte* im Sinne Foucaults doch immer auch der gesellschaftlichen Disziplinierung, indem sie als stete Drohung im Raum stehen, sich konform zu verhalten. Es ist von daher nur folgerichtig, dass die *Schwarze Pädagogik* und ihre Auswirkungen auf mehrere Generationen von Kindern und Jugendlichen in der frühen Bundesrepublik jetzt wieder stärker in den Fokus des Forschungsdiskurses geraten sind. Dazu ist ein disziplinenübergreifender Diskurs notwendig – Geschichtswissenschaft, Soziologie, Pädagogik und Psychologie müssen zusammenwirken, um hier voranzukommen.

5. Die unwürdige Behandlung, die Kinder während der Kur erfahren mussten, führte in vielen Fällen zu nachhaltigen Verletzungen des Selbst, die bei den Betroffenen mit einem wahren Gefühlssturm verbunden waren: Bestürzung, Schmerz, Angst, Verwirrung, Wut, Verzweiflung, Niedergeschlagenheit, vor allem aber eine tiefe Scham, die sich zu einem überwältigenden *Gefühl der absoluten Verworfenheit*[3] steigern und tief in das emotionale Gedächtnis einbrennen kann. Es stellt sich die Frage, wie sich die durch den Kuraufenthalt verursachte traumatische Scham ausgewirkt hat, welche Erinnerungen hinter einer Wand von ohnmächtiger Sprachlosigkeit eingekapselt wurden und wie sich solche Leerstellen auf die Biographie auswirkten – vielleicht sogar bis in die nächste Generation hinein? Bei der Lektüre der wenigen Beiträge zu einer Geschichte der Scham fällt auf, dass nicht selten ein Zusammenhang hergestellt wird zwischen der Erfahrung des Nationalsozialismus und seines Zusammenbruchs und einem starken Schamgefühl. Bundespräsident Theodor Heuss knüpfte in einer viel beachteten Rede am 7. Dezember 1949, in der er, in Abgrenzung gegenüber der These einer Kollektiv*schuld*, von einer Kollektiv*scham* der Deutschen sprach, an diese Grundstimmung an.[4] Gab es bereits in der Generation der Eltern der Verschickungskinder schambesetzte Leerstellen? Entwickelte sich aus dem Zusammentreffen starker, mit Diktatur, Krieg und Kapitulation verbundener Schamgefühle auf Seiten der Eltern und durch die Kur ausgelösten Schamgefühlen auf Seiten der Kinder vielleicht eine unheilvolle Wechselwirkung?

6. Hier schließt sich die Frage nach der Resilienz an: Warum haben manche Verschickungskinder die Kur als schweres Trauma erlebt, das sich auf ihr ganzes weiteres Leben auswirkte, während andere sich kaum noch oder gar nicht mehr an ihre Kur erinnern, wieder andere *positive* Erinnerungen daran haben? Eine These lautet, dass Kinder, die bereits *vor der Kur* keine sichere Bindung zu ihren Eltern hatten, besonders intensiv und dauerhaft unter den leidvollen Erfahrungen der Kur litten. Gab es keine vertrauensvolle kommunikative Ebene zwischen Eltern und Kindern, verstanden die Kinder nicht, warum sie zur Kur geschickt wurden – sie betrachteten sich als abgeschoben, ausgegrenzt, nicht mehr gewollt. Nicht wenige waren davon überzeugt, dass sie nie wieder in ihr Eltern-

1 Repros von Postkarten, die von Verschickungskindern nach Hause geschickt wurden. Detail der im November 2023 auf dem Kongress in Bad Salzdetfurth vom *Verein Aufarbeitung und Erforschung von Kinder-Verschickungen e.V.* präsentierten Ausstellung. Vorlage: Corinna Keunecke, Landesarchiv Baden-Württemberg.

haus zurückkehren könnten. Während der Kur fühlten sich solche Kinder in besonderem Maße verlassen und ausgeliefert – sie hatten keine Hoffnung auf Rückkehr in ihre vertraute Welt. Nach der Kur herrschte, wenn die Kinder keine sichere Bindung zu ihren Eltern hatten, in den Familien Sprachlosigkeit. Die Kinder wagten es oft nicht, über ihre leidvollen Erfahrungen zu sprechen, mussten auch erleben, dass ihnen nicht geglaubt wurde. Das Vertrauensverhältnis zu den Eltern war nachhaltig gestört, bestimmte Beziehungsmuster hatten sich eingeschliffen und wirkten weiter fort. Kinder mit sicherer Bindung erzählten zu Hause eher von erlittenem Leid, erfuhren Trost, Zuwendung und Solidarität, etwa wenn sie mitbekamen, dass die Eltern sich beschwerten. Das konnte es ihnen erleichtern, ihre leidvollen Erfahrungen zu verarbeiten.

7. Welche Veränderungen sind über die Zeit hinweg bei den Kinderkuren feststellbar? Wie wirkten sich die Zäsur von 1968, die neuen sozialen Bewegungen der 1970er Jahre, die Entstehung einer kritischen Öffentlichkeit, die wachsende mediale Aufmerksamkeit, die neuen pädagogischen Ansätze, das Nachrücken einer neuen Generation von Betreuerinnen und Betreuern, die veränderte Haltung der Eltern, die Durchsetzung des Züchtigungsverbots in den Schulen auf die Kinder- und Jugendkuren aus? Es scheint lohnend, die 1970er/80er Jahre stärker in den Blick zu nehmen. Zu fragen wäre, welche Faktoren den Wandel verursachten, begünstigten, beschleunigten und welche Faktoren ihn hemmten.[5]

1 Dieser Text erschien zuerst im Themenmodul Heimkindheiten: Hans-Walter *Schmuhl*: Perspektiven der Forschung. In: Themenmodul Heimkindheiten. Stand: 21.02.2022. https://www.leo-bw.de/en-GB/web/guest/themenmodul/heimkindheiten/aufarbeitung/perspektiven-der-forschung (aufgerufen am 04.07.2024).

2 Michel *Foucault*: Von anderen Räumen (1967). In: Raumtheorie. Grundlagentexte aus Philosophie und Kulturwissenschaften. Hg. von Jörg *Dünne* und Stephan *Günzel*. Frankfurt am Main 2012. S. 317–327.

3 Léon *Wurmser*: Vortrag, 19. April 2002, im Rahmen der 52. Lindauer Psychotherapiewochen 2002 (www.Lptw.de). https://www.lptw.de/archiv/vortrag/2002/wurmser-leon-die-zerbrochene-wirklichkeit-bei-schwerer-psychischer-erkrankung-lindauer-psychotherapiewochen2002.pdf (aufgerufen am 08.08.2024). S. 2.

4 Theodor *Heuss*: Ansprache von Theodor Heuss bei der Gesellschaft für christlich-jüdische Zusammenarbeit in Wiesbaden. Freitag, 9. Dezember 1949. Landesarchiv Baden-Württemberg, Hauptstaatsarchiv Stuttgart, R 5/001 D451091/001. http://www.landesarchiv-bw.de/plink/?f=1-145246 (aufgerufen am 04.07.2024).

5 Ergänzende Literatur zum Thema: Stephan *Marks*: Die tabuisierte Emotion. Ostfildern 2021.

Aufgearbeitet und erforscht? Ansätze für die zukünftige Erforschung und Aufarbeitung der Kinderverschickung in Baden-Württemberg

Sina Fritsche

Die Geschichte der Heimerziehung und ihre Erforschung hat die zeitgeschichtliche Forschung seit dem späten 20. Jahrhundert beschäftigt. Wissenschaftlich fundierte Beiträge über die Heimerziehung in Deutschland ließen allerdings überraschend lange auf sich warten. Erst zu Beginn des 21. Jahrhunderts gelangten die bis dato verdrängten Zustände in den Heimen in der Nachkriegszeit zunehmend in die öffentliche Wahrnehmung.[1]

Während sich der Prozess der Erforschung und Aufarbeitung der Heimerziehung bereits Ende des letzten Jahrhunderts entwickelte, rückte das Thema der Erholungsverschickung von Kindern und Jugendlichen in der deutschen Nachkriegszeit erst vor wenigen Jahren in das öffentliche Bewusstsein. Die noch junge Auseinandersetzung mit der Thematik und der damit einhergehende Aufarbeitungsprozess begann langsam, gewinnt aber nun zunehmend an Bedeutung. Es liegen bereits eine *ganze Reihe wichtiger Studien*[2] zum Kinderverschickungswesen vor. Gleichzeitig ist es unbestritten, dass der als *Massenphänomen der deutschen Nachkriegszeit*[3] bezeichnete Vorgang weiterer Erforschung und Aufarbeitung bedarf.

Bevor die Entwicklung und mögliche Zukunft der Erforschung und Aufarbeitung der Kinderverschickung in Baden-Württemberg genauer betrachtet wird, erscheint es angebracht, kurz auf die beiden Begriffe einzugehen. Die Erforschung kann als eine *Ergründung durch (wissenschaftliches) Forschen*[4] definiert werden und meint eine auf die Gegenwart bezogene *intensive, systematische, wissenschaftliche*[5] Untersuchung von beispielsweise historischen Ereignissen, einzelnen Epochen oder etwa Relikten aus der Vergangenheit. Die Aufarbeitung als eine *gründliche, systematische Untersuchung von* [...] *Vergangenem, um Klarheit darüber zu gewinnen, als das geistige und seelische Verarbeiten eines zurückliegenden Geschehens*[6] ist dagegen als Begriff komplexer zu fassen. Der Begriff der Aufarbeitung wird häufig im Zusammenhang mit dem Aufdecken *von (sexualisierter) Gewalt, Machtmissbrauch und Unrecht* verwendet.[7] Die eher distanzierte Ermittlung der historischen Fakten und die teilweise auch ins Persönliche gehende Aufarbeitung markieren so den Rahmen, in dem sich die nun entstehenden Studien zur Kinderverschickung bewegen.

Bislang sind in der gesamten Bundesrepublik bereits einige Studien zum Kinderverschickungswesen veröffentlicht worden. Allerdings – und das soll ihre Bedeutung und Relevanz in keiner Weise abmildern – fokussieren sich diese Studien zumeist auf die Untersuchung einzelner Einrichtungen, Orte, Regionen oder Träger und reihen sich daher in die Gruppe der Einzelfallstudien ein. Um sowohl Gemeinsamkeiten als auch Unterschiede und dadurch Vergleiche zwischen den verschiedenen Einrichtungen ziehen und dies letztlich auch klassifizieren zu können, wäre es wünschenswert, wenn noch weitere Einzelfallstudien erstellt werden könnten. Ein nächster Schritt wäre dann, *verallgemeinernde Aussagen in vergleichender Perspektive*[8] zu treffen. Damit dies geschehen kann, bedarf es einer Ausweitung dieser einzelnen Perspektiven, damit die Einzelbefunde vernetzt und in einen größeren Kontext gesetzt werden können. Ein Forschungsprojekt, das erstmals das bundesdeutsche Kinderkurwesen als Gesamtphänomen in den Blick nimmt und die Erkenntnisse aus mehreren tiefgehenden Untersuchungen aus vielen Bundesländern zusammenträgt, ist das an der Humboldt-Universität zu Berlin angesiedelte Projekt *Die Geschichte der Kinderkuren und Kindererholungsmaßnahmen in der Bundesrepublik Deutschland zwischen 1945 und 1989.*[9]

Für Baden-Württemberg sind bislang einige wichtige Studien und Forschungsprojekte entstanden, die die Kinderverschickung auf föderaler Ebene untersuchen und betrachten. Einige Träger ehemaliger Kinderkur- und Kindererholungsheime in Baden-Württemberg haben damit begonnen, die Geschichte der Verschickung von Kindern und Jugendlichen in ihren eigenen Einrichtungen zu erforschen. Zu nennen sind hier die von der Diakonie Württemberg in Auftrag gegebene Vorstudie, sowie eine vertiefende Studie, beide durchgeführt von der Esslinger Sozialwissenschaftlerin Dr. Gudrun Silberzahn-Jandt.[10] Der badische Landesverband des Deutschen Roten Kreuzes hat eine Quellenedition zum DRK-Kindersolbad in Bad Dürrheim erarbeitet, die demnächst erscheinen soll.[11] Außerdem ist im Juli 2024 die von Gina Feis und Sophie Rücker erarbeitete Webseite *Kinderverschickung – von Erholung keine Spur* online gegangen.[12] Die darin enthaltenen Informationen und Interviews mit Betroffenen und Expertinnen und Experten beziehen sich nicht ausschließlich und explizit auf Baden-Württemberg, liefern aber dennoch wichtige Informationen zur Kinderverschickung im Bundesland und zum gegenwärtigen Forschungsstand.

Neben den Studien zu Einzelfällen und Vergleichen sollten auch weitere Akteure genannt werden, die zur Erforschung der Kinderverschickung beitragen oder diese erst möglich machen. Vor dem Hintergrund der erschienenen Studien und Projekte, die ihren Beitrag zur Erforschung und Aufarbeitung der Kinderverschickung in Baden-Württemberg leisten, muss in jedem Fall die Leistung der Betroffenen Anerkennung finden. Diese haben sich mit viel Engagement landes- und bundesweit vernetzt und durch Archivrecherchen viel Material zu einzelnen Einrichtungen gesammelt. Für Baden-Württemberg ist die Arbeit des Vereins *Aufarbeitung Kinderverschickungen Baden-Württemberg e.V.* hervorzuheben.[13]

Archive, die bei der Erforschung und Aufarbeitung grundsätzlich eine wichtige Rolle spielen, leisten auch in Baden-Württemberg ihren Beitrag. Zu nennen ist hier für die staatlichen Archive das Landesarchiv Baden-Württemberg mit seinen einzelnen Abteilungen, die durch die Sicherung der Quellen eine Erforschung der historischen Prozesse überhaupt erst möglich machen. Auch das am Landesarchiv angesiedelte Projekt *Verschickungskinder – archivische Aufarbeitung als Basis für Forschung und Biografierecherchen*[14], das durch Hilfsangebote für Betroffene und seinen Beitrag zur Grundlagenforschung einen nicht unerheblichen Beitrag zu Erforschung und Aufarbeitung geleistet hat, muss Erwähnung finden. Darüber hinaus unterstützen auch kommunale Archive, also Kreis,- Stadt- und Gemeindearchive, in Baden-Württemberg die Erforschung und Aufarbeitung der Kinderverschickung. So hat etwa das Stadtarchiv Pforzheim eine Recherchehilfe und Beständeübersicht zur Kinderverschickung veröffentlicht.[15] Diese erleichtert den Einstieg in die Recherche in den Beständen des Archivs. Sie enthält eine Zusammenstellung von Archivgut zum Thema sowie Hinweise, in welchen Beständen des Archivs weitere Unterlagen zur Kinderverschickung enthalten sein könnten.

Die bisherigen Ergebnisse zeigen, dass die Erforschung und Aufarbeitung der Kinderverschickung in Baden-Württemberg bereits einige Erkenntnisse vorzuweisen hat. Allerdings zeigt sich auch, dass der Erforschungs- und Aufarbeitungsprozess in Baden-Württemberg, so wie auch bundesweit, noch längst nicht abgeschlossen ist. Die Bedeutung von Baden-Württemberg im Konstrukt der Kinderverschickung in den Nachkriegsjahrzehnten war nicht unerheblich. Das Bundesland wurde mitunter als *Verschickungshochburg* bezeichnet: Im deutschlandweiten Vergleich wies Baden-Württemberg das größte Aufkommen von Kur- und Erholungsheimen auf.[16] Im Schwarzwald, in der Nähe von Freiburg und in der Region Stuttgart fand sich eine besonders hohe Konzentration von Kur- und Erholungseinrichtungen, die sich vermutlich durch die vielen Sole- und Heilbäder, Thermalquellen und der günstigen Lage zu Bergen, Wald und Wiesen erklären lässt.[17] Dass das Land Baden-Württemberg seit einigen Jahren Fördermittel für die Forschung und Aufarbeitung bereitstellt, entspricht der Bedeutung des Landes im Konstrukt der Kinderverschickung.

Warum könnte es sich lohnen, die Erforschung und Aufarbeitung der Kinderverschickung in den einzelnen Bundesländern noch stärker in den Fokus zu nehmen? Wie funktionierte Verschickung auf landespolitischer Ebene in den einzelnen Bundesländern? Welche Behörden und Stellen waren beteiligt? Welche Vorgaben gab es durch die Landesausführungen der die Verschickung betreffenden Gesetze?

Wenn diese Fragen in den einzelnen Bundesländern geklärt wären und sich die Verschickung in die jeweilige Jugendpflege- und Jugendfürsorgepolitik einordnen ließe, könnten auf bundesrepublikanischer Ebene Vergleiche angestellt werden, und die Kinderverschickung dann letztlich auch in die Geschichte der Kinder- und Jugendfürsorge der Bundesrepublik eingeordnet werden. Perspektivisch ließe sich dann auch das *Desiderat des systematischen deutsch-deutschen Vergleichs*[18] lösen und es könnten *auf lange Sicht* [...] *Vergleiche auf internationaler Ebene möglich*[19] gemacht werden.

Wie könnte die zukünftige Forschung zur Kinderverschickung in Baden-Württemberg aussehen? Betroffene und Wissenschaftlerinnen und Wissenschaftler, wie die Pharmazie-Historikerin Dr. Sylvia Wagner, fordern etwa, dass Baden-Württemberg und die anderen Bundesländer dem Beispiel Nordrhein-Westfalens folgen und eine Studie zu Medikamententests in Kureinrichtungen in Auftrag geben sollten.

Solche Studien zu bestimmten Aspekten der Kinderverschickung sind weiterhin wichtig und die Forderung gerechtfertigt. Darüber hinaus sollten auch die Entsendestellen in Baden-Württemberg[20] genauer in den Blick genommen werden, da sie im System der Kinderverschickung eine zentrale Rolle spielten und die Aufschlüsselung dieser Rolle sicherlich weitere wichtige Erkenntnisse hinsichtlich Organisation und Durchführung der Verschickung liefern kann.[21]

Es erscheint grundsätzlich lohnenswert, die Forschung auf mehreren Ebenen durchzuführen. Die Forschungs- und Aufarbeitungsprozesse sollten sich sowohl auf Bundes- als auch auf Landes- und Kommunalebene fortsetzen und ausgebaut werden. Dabei sollte der landespolitische Aspekt der Verschickung genauer in Augenschein genommen werden. Die Untersuchung, welche Rolle die Verschickung in der Jugendpflege- und Jugendfürsorgepolitik in Baden-Württemberg gespielt hat, welche Ministerien und andere Länderinstanzen beziehungsweise -Institutionen beteiligt und wie die Verschickungspraxis in Baden-Württemberg organisiert war, ist Gegenstand des Promotionsprojektes der Autorin dieses Artikels an der Universität Stuttgart. Nach den bisherigen Erkenntnissen unterschied sich die Organisation der Verschickung in Baden-Württemberg teilweise stark von der in anderen Bundesländern. In Baden-Württemberg scheint es keine sogenannte Ausgleichsstelle gegeben zu haben, die in anderen Bundesländern, wie beispielsweise in Nordrhein-Westfalen, eine zentrale organisatorische Rolle in der Verschickungspraxis spielte.[22]

Perspektivisch könnten solche bundeslandbezogenen Untersuchungen die Einordnung des Verschickungswesens in die gesamtdeutsche Gesundheits- und Sozialpolitik ermöglichen. Länderbezogene Forschung eines einzigen Bundeslandes ist natürlich nicht ausreichend, um die Prozesse und Strukturen der Kinderverschickung in den Gesamtkontext der bundesweiten Gesundheits- und Sozialpolitik beziehungsweise in die Geschichte der Kinder- und Jugendfürsorge der Bundesrepublik einordnen zu können. Vielmehr sollten möglichst viele Bundesländer diese Untersuchungen durchführen, damit Gemeinsamkeiten und Unterschiede hinsichtlich der Kinderverschickungspraxis herausgearbeitet werden können. Die dabei entstehende vergleichende Länderperspektive kann dazu genutzt werden, die Verschickungspraxis in die Jugendfürsorgepolitik einzuordnen, Rückschlüsse auf andere Aspekte der deutschen Nachkriegsgeschichte zu ziehen und auch einen deutsch-deutschen beziehungsweise internationalen Vergleich zu ermöglichen.

Diese Perspektive auf einzelne Bundesländer ist lohnenswert, obwohl bundesweit und über Ländergrenzen hinweg verschickt wurde. Durch sie können Gemeinsamkeiten, aber vor allem Unterschiede in den Verschickungsstrukturen der einzelnen Länder deutlich gemacht werden. Vor allem diese länderspezifischen Unterschiede, gepaart mit der Tatsache, dass über Ländergrenzen hinweg verschickt wurde, wird sicherlich stark verdeutlichen, wie hochkomplex das System der Kinderverschickung gewesen ist. Die Erforschung und Aufarbeitung auf Bundesebene steht in keinem Widerspruch zu jener auf Länderebene – im Gegenteil: Durch die gewonnenen Erkenntnisse und den Fokus auf mehrere Ebenen der Verschickung können länderspezifische Aspekte genauer betrachtet, verglichen und in einen Gesamtkontext gesetzt werden.

Die Betroffenen fordern eine umfassende Aufklärung über die Hintergründe und Ziele der Kinderverschickung sowie eine Anerkennung ihres Leids und ihrer Erfahrungen. Die Erforschung und Aufarbeitung der Kinderverschickung in Baden-Württemberg – und auch bundesweit – ist ein wichtiger Schritt auf dem Weg zur Anerkennung des erlittenen Unrechts.

1 Weitere Informationen hierzu u. a. in Sina *Fritsche*: Zwang als ständiger Begleiter? Zur Lebenssituation der Heimkinder am Beispiel des Ersten Deutschen Reichswaisenhauses in Lahr 1948 bis 1977 – Anpassung bis zur Konformität? Unveröffentlichte Masterarbeit. Stuttgart 2021.

2 Hans-Walter *Schmuhl*: Perspektiven der Forschung. In: Themenmodul Heimkindheiten. Stand: 21.02.2024. https://www.leo-bw.de/en-GB/web/guest/themenmodul/heimkindheiten/aufarbeitung/perspektiven-der-forschung (aufgerufen am 13.07.2024).

3 *Caritas*: Kinderkuren und Verschickungskinder – die systematische Aufarbeitung ist notwendig. https://www.caritas.de/fuerprofis/fachthemen/caritas/caritas-zu-verschickungskindern/caritas-zu-verschickungskindern (aufgerufen am 12.07.2024).

4 *Erforschung*. Bereitgestellt durch das Digitale Wörterbuch der deutschen Sprache. https://www.dwds.de/wb/Erforschung (aufgerufen am 15.07.2024).

5 *Erforschung*, wie Anm. 4.

6 *Aufarbeitung*. Bereitgestellt durch das Digitale Wörterbuch der deutschen Sprache. https://www.dwds.de/wb/Aufarbeitung (aufgerufen am 15.07.2024).

7 Gudrun *Silberzahn-Jandt*: Aufarbeitung – eine Auseinandersetzung mit diesem Begriff, zum Zeitpunkt dieses Beitrags noch unveröffentlichter Beitrag im Themenportal Heimkindheiten auf LEO-BW.

8 *Schmuhl*, wie Anm. 2.

9 Humboldt-Universität zu Berlin, Institut für Geschichtswissenschaften: Die Geschichte der Kinderkuren und Kindererholungsmaßnahmen in der Bundesrepublik Deutschland zwischen 1945 und 1989. https://www.geschichte.huberlin.de/de/bereiche-und-lehrstuehle/sozialwirtschafts geschichte/forschungsprojekte/kindererholungs-kuren-1945-1989-brd (aufgerufen am 16.07.2024).

10 Gudrun *Silberzahn-Jandt*: Abschlussbericht des unabhängigen Forschungsauftrags zur Praxis der Verschickungskinder. Beauftragt vom Diakonischen Werk Württemberg. Stand: 16.06.2022 https://www.diakonie-wuerttemberg.de/fileadmin/Diakonie_

Website/Meta_Menue/06_Abschlussbericht_Forschungsauftrag.pdf (aufgerufen am 15.07.2024).

11 *Deutsches Rotes Kreuz*: Aufarbeitung der Kinderkurheime. Aktivitäten des DRK. https://www.drk.de/das-drk/geschichte/verschickungskinder/aktivitaeten-des-drk (aufgerufen am 11.07.2024).

12 Gina *Feis* und Sophie *Rücker*: Kinderverschickung – von Erholung keine Spur. 2024. https://mewi.pageflow.io/kinderverschickung-von-erholung-keine-spur (aufgerufen am 12.07.2024).

13 Genauere Informationen über die Arbeit des Vereins finden sich im Beitrag meiner Kolleginnen Corinna *Keunecke* und Nora *Wohlfarth* in dieser Publikation. Im Abschnitt *Aufarbeitung in Baden-Württemberg* gehen sie näher darauf ein.

14 Die Entstehungsgeschichte und die Ergebnisse des Projekts finden Sie ebenfalls in dem Beitrag von Corinna *Keunecke* und Nora *Wohlfarth* in dieser Publikation.

15 Die Beständeübersicht kann als pdf-Datei heruntergeladen werden. Zu finden ist sie unter folgendem Link: https://www.pforzheim.de/fileadmin/user_upload/archiv/pdf/StadtA_PF_Inventar_Kinderverschickung_2024-03-20.pdf (aufgerufen am 15.07.2024). Auch andere Archivmitarbeiterinnen und Mitarbeiter unterstützen die Erforschung und Aufarbeitung der Kinderverschickung engagiert und erforschen die eigenen Bestände in ihren Häusern. Siehe dazu beispielsweise den Beitrag von Wolfram Berner in dieser Publikation.

16 *Feis* und *Rücker*, wie Anm. 12.

17 *Feis* und *Rücker*, wie Anm. 12.

18 *Schmuhl*, wie Anm. 2.

19 *Schmuhl*, wie Anm. 2.

20 Das gilt natürlich nicht nur für Baden-Württemberg, auch die Gewinnung von Erkenntnissen aus der Erforschung der Entsendestellen in anderen Bundesländern ist notwendig.

21 Über die Bedeutung der Entsendestellen referierte Jonathan *Krautter*, Projektmitarbeiter der gesamtdeutschen Studie an der Humboldt-Universität zu Berlin auf der Fachtagung *Wissenschaftliche Aufarbeitung von Kinderverschickung in NRW – eine Zwischenbilanz* am 2. und 3. Juli 2024 in Münster.

22 Marc *von Miquel*: Verschickungskinder in Nordrhein-Westfalen nach 1945. Organisation, quantitative Befunde und Forschungsfragen. 2022. S. 17 f. https://www.landtag.nrw.de/portal/WWW/dokumentenarchiv/Dokument/MMV17-6308.pdf (aufgerufen am 16.07.2024).

Freude und Erholung? Kinderverschickung in Baden-Württemberg 1949–1980

Katalog

Freude und Erholung – das war das Versprechen der Kindererholungsheime. Abertausende Kinder wurden dafür in der Nachkriegszeit bis weit in die 1980er Jahre hinein innerhalb Deutschlands, nach Österreich und in die Schweiz verschickt. In den Bergen oder am Meer sollten sie von Krankheiten genesen oder gestärkt in den anstrengenden Alltag zurückkehren. Diese Aufenthalte stellten sich für viele der Kinder jedoch als das Gegenteil heraus: In zahlreichen Häusern kam es zu Vernachlässigung und Gewalt gegen die Kinder. Allein die für sie unverständliche Trennung von den Eltern prägt viele Betroffenen bis heute.

An der Organisation der Kinderkuren waren zahlreiche gesellschaftliche Akteure beteiligt. Die Begründungen für die Kuren sind aus heutiger Sicht nur bedingt nachvollziehbar, die Folgen für Betroffene oft massiv. Sie berichten von einem Alltag, der von Strenge, Kontrolle und Lieblosigkeit geprägt war. In den meist isolierten Einrichtungen hielten sich noch lange Vorstellungen von Pädagogik, die man heute als gewaltvoll beschreiben muss.

Die Zeugnisse von Betroffenen, die sich mit ihrem Leid an die Öffentlichkeit gewandt haben, stießen die Erforschung und Aufarbeitung in den letzten Jahren an. Diese Ausstellung beruht auf ihren Berichten sowie auf Aktenfunden aus Archiven. Nach einem Schwerpunkt zur Heimerziehung (2012 bis 2022) hat das Landesarchiv Baden-Württemberg von 2022 bis 2024 das Thema Kinderverschickung intensiv bearbeitet. Der Aufarbeitungsprozess befindet sich noch in den Anfängen. Die Ausstellung spiegelt den Forschungsstand im Sommer 2024 wider.

I. Einrichtungen in Baden-Württemberg

Das System Kinderverschickung

In den Nachkriegsjahrzehnten lag der Fokus in der Jugendfürsorge überwiegend auf vorbeugenden Maßnahmen. Der Gedanke, sich der *gefährdeten und gestrauchelten Jugend* anzunehmen und die Gefahren der modernen Welt zu minimieren, prägte das Verschickungssystem. Dabei ging es jedoch häufig nur vordergründig um die Gesundheit der einzelnen Kinder. Den Kuren zugrunde lag ebenso eine Haltung, die bereits in der Weimarer Republik und während des Nationalsozialismus vorherrschte: Die Kinder sollten *ihrer Verantwortung gegenüber Gesellschaft und Staat* gerecht werden können.

Sehr viele der Einrichtungen befanden sich im heutigen Baden-Württemberg, besonders im Schwarzwald. Nicht nur war das Klima gut geeignet, die zahlreichen Erholungsorte waren darüber hinaus auch von den größeren Städten aus gut erreichbar.

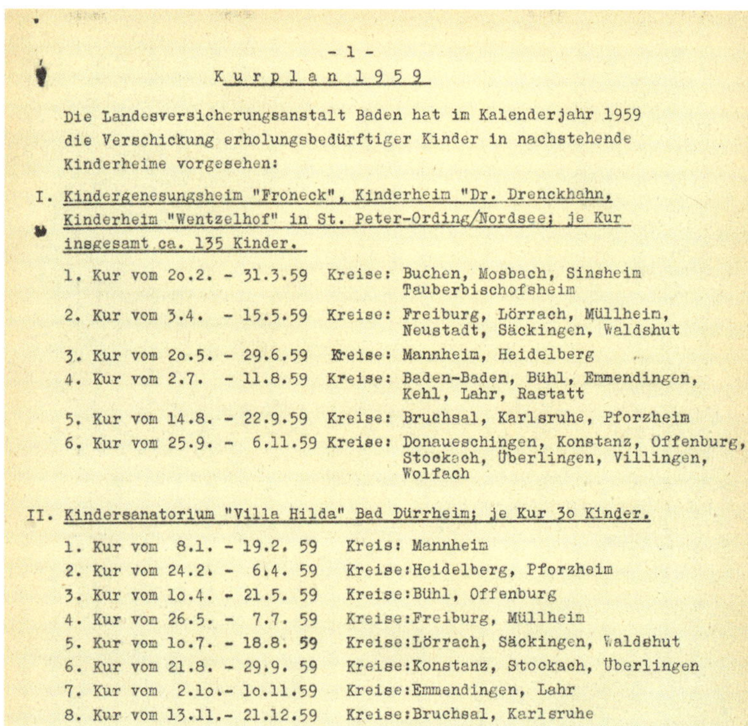

- 1 -

Kurplan 1959

Die Landesversicherungsanstalt Baden hat im Kalenderjahr 1959 die Verschickung erholungsbedürftiger Kinder in nachstehende Kinderheime vorgesehen:

I. Kindergenesungsheim "Froneck", Kinderheim "Dr. Drenckhahn, Kinderheim "Wentzelhof" in St. Peter-Ording/Nordsee; je Kur insgesamt ca. 135 Kinder.

1. Kur vom 2o.2. - 31.3.59 Kreise: Buchen, Mosbach, Sinsheim Tauberbischofsheim
2. Kur vom 3.4. - 15.5.59 Kreise: Freiburg, Lörrach, Müllheim, Neustadt, Säckingen, Waldshut
3. Kur vom 2o.5. - 29.6.59 Kreise: Mannheim, Heidelberg
4. Kur vom 2.7. - 11.8.59 Kreise: Baden-Baden, Bühl, Emmendingen, Kehl, Lahr, Rastatt
5. Kur vom 14.8. - 22.9.59 Kreise: Bruchsal, Karlsruhe, Pforzheim
6. Kur vom 25.9. - 6.11.59 Kreise: Donaueschingen, Konstanz, Offenburg, Stockach, Überlingen, Villingen, Wolfach

II. Kindersanatorium "Villa Hilda" Bad Dürrheim; je Kur 3o Kinder.

1. Kur vom 8.1. - 19.2. 59 Kreis: Mannheim
2. Kur vom 24.2. - 6.4. 59 Kreise: Heidelberg, Pforzheim
3. Kur vom 1o.4. - 21.5. 59 Kreise: Bühl, Offenburg
4. Kur vom 26.5. - 7.7. 59 Kreise: Freiburg, Müllheim
5. Kur vom 1o.7. - 18.8. 59 Kreise: Lörrach, Säckingen, Waldshut
6. Kur vom 21.8. - 29.9. 59 Kreise: Konstanz, Stockach, Überlingen
7. Kur vom 2.1o.- 1o.11.59 Kreise: Emmendingen, Lahr
8. Kur vom 13.11.- 21.12.59 Kreise: Bruchsal, Karlsruhe

1 In Kurplänen wurden die freien Kurplätze an die einzelnen Städte und Landkreise vergeben. Allem Anschein nach führten die verhältnismäßig kurzen Aufenthalte in Verbindung mit den hohen Betriebskosten der Heime zu einer permanenten Stimulierung der Nachfrage. Nur gut ausgelastete Heime waren auch halbwegs rentabel. Vorlage: Landesarchiv Baden-Württemberg, Staatsarchiv Freiburg G 1176-1 70 GesA Offenburg.

Anzahl der Verschickungsheime in den Land- und Stadtkreisen Baden-Württembergs

Lt. Einrichtungsverzeichnis; Stand Juli 2024 / 465 Einrichtungen

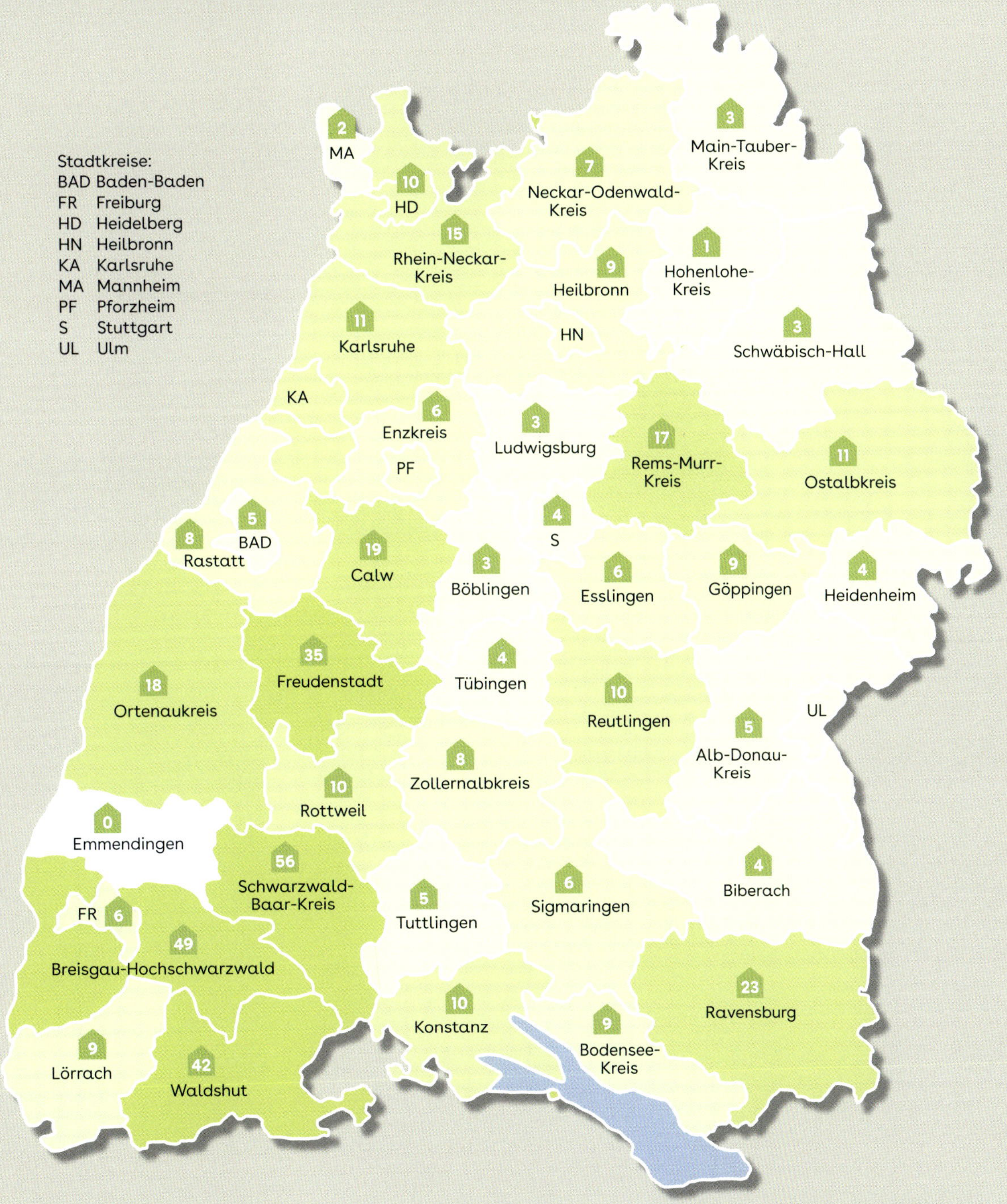

3

Evang. Landesverband
für Kinderpflege e.V.

3000 Hannover 1, den
Ebhardtstraße 3A (Lutherhaus)
Fernruf (0511) 327494-98

E l t e r n m e r k b l a t t

für den Kuraufenthalt Ihres Kindes im 'Flinthörnhaus'
Kinderkurheim des Diakonischen Werkes Hannover auf der Nordseeinsel
2941 L a n g e o o g, Postfach 1408, Tel. 04972-504

Liebe Eltern!

Wir freuen uns mit Ihnen, Ihr Kind in unserem Kinderheim auf der schönen Nordseeinsel Langeoog aufnehmen zu können und damit die Gesundheit Ihres Kindes zu fördern. Bitte erklären Sie Ihrem Kind in einem Gespräch, daß es zu einer Kur fährt und wegen der Gefährlichkeit, auch im Hochsommer, nicht täglich im Meer baden kann. Wir benutzen zweimal wöchentlich das Meerwasser-Hallenbad.

Das Kinderheim liegt dicht am Strand und kann achtzig Kinder im Alter von vier bis dreizehn Jahren aufnehmen. Die Kinder werden von ausgebildetem Fachpersonal betreut und stehen unter der Aufsicht eines Kinderfacharztes. Das Reiz- und Heilklima an der Nordsee eignet sich besonders gut für Kinder mit Bronchitis, Asthma, Ekzemen und Adipositas. Bettnässer können nicht aufgenommen werden. Für eine reichhaltige und abwechslungsreiche Kost wird gesorgt. Ein christlicher Tagesablauf bestimmt das Leben im Heim.

Wir bitten Sie, folgendes zu beachten:

Aus psychologischen Gründen sind im Interesse der Kinder Besuche während der Kur nicht erlaubt.

Senden Sie bitte keine Päckchen mit Süßigkeiten oder Lebensmitteln. Ausgenommen sind Geburtstage und Festtage. Schreiben Sie aber bitte den Kindern regelmäßig und oft. Darüber freuen sich die Kinder bestimmt sehr und erholen sich dadurch besser.

Die Kinder schreiben einmal wöchentlich nach Hause. Für die Kleineren berichtet die Gruppenleiterin.

Falls Sie mit dem Heim telefonieren wollen, bitten wir, das nur in dringenden Fällen zu tun. Auf keinen Fall ist es möglich, die Kinder selbst am Telefon zu sprechen.

Es wird gebeten, folgende Dinge mitzubringen:

1. Leibwäsche und Strümpfe für die Dauer der Kurzeit (Strümpfe werden gewaschen)
2. Viermal Nachtwäsche

- 2 -

1976

2 und 3: In standardisierten Briefen wurden die Eltern über organisatorische Belange informiert. Dazu gehörte auch die – teilweise massive – Beschränkung des Kontakts zwischen den Eltern und ihren Kindern während des Aufenthaltes. Vorlage: Diakonisches Werk der evangelischen Kirche in Württemberg e.V., nicht verzeichneter Ordner 21 2.1.4.

3

- 2 -

3. Kleidung der Jahreszeit entsprechend, auch im Sommer warme Sachen (Strickjacke, Pullover, Anorak mit Kapuze, lange Hose)
4. Badeanzug oder -hose, Badekappe für Jungen und Mädchen (auch im Winter, da die Benutzung des Meerwasser-Hallenbades davon abhängig gemacht wird). Unterschriebene Badeerlaubnis nicht vergessen!
5. 2 Paar feste Schuhe oder Gummistiefel, 1 Paar leichte Schuhe, 1 Paar Hausschuhe
6. Kopfbedeckung auch im Sommer (Sonnenhut, Kopftuch)
7. 5 - 6 Handtücher und vier Waschlappen, beides mit Aufhängern
8. Kamm, Seife, Zahnputzzeug
9. Schuhputzzeug
10. Turnhemd, Turnhose oder Spielhose
11. 1 Wäschebeutel für gebrauchte Wäsche
12. 1 Säckchen zum Sammeln von Muscheln
13. Briefpapier, Bleistift oder Füller und Briefmarken
14. ein kleines Taschengeld von DM 20,--, das durch die Gruppenleiterin abgerechnet wird
15. kleiner Rucksack oder Campingbeutel für Nacht- und Waschzeug für die Hin- und Rückfahrt

Alle Sachen müssen gezeichnet sein und in einem Inhaltsverzeichnis aufgeführt sein, auch die Kleidung, die das Kind am Reisetag trägt. Für nicht gezeichnete Sachen wird keine Haftung übernommen.

Das Inhaltsverzeichnis kleben Sie bitte in den Kofferdeckel. Der Koffer des Kindes muß mit einem haltbaren Schild mit voller Heimatanschrift versehen sein. Außerdem müssen zwei vorschriftsmäßige Gepäckanhänger (beim Gepäckschalter kostenlos zu bekommen) ausgefüllt werden. Der eine wird für die Hinfahrt benötigt, der zweite für die Rückfahrt in den Koffer gelegt. Den Kofferschlüssel hängen Sie bitte Ihrem Kind um den Hals.

Für die Reise geben Sie bitte Ihrem Kind entsprechend der Dauer der Fahrt Verpflegung mit. Etwas zum Trinken nur in Plastikflaschen oder in abgepackten Tüten und Bechern.

Wir müssen leider darauf verweisen, daß für alle im Heim oder in den öffentlichen Anlagen angerichteten Schäden, sowie für mutwillig zerstörte Einrichtungsgegenstände des Hauses die Eltern der Kinder haften, soweit nicht die Haftpflichtversicherung dafür eintritt.

Wir wünschen Ihrem Kind einen schönen und erholsamen Kuraufenthalt.

Evang. Landesverband für Kinderpflege e.V.

4 Ein Faltblatt des Kinderkurheims Oberbergen am Kaiserstuhl zeigt in einer Illustration spielende Kinder umgeben von idyllischer Natur. Vorlage: Landesarchiv Baden-Württemberg, Staatsarchiv Freiburg, G 1176-1 70 GesA Offenburg.

Werbeversprechen

Die Träger der Heime ließen sich die Herstellung von Werbematerial für ihre jeweiligen Einrichtungen etwas kosten. Es galt, sich auf einem umkämpften Markt hervorzuheben. Die Postkarten und Broschüren versprachen Naturidylle, fröhliches Spiel und Kameradschaft – und vermittelten den Eltern, dass ihre Kinder bei zünftiger Hausmannskost und einem geregelten Tagesablauf bestens versorgt werden würden. Auch Rundfunk- und Fernsehsendungen über Kinderheilverfahren sollten das Verschickungsgeschäft weiter ankurbeln.

> *Der Dank der Angehörigen war sichtbar, insbesondere der Kinder selbst, die aus ihrer müden und abgestumpften Stimmung in eine hoffnungsvollere und gläubige Welt mit lachenden Augen und offenem Herzen hinübergewechselt sind.*
>
> **Bericht des Arztes Dr. Eugen Stützel anlässlich einer Kinderkur im Haus Braunenberg in Aalen im Sommer 1948**

5 Postkarte eines Kindererholungsheims der Arbeiterwohlfahrt um 1960. Vorlage: Stadtarchiv Albstadt.

Tageslauf:

8 Uhr:	Wecken (je nach Jahreszeit), duschen und anziehen
8.30 bis 9 Uhr:	Frühstück
9 bis 11.30 Uhr:	Spaziergang, Spiel, Gesang Beschäftigung
11.30 bis 12 Uhr:	Liegen mit Vorlesen
12 Uhr:	Mittagessen
13 bis 15 Uhr:	Bettruhe
15 Uhr:	Vesper
bis 17.30 Uhr:	Freispiel, Spaziergang, Ausflug oder zum Baden. Einmal in der Woche Briefschreiben.
17.30 Uhr:	Abendbrot
18 Uhr	Waschen
19 Uhr:	Bettruhe

Eventuelle Änderungen vorbehalten!

6 Der Tagesablauf in den Verschickungsheimen war streng durchgetaktet. In der Praxis bezog sich das nicht nur auf die Schlaf- und Essenszeiten, sondern manchmal sogar auf Toilettengänge, was die Kinder sehr belastete. Vorlage: Flyer des Kinderheim Frey. Kreisarchiv Rottweil 465 4 Kinderland Hochmössingen.

Baden-Württemberg als Verschickungshochburg

In Baden-Württemberg lassen sich über 500 Einrichtungen nachweisen. Viele wurden vor 1945 gegründet, einige gehen zurück bis in die 1920er Jahre oder früher. Ab den 1960er Jahren häuften sich Schließungen, auch wenn es noch Versuche gab, die Einrichtungen umzuwidmen in Altenheime oder in Heime für geflüchtete Kinder.

Meistens befanden sich die Einrichtungen auf dem Land. Die Wahl der Orte wurde klimatisch begründet. Im Schwarzwald würden die Kinder von viel Sonne, kühlen Nächten, einem niedrigen Sauerstoffgehalt der Luft, den vielen Wäldern und nicht zuletzt von der *anmutigen* Landschaft profitieren. Für die Kurorte waren die Heime und Hotels ein wichtiger Wirtschaftsfaktor.

Trägerschaften von Einrichtungen in Baden-Württemberg

Lt. Einrichtungsverzeichnis; Stand Juli 2024

Im Falle von Trägerwechseln bei den Einrichtungen werden alle Träger gezählt.

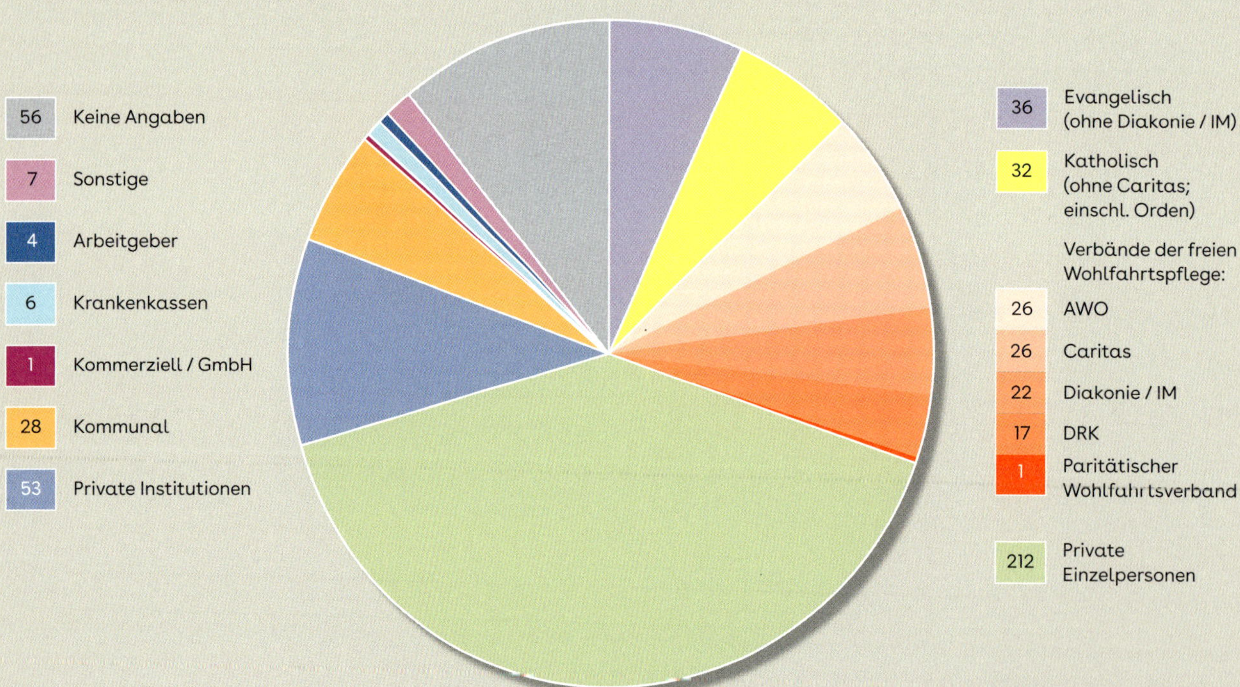

7 Das Kindererholungsheim Holderrain in Baiersbronn Anfang der 1950er Jahre. Vorlage: Fotogeschäft in Baiersbronn.

Das Kindererholungsheim Holderrain in Baiersbronn: Ein kleines Haus in privater Trägerschaft

Kindererholungseinrichtungen, die von Privatpersonen geführt wurden, waren keine Seltenheit. Eines davon war das Kindererholungsheim Holderrain in Baiersbronn im Landkreis Freudenstadt. Hier waren seit April 1953 durchschnittlich 30 bis 40 *gesunde erholungsbedürftige Kinder im Alter von 3 bis 14 Jahren* für gesundheitsfördernde vorbeugende Maßnahmen untergebracht. Die Zahl der Mitarbeitenden schwankte: Eine staatlich geprüfte Kindergärtnerin wurde als Leiterin beispielsweise 1976 von vier Kindergärtnerinnen und drei Kinderpflegerinnen unterstützt, in den nachfolgenden Jahren waren es stellenweise nur ein bis zwei zusätzliche Kräfte. Das Landesjugendamt als Aufsichtsbehörde kam seiner Aufsichtspflicht eher sporadisch nach.

8 Kinder bei der Ankunft am Kindersolbad, ca. 1956. Vorlage: Landesarchiv Baden-Württemberg Staatsarchiv Freiburg, G 1176-1 70 GesA Offenburg.

Das Kindersolbad in Bad Dürrheim: Ein großes Haus in Trägerschaft des Badischen Roten Kreuzes

Die Geschichte des Kindersolbads Bad Dürrheim geht bis ins 19. Jahrhundert zurück. Träger des Hauses war ab 1949 der DRK-Landesverband Südbaden. Bis zu 3.000 Kinder wurden hier pro Jahr zur Kur aufgenommen. Man brüstete sich, dass die Einrichtung nicht nur Kinderheilstätte, sondern *in gleichem Maße eine Forschungsstätte* sei. Dr. Hans Kleinschmidt, von 1956 bis 1973 Chefarzt der Einrichtung, werden heute unerlaubte Medikamententests, die Ruhigstellung von Kindern mittels Sedativa und andere Praktiken medizinischer Gewalt vorgeworfen. Betroffene fordern Aufklärung, insbesondere über Spätfolgen.

II. Rahmenbedingungen und Strukturen

Beteiligte Behörden

Die Strukturen der Kinderverschickung waren komplex und durch eine wechselseitige enge Verbindung zwischen den einzelnen Akteuren gekennzeichnet. Theorie und Praxis klafften teilweise weit auseinander. Den vom Gesetzgeber vorgegebenen rechtlichen Rahmen gestalteten die einzelnen Behörden in der Praxis teils unterschiedlich aus.

Eine der wichtigsten gesetzlichen Vorgaben war das Reichsgesetz für Jugendwohlfahrt (RJWG) beziehungsweise dessen Nachfolger, das Gesetz für Jugendwohlfahrt (JWG). Den Stadt- und Kreisjugendämtern wies das Gesetz die Förderung der allgemeinen Kinder- und Jugenderholung zu, den übergeordneten Landesjugendämtern die Heimaufsicht. Die Jugendämter mussten ihre Maßnahmen immer mit den zuständigen Gesundheitsämtern abstimmen.

Aufsicht

Nach § 20 des Gesetzes für Jugendwohlfahrt (JWG) wird die Aufsicht über die Einrichtungen, *in denen Minderjährige dauernd oder zeitweise* [...] *betreut werden und Unterkunft erhalten*, den Landesjugendämtern zugewiesen. Es sollte darauf geachtet werden, dass das *leibliche, geistige und seelische Wohl der Minderjährigen gewährleistet* ist. Die Landesjugendämter übertrugen die Kontrollbesuche der Einrichtungen oftmals den Kreisjugend- und Gesundheitsämtern des zuständigen Landkreises.

Die Praxis wich allerdings erheblich von diesen Vorgaben ab: Die Aufsichtsbehörden führten ihre Kontrollen eher nachlässig durch und kündigten sich in vielen Fällen im Vorfeld des Besuchs an. Vereinzelt vorkommende Beschwerden wurden meist nach kurzem Briefwechsel mit den Trägern der Einrichtungen folgenlos zu den Akten gelegt.

§ 5

(1) Aufgabe des Jugendamts ist ferner, die für die Wohlfahrt der Jugend erforderlichen Einrichtungen und Veranstaltungen anzuregen, zu fördern und gegebenenfalls zu schaffen, insbesondere für

1. Beratung in Fragen der Erziehung,
2. Hilfen für Mutter und Kind vor und nach der Geburt,
3. Pflege und Erziehung von Säuglingen, Kleinkindern und von Kindern im schulpflichtigen Alter außerhalb der Schule,
4. erzieherische Betreuung von Säuglingen, Kleinkindern, Kindern und Jugendlichen im Rahmen der Gesundheitshilfe,
5. allgemeine Kinder- und Jugenderholung sowie erzieherische Betreuung von Kindern und Jugendlichen im Rahmen der Familienerholung,
6. Freizeithilfen, politische Bildung und internationale Begegnung,
7. Erziehungshilfen während der Berufsvorbereitung, Berufsausbildung und Berufstätigkeit einschließlich der Unterbringung außerhalb des Elternhauses,
8. erzieherische Maßnahmen des Jugendschutzes und für gefährdete Minderjährige.

1 Auszug aus § 5 Abschnitt 1 der Neufassung des Reichsgesetzes für Jugendwohlfahrt vom 11. August 1961. Das Jugendamt sollte auf mehreren Gebieten Einrichtungen und Veranstaltungen anregen, fördern und erschaffen. Die allgemeine Kinder- und Jugenderholung findet explizit Erwähnung.

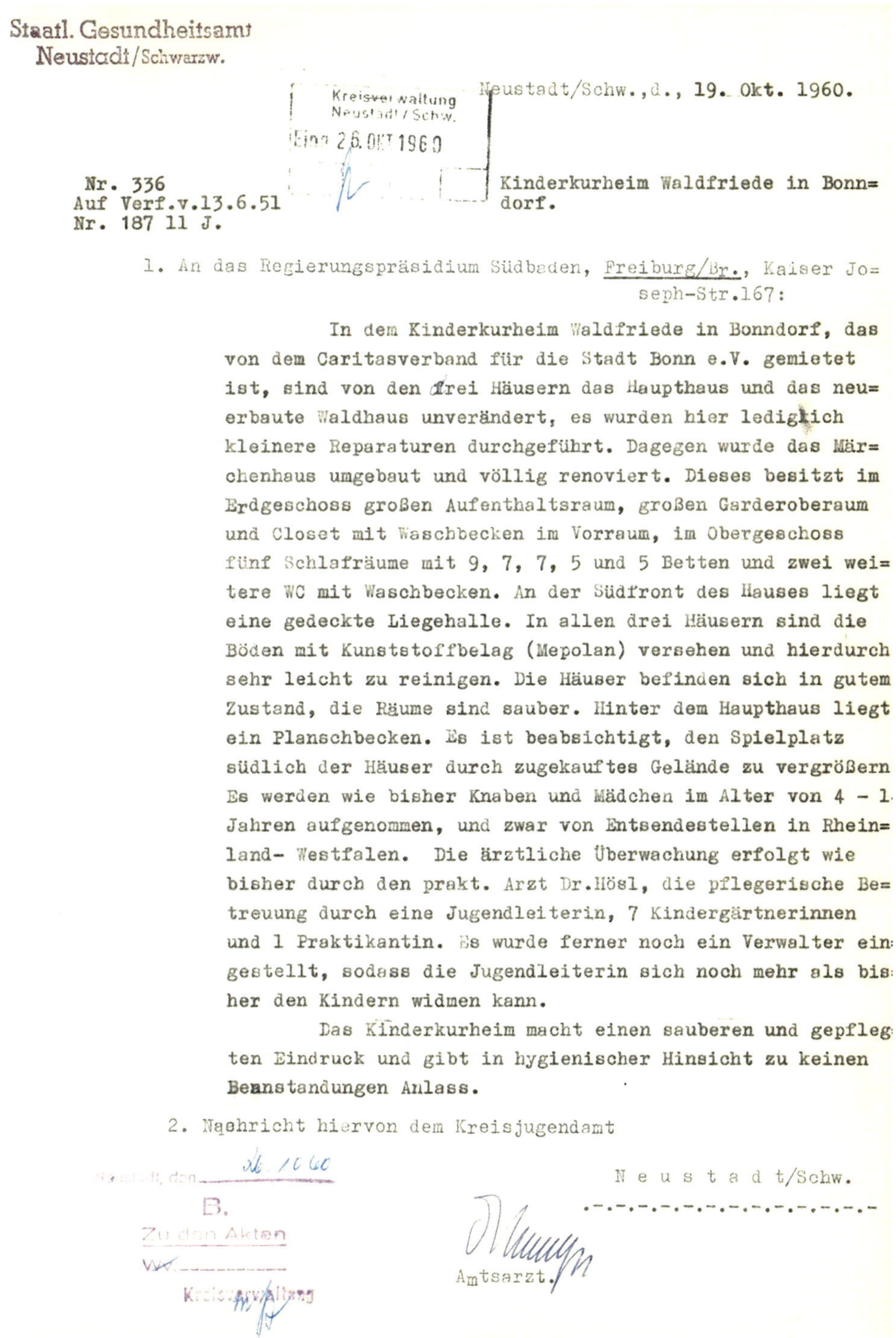

Staatl. Gesundheitsamt
Neustadt/Schwarzw.

Kreisverwaltung
Neustadt/Schw.
Eing. 26. OKT 1960

Neustadt/Schw., d., 19. Okt. 1960.

Nr. 336
Auf Verf.v.13.6.51
Nr. 187 11 J.

Kinderkurheim Waldfriede in Bonndorf.

1. An das Regierungspräsidium Südbaden, Freiburg/Br., Kaiser Joseph-Str.167:

In dem Kinderkurheim Waldfriede in Bonndorf, das von dem Caritasverband für die Stadt Bonn e.V. gemietet ist, sind von den drei Häusern das Haupthaus und das neuerbaute Waldhaus unverändert, es wurden hier lediglich kleinere Reparaturen durchgeführt. Dagegen wurde das Märchenhaus umgebaut und völlig renoviert. Dieses besitzt im Erdgeschoss großen Aufenthaltsraum, großen Garderoberaum und Closet mit Waschbecken im Vorraum, im Obergeschoss fünf Schlafräume mit 9, 7, 7, 5 und 5 Betten und zwei weitere WC mit Waschbecken. An der Südfront des Hauses liegt eine gedeckte Liegehalle. In allen drei Häusern sind die Böden mit Kunststoffbelag (Mepolan) versehen und hierdurch sehr leicht zu reinigen. Die Häuser befinden sich in gutem Zustand, die Räume sind sauber. Hinter dem Haupthaus liegt ein Planschbecken. Es ist beabsichtigt, den Spielplatz südlich der Häuser durch zugekauftes Gelände zu vergrößern Es werden wie bisher Knaben und Mädchen im Alter von 4 - 1[illegible] Jahren aufgenommen, und zwar von Entsendestellen in Rheinland- Westfalen. Die ärztliche Überwachung erfolgt wie bisher durch den prakt. Arzt Dr.Hösl, die pflegerische Betreuung durch eine Jugendleiterin, 7 Kindergärtnerinnen und 1 Praktikantin. Es wurde ferner noch ein Verwalter eingestellt, sodass die Jugendleiterin sich noch mehr als bisher den Kindern widmen kann.

Das Kinderkurheim macht einen sauberen und gepflegten Eindruck und gibt in hygienischer Hinsicht zu keinen Beanstandungen Anlass.

2. Nachricht hiervon dem Kreisjugendamt

Neustadt, den 26/10 60
B.
Zu den Akten
Kreisverwaltung

Neustadt/Schw.

Amtsarzt.

2 Der Aufsichtsbericht zum Kinderkurheim Waldfriede in Bonndorf bezieht sich hauptsächlich auf die baulichen Gegebenheiten, die hygienischen Verhältnisse und den Personalschlüssel. Pädagogische Aspekte werden nicht berücksichtigt. Die Kinder wurden nicht befragt. Vorlage: Kreisarchiv Waldshut Gen 4, 12007 Nr. 438.

3

Der Knabe erzählte zunächst, dass mit den neuaufgenommenen Kindern eine Weizenkeim-Ernährungskur vorgenommen würde. Die Kinder erhielten zum Frühstück eine aus Wasser und einem Schu Milch zubereitete Weizenkeimlingssuppe. Es sei üblich gewesen, in dem Fall, dass Kinder die ihnen vorgesetzten 2 Teller Suppe nicht gegessen hätten, die Kinder zur Strafe sofort in das Bett zu schicken und sie ohne jegliche weitere Nahrung tagsüber im Bett z belassen. Wenn die Kinder sich am nächsten Tage weigerten, die

4

wiederum angebotene Weizenkeimlingssuppe zu essen, werde das gleiche Verfahren fortgesetzt, so dass Kinder manchmal tagelang ohne Ernährung geblieben seien. Es sei in einem Fall vorgekommen, dass ein Kind etwa 3 Wochen auf diese Weise im Bett habe verbringen müssen und nicht die Schule habe besuchen können, so dass es dieserhalb zwischen der zuständigen Schulbehörde und dem Kinderheim schon zu Auseinandersetzungen gekommen sei.

Als das 4 1/2 jährige Kind am ersten Tage zwar ihre Suppe zu essen sich angestrengt habe, jedoch gelegentlich eines Aufstossens einen Suppenlöffel wieder ausgebrochen habe, sei das Kind von anderen anwesenden, aber älteren Jungens, zu denen auch die Jungen der Wwe. zählten, erheblich geschlagen worden, so dass sein Wehklagen das ganze Haus erfüllt habe. Spuren dieser Mißhandlung habe man noch am Abend am Körper des Kindes feststellen können. Die darüber herbeigerufene Heimleiterin habe erklärt, dass dem Kinde ganz recht geschehe, wenn es seine Suppe nicht äße und habe auch in diesem Falle die Verbringung des Kindes im Bett angeordnet.

Ähnliche Fälle wurden von dem Jungen auch von anderen Kindern berichtet. Die ob dieser Erzählung bestürzten Eltern hatten Anlass zu einem gewissen Mißtrauen gegen eine ordnungsmässige Heimführung. Nach ihrer Ankunft in Essen stellten sie ein verändertes Benehmen des Kindes fest, ohne zunächst einen Grund hierfür finden zu können. Das Kind weinte viel, klagte über Schmerzen im Leib, insbesondere im Unterleib und sprach auch nicht mehr sein bislang gewohntes Nachtgebet, wobei es zur Begründung erklärte, dass die Leiterin des Heimes ihr das Sprechen des Nachtgebetes mit der Begründung verweigert habe, dass ein Kind, welches die Suppe nicht äße, auch nicht beten dürfe.

3 und 4 Nur sehr selten sind in den Akten konkrete Beschwerdefälle dokumentiert. Dieses Schreiben eines Anwalts erhebt zunächst den Vorwurf des Essenszwangs und der Anstiftung zur Gewalt unter Kindern. Im weiteren Verlauf geht es auch um sexualisierte Gewalt. Zu einer Verurteilung aufgrund der Verletzung der Aufsichtspflicht kam es jedoch nicht. Aufgrund weiterer Kritik am Zustand der Einrichtung, schlug das Landratsamt Rottweil allerdings im Jahr darauf vor, das Heim nicht weiter zu belegen. Vorlage: Kreisarchiv Rottweil, 465 4 Kinderland Hochmössingen, aus dem Schreiben des Anwalts der Familie eines von Gewalt betroffenen Kindes, 03.08.1954.

Raus aufs Land

Viele Kinder litten in der unmittelbaren Nachkriegszeit unter einem Mangel an (gesunder) Nahrung. Die Städte waren noch im Wiederaufbau. Zugleich waren die Umweltbelastungen in den Ballungsräumen enorm. Es erschien sinnvoll, Kindern einen Erholungsaufenthalt an der See oder in den Bergen zu ermöglichen – Hauptsache an der frischen Luft. Ein weiteres wichtiges Ziel vieler Verschickungsaufenthalte: Das Kind sollte zunehmen. Für eine anteilige Kostenübernahme war ein ärztliches Attest unerlässlich. Vermutlich handelt es sich in vielen Fällen um Gefälligkeits- oder Scheindiagnosen.

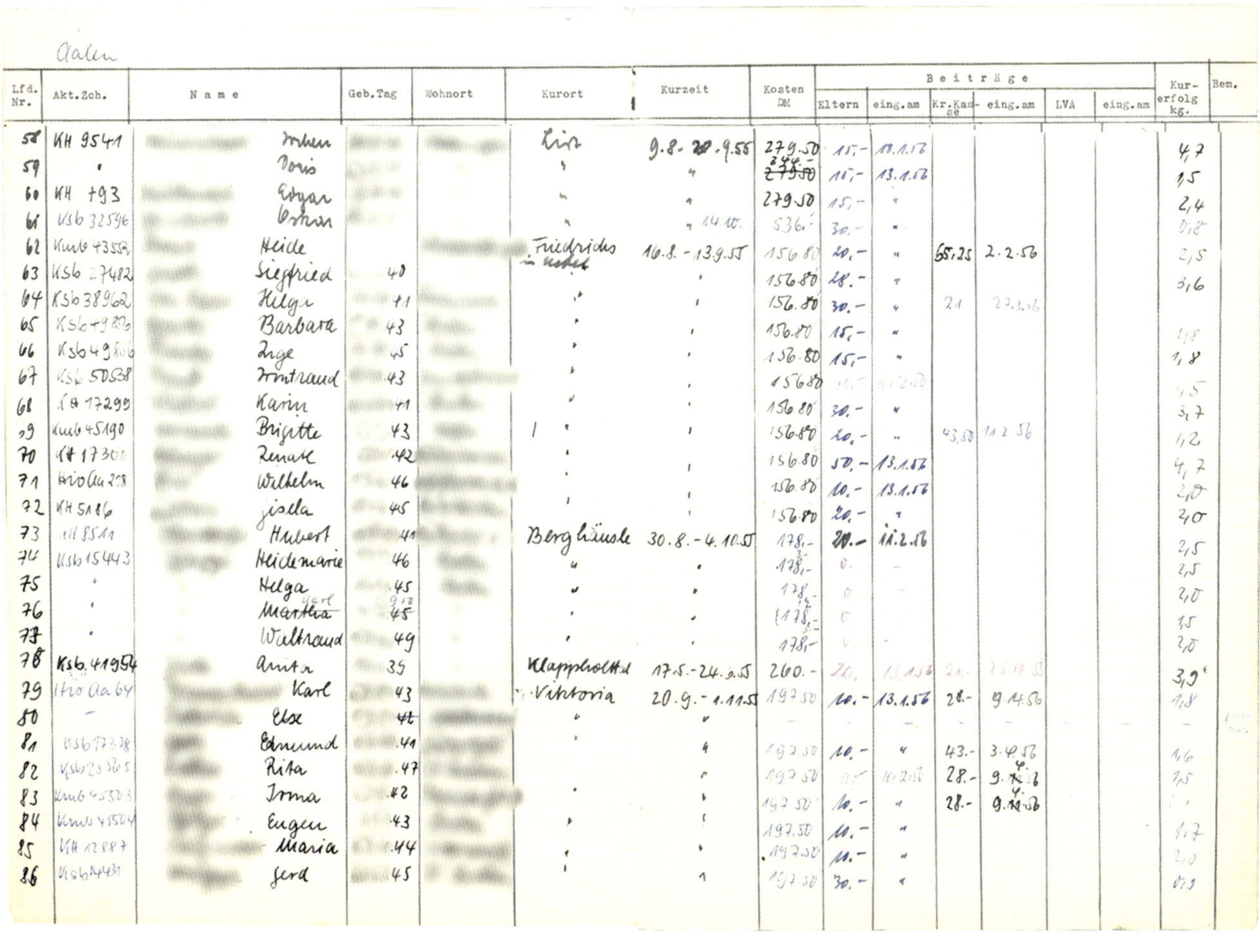

Lfd. Nr.	Akt.Zch.	Name	Geb.Tag	Wohnort	Kurort	Kurzeit	Kosten DM	Beiträge: Eltern	eing.am	Kr.Kasse	eing.am	LVA	eing.am	Kurerfolg kg.	Bem.
58	KH 9541	Jochen			List	9.8.-20.9.55	279.50	15.-	13.1.56					4,7	
59	"	Doris			"	"	279.50	15.-	13.1.56					1,5	
60	KH 7193	Edgar			"	"	279.50	15.-	"					2,4	
61	Ksb 32596	Erwin			"	" 14.10.	536.-	30.-	"					0,8	
62	Kwb 43557	Heide			Friedrichshafen	16.8.-13.9.55	156.80	20.-	"	65.25	2.2.56			2,5	
63	Ksb 27482	Siegfried	40		"	"	156.80	28.-	"					3,6	
64	Ksb 38962	Helga	41		"	"	156.80	30.-	"	21	23.2.56				
65	Ksb 79803	Barbara	43		"	"	156.80	15.-	"					1,8	
66	Ksb 49806	Inge	45		"	"	156.80	15.-	"					1,8	
67	Ksb 50538	Irmtraud	43		"	"	156.80							4,5	
68	KH 17299	Karin	41		"	"	156.80	30.-	"					3,7	
69	Kwb 45190	Brigitte	43		"	"	156.80	20.-	"	43.50	14.2.56			1,2	
70	KH 17301	Renate	42		"	"	156.80	50.-	13.1.56					4,7	
71	Hilo Aa 208	Wilhelm	46		"	"	156.80	10.-	13.1.56					2,0	
72	KH 5186	Gisela	45		"	"	156.80	20.-	"					4,0	
73	KH 8541	Hubert	41		Berghäusle	30.8.-4.10.55	178.-	20.-	11.2.56					2,5	
74	Ksb 15443	Heidemarie	46		"	"	178.-	0						2,5	
75	"	Helga	45		"	"	178.-	0						2,0	
76	"	Martha	45		"	"	178.-	0						1,5	
77	"	Waltraud	49		"	"	178.-	0						2,0	
78	Ksb 41954	Anita	39		Klappholttal	17.5.-24.6.55	260.-	20.-	13.1.56	20.-	7.5.56			3,9	
79	Hilo Aa 64	Karl	43		Viktoria	20.9.-1.11.55	197.50	10.-	13.1.56	28.-	9.4.56			1,8	
80	–	Else	41		"	"									
81	Ksb 17338	Edmund	41		"	"	197.50	10.-	"	43.-	3.4.56			1,6	
82	Ksb 23565	Rita	47		"	"	197.50		16.2.56	28.-	9.4.56			1,5	
83	Kwb 45303	Irma	42		"	"	197.50	10.-	"	28.-	9.4.56				
84	Kwb 45504	Eugen	43		"	"	197.50	10.-	"					1,7	
85	KH 12887	Maria	44		"	"	197.50	10.-	"					2,0	
86	Ksb 44431	Gerd	45		"	"	197.50	30.-	"					0,1	

5 Nur in den seltensten Fällen – wie hier aus dem Kreisfürsorgeamt Aalen – überliefern die Akten auch die Namen von Verschickungskindern. In der Spalte *Kurerfolg* wurde die Gewichtszunahme der Kinder in Kilogramm festgehalten. Vorlage: Landesarchiv Baden-Württemberg, Staatsarchiv Ludwigsburg E 180a II Bü 424 Ordner 1.

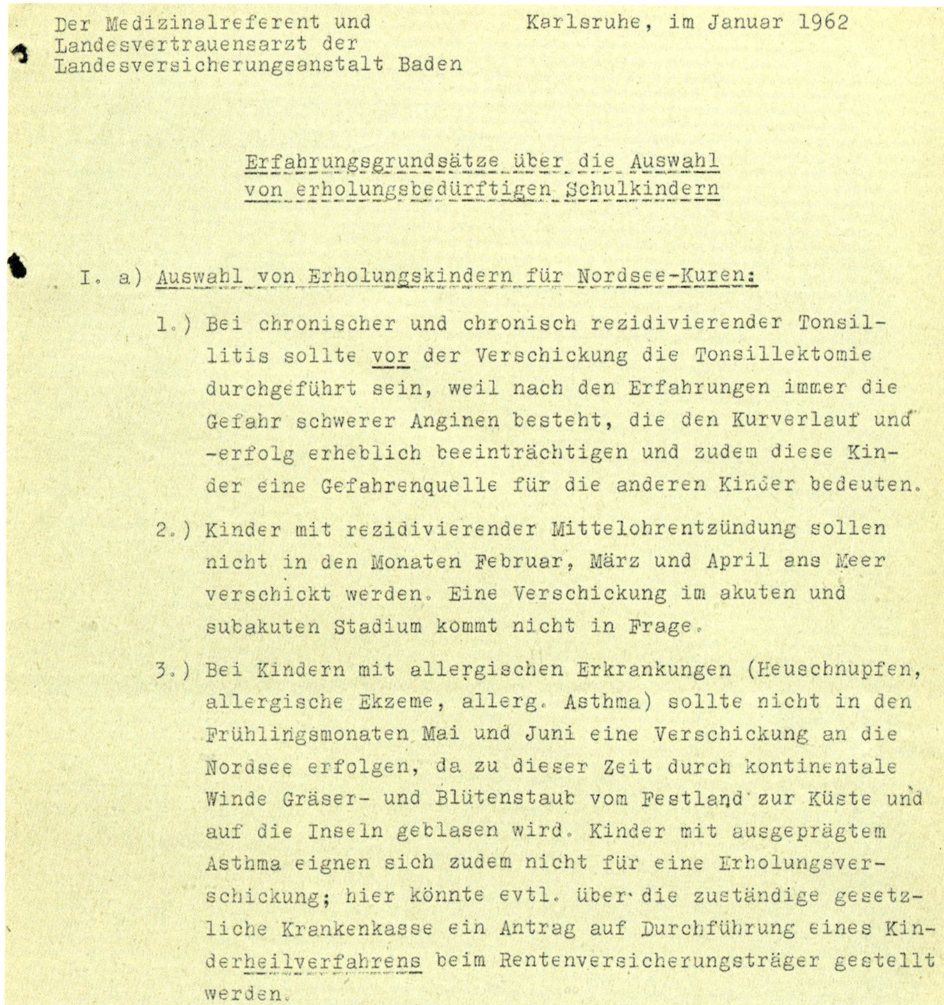

Der Medizinalreferent und
Landesvertrauensarzt der
Landesversicherungsanstalt Baden

Karlsruhe, im Januar 1962

Erfahrungsgrundsätze über die Auswahl
von erholungsbedürftigen Schulkindern

I. a) Auswahl von Erholungskindern für Nordsee-Kuren:

1.) Bei chronischer und chronisch rezidivierender Tonsillitis sollte vor der Verschickung die Tonsillektomie durchgeführt sein, weil nach den Erfahrungen immer die Gefahr schwerer Anginen besteht, die den Kurverlauf und -erfolg erheblich beeinträchtigen und zudem diese Kinder eine Gefahrenquelle für die anderen Kinder bedeuten.

2.) Kinder mit rezidivierender Mittelohrentzündung sollen nicht in den Monaten Februar, März und April ans Meer verschickt werden. Eine Verschickung im akuten und subakuten Stadium kommt nicht in Frage.

3.) Bei Kindern mit allergischen Erkrankungen (Heuschnupfen, allergische Ekzeme, allerg. Asthma) sollte nicht in den Frühlingsmonaten Mai und Juni eine Verschickung an die Nordsee erfolgen, da zu dieser Zeit durch kontinentale Winde Gräser- und Blütenstaub vom Festland zur Küste und auf die Inseln geblasen wird. Kinder mit ausgeprägtem Asthma eignen sich zudem nicht für eine Erholungsverschickung; hier könnte evtl. über die zuständige gesetzliche Krankenkasse ein Antrag auf Durchführung eines Kinderheilverfahrens beim Rentenversicherungsträger gestellt werden.

6 Bei der Auswahl der Kurorte wurden allgemeine Maßstäbe angelegt. Die individuellen Bedürfnisse der Kinder spielten keine Rolle. Vorlage: Landesarchiv Baden-Württemberg, Staatsarchiv Freiburg G 1176-1 70 GesA Offenburg.

Medizinisch fragwürdig

Kindererholung oder Kinderkur? Während sich die Erholungsheime vor allem auf Naturnähe, die Betreuung der Kinder und geeignete Räumlichkeiten konzentrieren konnten, galten für die Kurheime strengere Auflagen. Hier sollte – zumindest offiziell – auch eine geeignete medizinische Betreuung gewährleistet sein. Den Kindern ging es damit oft nicht besser, im Gegenteil: Die Anwendungen wie Liegekuren, Inhalationen oder Solebäder wurden oft mit viel Strenge durchgeführt und waren nicht altersgemäß. Die Wirksamkeit muss aus heutiger Sicht hinterfragt werden.

7

Kinderheilstätte und Kindersolbad - Bad Dürrheim/Schwarzwald

Deutsches Rotes Kreuz, Landesverband Südbaden

laufende Nr. 834
Station Wi

(11)

Entsendestelle Kreis Geldern

Durch die Entsendestelle auszufüllen

Familienname des Kindes	Vorname des Kindes	Geb. am	Wohnort	Wohnung
███	███	███	███	███
Name der Eltern	**Vorname der Eltern**	**Beruf**	**Kostenträger**	**Krankenkasse der Eltern**
███	███	Bauhilfs-arbeiter	s.o.	AOK Geldern
Verpflegungssatz	**Kur-Ablauf** genehmigt vom 14.4. bis 24.5.61	**Verlängerung** beantragt	genehmigt	**Entlassungszeugnis**

Anschrift des Hausarztes

Frühere Krankheiten: (z. B. Masern, Scharlach, Diphtherie, Keuchhusten und Windpocken, Mumps, Röteln und auch Angabe über besondere Krankheiten oder Todesfälle in der Familie) (wichtig!)
Blinddarm-Op., Bauchdeckenbruch-Op.
Neigung zu Erkältungskrankheiten

Ärztlicher Befund der Entsendestelle

Ernährungszustand mäßig

Größe 146 Gewicht 35,5

Besondere Symptome
Menses seit einigen Monaten

Letzter Röntgenbefund vom

Tuberkulin-Reaktion neg.

Schutzimpfungen Di. Tet. Scharl. Poliom. Tbc.
frühere Serumangaben
(z. B. Tetanusserum)
Bitte genau angeben!

Grund der Einweisung nervöse Übererregbarkeit, reduzierter AZ

Frei von ansteckenden Krankheiten und Ungeziefer

Bettnässer ja / nein

Sanierung des Nasen- Rachenraumes und der Zähne vor der Kur dringend empfohlen.

Ort ...., den .... 19....

Unterschrift des Arztes

Form. 2 05 60 5000 Druckerei Merk Bad Dürrheim

7 und 8 Die Kuren wurden nur sehr knapp dokumentiert. Vor der Kur wurden die Kinder untersucht und die Ergebnisse dann der Heilstätte mitgeteilt. Die Einschätzungen waren oft sehr vage, z. B. *reduzierter Allgemeinzustand*. Ebenso blieb die Einschätzung der Heilstätte sehr kurz und oberflächlich. Vorlage: Kreisarchiv Kleve, B 1526, B 2025.

8

DRK Kinderheilstätte und Kindersolbad - Bad Dürrheim/Schwarzwald

Von der Kinderheilstätte auszufüllen!		Größe	Gewicht*)	Brustumfang
Kurdauer	Aufnahme	156 +19	42.6 -5.0	74/70
14.4. - 24.5.61	Entlassung	157	45,1	76/71
	Differenz	+ 1	+ 2,5	

*) Das Sollgewicht richtet sich nach der tatsächlichen Körpergröße und nicht nach dem Lebensalter

Aufnahmebefund

Ernährungs-Zustand Tuberkulinprobe Moro: Ø

Konstitution sehr groß, mittelkräftig gebaut, in red.EZ.

Haut und Schleimhäute mittelm. durchblutet.

Lymphknoten linsengr.KW-, kleinste Nacken-, linsengr.Axillar-u-Leisten-LK.

Muskulatur ausreich. entwickelt Fettpolster genügt Turgor gut

Skelett Thorax o.B., Rundrücken, Spreizfüße.

Kopf Brillenträgerin, sonst -Sinnesorg.u.NAP frei, Gebiß: ausreich. saniert, Z.n.TE, Rachen reizlos.

Hals Schilddrüse leicht verdickt, HU 32 cm.

Brustorgane Lunge: voller Klopfschall, reines BA, Grenzen gut verschiebl. Herz: Töne rein, Aktion regelm., Grenzen regelrecht.

(Röntgenbefund)

Bauchorgane Leib weich, Leber u.Milz nicht vergröß. tastbar, keine Hernie. überm Nabel reizl.Op-Narbe nach Bauchdeckenbruch. Reizl.App-Narbe.

Genitale o.B.

Z.-Nervensystem Pup. reag. prompt auf L & C., Fac. neg., BDR +, übrige Reflexe regelrecht. Dermogr.+. RR 130/75

Besonderheiten

Diagnose Neuropath. Diathese, Rundrücken, Struma juv.

Verordnungen Klimasolbadkur, Soleschwimmen, Haltungs- u.Gruppengymn.

Kurverlauf Keine Störung, guter Appetit u.Gewichtszunahme, Urin o.B. Molevac-Kur wegen Oxyuren mit Erfolg.

Verhalten und Führung

Für ihr Alter sehr vernünftig u. umsichtig. Sie gewann bald die führende Stellung i.d.Gruppe. Übte dadurch einen günstigen Einfluß auf die anderen Kinder aus. In jeder freien Minute sang sie mit ihnen.

Entlassungsbefund

Frisches Aussehen, Haut u.Schleimh. gut durchblutet, LK unverändert, Rachen reizlos, HU 32 cm, Herz u. Lunge o.B., AZ gebessert,

Kurwirkung sehr gut

Vorschläge für die Entsendestelle

Beachtung des Rundrückens.

Chefarzt und Leitung Dr. med. H. Kleinschmidt

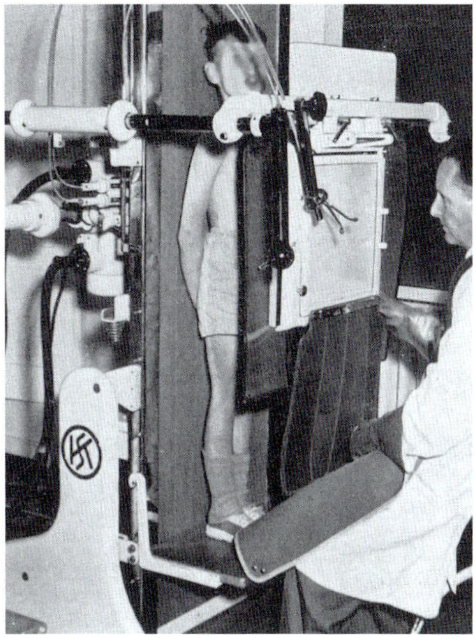

9 Die Anwendungen wirkten auf die Kinder oft sehr befremdlich. Hier nimmt Chefarzt Dr. Hans Kleinschmidt am Kindersolbad Bad Dürrheim eine Röntgenuntersuchung an einem neu eingetroffenen Patienten vor. Vorlage: Landesarchiv Baden-Württemberg, Staatsarchiv Freiburg, G 1176-170 GesA Offenburg.

Nicht nur in Hinblick auf die zugrundeliegenden Ideologien, auch beim Personal war die Nähe zum Nationalsozialismus deutlich erkennbar. Bisher konnte bei mehreren Heimleitern eine Mitgliedschaft in NS-Organisationen nachgewiesen werden. Dr. Paul Bartsch beispielsweise, Betreiber des Kinderkurheims Nickersberg in Bühl, war Agitator im Nationalsozialistischen Lehrerbund und früher Befürworter von Sterilisation, *Euthanasie* und Konzentrationslagern.

> *Die Erholungs- und Kurheilfürsorge für Kinder und Jugendliche ist von größter Bedeutung für die gesamte Volksgesundheit.*
>
> **Dr. med. Hans Kleinschmidt, Chefarzt DRK Kinderheilstätte u. Kindersolbad Bad Dürrheim, 1960**

> *Welcher junge Mensch will schon bei Tag schlafen oder ruhen, vor allem, wenn schönes Wetter ist?*
>
> **Aus einem Praktikumsbericht, Bühlhof, 1968**

10

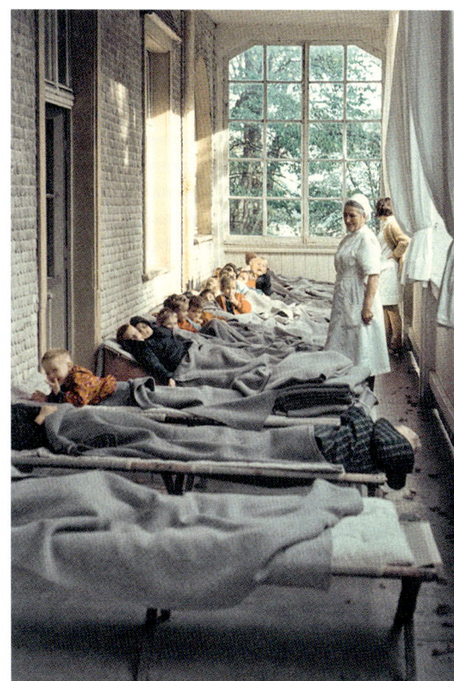

10 Kinder während einer Liegekur in Bad Dürrheim 1967. Raum für Individualität gab es kaum, Konformität wurde großgeschrieben. Vorlage: Deutsches Rotes Kreuz.

Erziehung

Der Umgang mit Kindern zur Zeit der Weimarer Republik und im Nationalsozialismus war von Gewalt und Strenge geprägt. Das Bild vom *kindlichen Tyrannen*, der gebändigt und mit Distanz, Härte und Disziplin erzogen werden sollte, prägte die Kindererziehung auch noch nach Ende des Zweiten Weltkrieges. Nach wie vor ging es nicht nur um die Gesundheit des einzelnen Kindes: Der einzelne Mensch wurde als Teil eines gemeinsamen *Volkskörpers* aufgefasst, den es galt, gesund und – vor allem – leistungsfähig zu halten.

Akteure der Kinderverschickung in Baden-Württemberg

Forschungsstand Juli 2024

Die Grafik erhebt keinen Anspruch auf Gültigkeit über alle Jahrzehnte der Kinderverschickung hinweg und ist nicht auf alle Bundesländer anwendbar. Vielmehr soll ein grundsätzliches Verständnis der Strukturen hinter der Kinderverschickung gegeben werden, wie sie sich lt. aktuellem Forschungsstand abbilden lassen. Viele Fragen sind noch offen.

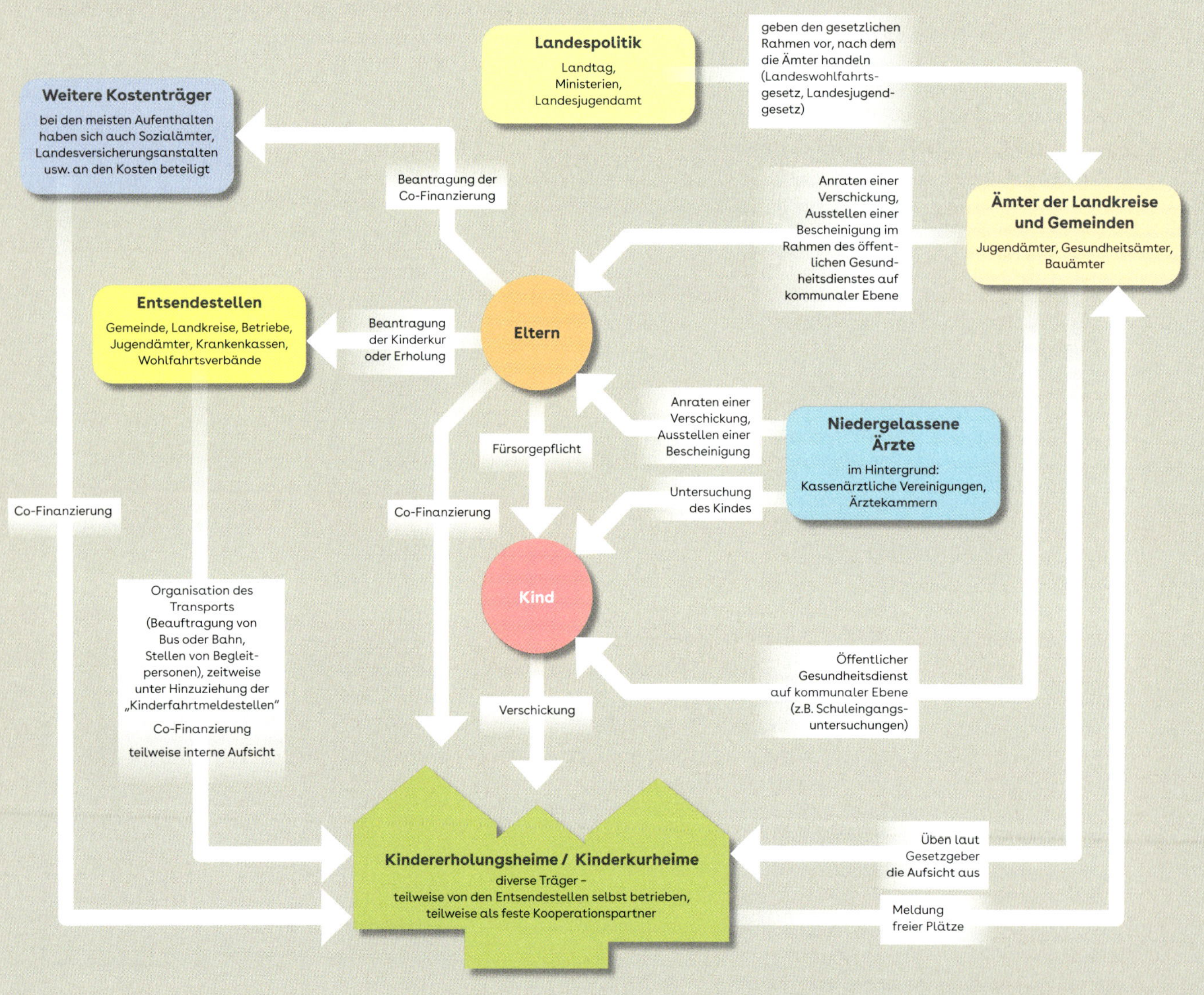

© Landesarchiv Baden-Württemberg
Wissenschaftliche Beratung: Sina Fritsche M.A., Dr. Hans-Walter Schmuhl, Dr. Gudrun Silberzahn-Jandt;
Grafik: Katharina Schmid

III. Zeugnisse des Alltags

Zeitzeugenschaft
Die Forschung zur Kinderverschickung steckt noch in den Anfängen. Erlebnisberichte von ehemaligen Verschickungskindern ergänzen die Recherchen in den Archiven und treiben die Forschung und Aufarbeitung voran. Zwischen den unzähligen Schilderungen der Gewalt und Missständen finden sich vereinzelt auch Erinnerungen an zugewandtes und liebevolles Personal. Wie gehen wir damit um? Eine Herausforderung der weiteren Forschung wird es sein, auch die Perspektive des Heimpersonals und die der Eltern zu berücksichtigen.

Bilder machen das Erlebte greifbar
Wie können wir die Erfahrungen und das Leid der Verschickungskinder begreifen und begreiflich machen, wenn uns die Bilder – und teilweise auch die Worte – fehlen? Die Künstlerin Birgit Weyhe hat Berichte ehemaliger Verschickungskinder für uns in Comics festgehalten. Sie stehen stellvertretend für unzählige weitere Erinnerungen. Wir danken Erika, Harald, Margit und Steffen, dass sie ihre Erlebnisse mit uns geteilt haben. Ein weiterer Comic basiert auf Aktenfunden und macht deutlich, dass die Geschehnisse in den Verschickungsheimen durch die quellenbasierte Forschung zukünftig noch detaillierter betrachtet werden können.

Margit, 8 Jahre, 1966 in Bad Dürrheim
Schreibtag war jeweils montags oder donnerstags. Wie gerne hätte ich meinen Eltern geschrieben ...
Liebe Mutti, lieber Vati, hier ist es ganz, ganz schlimm. Ich will hier weg. Könnt ihr mich bitte, bitte, bitte ganz schnell hier raus holen? Viele liebe Grüße von Eurer Tochter Margit
Zuerst sollte ich vorschreiben, um das Geschriebene in Schönschrift auf ein sauberes Blatt Papier mit einer Zeichnung zu übertragen.
Nur Positives durfte darinstehen, wie: es geht mir gut, ich esse viel etc.
RATSCH!
Briefe meiner Eltern kamen geöffnet, also ebenso zensiert zu mir. Ein Hilferuf war unmöglich!

Einmal kam ein Päckchen meiner Mutter an. Es enthielt viele Süßigkeiten.
Es war nicht erwünscht, dass Päckchen an die Kinder geschickt wurden. So bekam ich es nur kurz gezeigt.
Unter dem Vorwand, dass der Inhalt für alle sei, durfte ich es nicht behalten.
Allerdings haben weder ich noch andere Kinder je etwas davon bekommen.

1 Margits Eltern haben die Briefe und Postkarten, die sie aus Bad Dürrheim erhielten, aufgehoben. Es findet sich darin kein Hinweis auf den wahren Gemütszustand des Mädchens. Vorlage: Privatbesitz.

Kontaktbeschränkung

Mit verschiedenen Mitteln wurde der Kontakt zwischen den Eltern und ihren Kindern während des Aufenthalts stark eingeschränkt: Teilweise durch ein ausgesprochenes Verbot, wie etwa bei Besuchen, teilweise als *wohlgemeinter* Ratschlag mit Verweis auf Gruppendynamik oder Heimweh, wie etwa bei Paketlieferungen. Den Kindern wiederum wurde gedroht, sich nicht undankbar zu zeigen und die Eltern nicht zu beunruhigen. Darüber hinaus betrieben die *Tanten* in vielen Fällen Zensur, indem den Kindern die Briefe diktiert wurden oder das Geschriebene durch einen Kommentar relativiert wurde.

Steffen, 5 Jahre, 1968 in Bad Rappenau

Den Teller isst du, so wie er ist, direkt wieder leer!
Bäh- nein!
Nein, bitte nicht!
Nein, das ist schlimm!
Der arme Steffen!
Der Steffen soll das nicht wieder essen müssen!
Der Tumult wurde aufgelöst. Die Mädchen hatten mich gerettet und ich wurde am Ohr abgeführt ...
Bald gab es wieder Jägersuppe. Ich habe sie bewusst über meinen Bauch und die Hose erbrochen.
Wütend zerrte man mich vom Tisch ...

Essen unter Zwang

Für den Kurerfolg war die Gewichtszunahme oft das wichtigste Kriterium. Dies trug mit dazu bei, dass auf Kinder im Speisesaal häufig ein enormer psychischer und auch physischer Druck ausgeübt wurde. Auf persönliche Vorlieben oder Abneigungen wurde bei der Verabreichung der Mahlzeiten keine Rücksicht genommen. Viele ehemalige Verschickungskinder berichten von Essenszwang, Essensverbot, der gewaltsamen Einführung von Essen und teilweise sogar vom Zwang, Erbrochenes zu essen.

Soziale Kälte

Viele ehemalige Verschickungskinder erinnern sich heute kaum noch an den Kontakt zu anderen Kindern während ihres Aufenthaltes. Sie fühlten sich häufig vollkommen isoliert und hatten massive Ängste. Da in den Schlafsälen oft ein Redeverbot galt, wurden diese Gefühle noch verstärkt. Traute sich doch ein Kind, eine Anordnung zu missachten, wurde es häufig vor der ganzen Gruppe bestraft, um ein Exempel zu statuieren. Umso bemerkemswerter ist der Mut der Mädchen, die dem 5-jährigen Steffen zur Seite standen.

Oberschwester Hermine Sütterlin ist immer bei der Essensausgabe anwesend. Die Jungen haben Hunger, man siehts ihnen an

2 Eine Broschüre zeigt den Speisesaal im Kindersolbad Bad Dürrheim 1956, Vorlage: Landesarchiv Baden-Württemberg Staatsarchiv Freiburg, G 1176-1 70 GesA Offenburg.

Erika, 6 Jahre, 1948 in Bad Friedrichshall

Zum Aufhängen war ich zu klein, also hängte ich die Tücher auf dem angrenzenden Balkon über die Stühle zum Trocknen auf.
Einige Tage hintereinander habe ich eingenässt.
Und das, obwohl ich mir vorgenommen hatte, wach zu bleiben, damit mir dieses Missgeschick nicht mehr passieren sollte.
Nicht einschlafen!
Nicht einschlafen!
Nicht einschlafen!
Nicht einschlafen!
Nicht einschlafen!
Ich habe eigentlich nur noch geweint und wollte nach Hause.

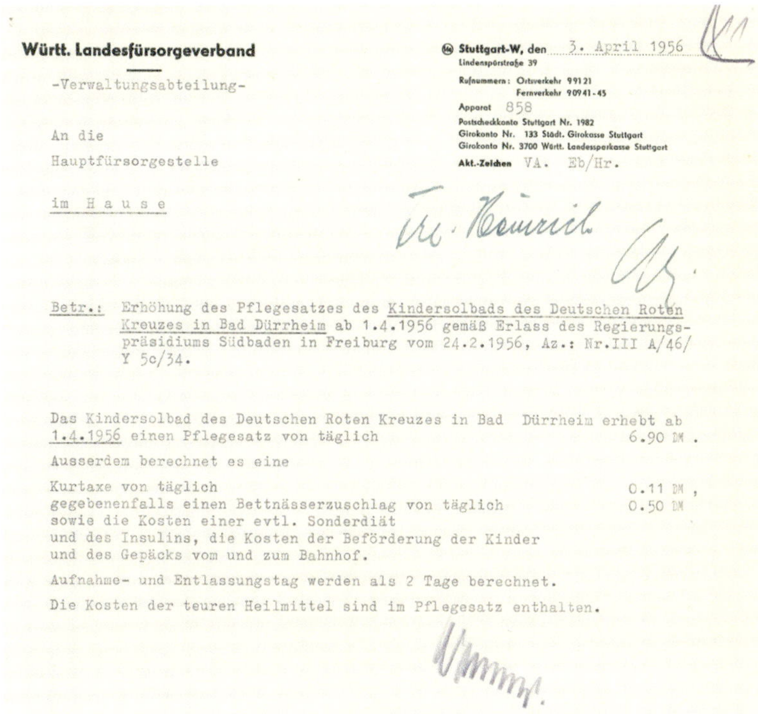

Württ. Landesfürsorgeverband

-Verwaltungsabteilung-

Stuttgart-W, den 3. April 1956
Lindenspürstraße 39
Rufnummern: Ortsverkehr 99121
Fernverkehr 90941-45
Apparat 858
Postscheckkonto Stuttgart Nr. 1982
Girokonto Nr. 133 Städt. Girokasse Stuttgart
Girokonto Nr. 3700 Württ. Landessparkasse Stuttgart
Akt.-Zeichen VA. Eb/Hr.

An die
Hauptfürsorgestelle

im Hause

Betr.: Erhöhung des Pflegesatzes des Kindersolbads des Deutschen Roten Kreuzes in Bad Dürrheim ab 1.4.1956 gemäß Erlass des Regierungspräsidiums Südbaden in Freiburg vom 24.2.1956, Az.: Nr.III A/46/ Y 5c/34.

Das Kindersolbad des Deutschen Roten Kreuzes in Bad Dürrheim erhebt ab 1.4.1956 einen Pflegesatz von täglich 6.90 DM.

Ausserdem berechnet es eine

Kurtaxe von täglich 0.11 DM,
gegebenenfalls einen Bettnässerzuschlag von täglich 0.50 DM
sowie die Kosten einer evtl. Sonderdiät
und des Insulins, die Kosten der Beförderung der Kinder
und des Gepäcks vom und zum Bahnhof.

Aufnahme- und Entlassungstag werden als 2 Tage berechnet.

Die Kosten der teuren Heilmittel sind im Pflegesatz enthalten.

3 Manche Einrichtungen erhoben einen *Bettnässerzuschlag* für Kinder, die noch nicht selbstständig auf die Toilette gehen konnten. Dass viele Kinder erst in den Einrichtungen aufgrund von traumatisierenden Erfahrungen zu sogenannten Bettnässern wurden, hat man kaum reflektiert. Vorlage: Landesarchiv Baden-Württemberg, Staatsarchiv Ludwigsburg E 180 a II Bü 427.

In der Nacht

Nächtliches Einnässen war für viele Verschickungskinder ein Problem, das durch die hohe psychische Belastung während des Aufenthaltes noch weiter verstärkt wurde oder durch diese sogar erst hervorgerufen wurde. Auf die Scham, Verletzlichkeit und das Heimweh der Kinder reagierte das Personal häufig mit Härte, Bloßstellung und Gewalt. Der schlechte Personalschlüssel besonders in der Nacht steigerte den Druck auf Betreuerinnen und Kinder noch weiter.

4 Ein Schlafzimmer im Kindersolbad der Stadt Stuttgart in Bad Rappenau, Anfang der 1950er Jahre. Vorlage: Stadtarchiv Bad Rappenau, Foto: Kettling & Krüger, Schalksmühle.

1974 in Herrlingen

Aber jetzt ist es noch schlimmer geworden. Ich träume von der Spritze und dann wache ich auf und alles ist nass ...
Aber das bringt doch so nichts! Hör auf zu weinen, ich werde mich darum kümmern, dass du da nicht mehr hin musst!
Monate später ...
Das darf nicht wahr sein! Meine Beschwerden haben nichts gebracht. Dem Arzt wird immer mehr geglaubt als den Kindern oder uns Zivis!

Medizin und Gewalt

Betroffene der Kinderverschickung berichten in zahlreichen Fällen davon, dass ihnen medizinisch nicht notwendige Medikamente gegeben wurden, etwa Beruhigungsmittel. Sie erinnern sich zum Beispiel an große Erschöpfung und Schläfrigkeit nach der Gabe bitterer Tees. Andere Quellen bestätigen das. In Einzelfällen konnten auch Medikamententests belegt werden. Die Zustimmung der Eltern wurde nicht eingeholt.

In einem Fall konnte nachgewiesen werden, dass Kindern, die ins Bett gemacht haben, Spritzen mit Traubenzucker gegeben wurden. In diesem Fall wurden die Spritzen als Bestrafung gegeben.

LANDRATSAMT ALB-DONAU-KREIS
Kreisjugendamt

Landratsamt Alb-Donau-Kreis · 7900 Ulm · Postfach 2820

An den
Landeswohlfahrtsverband
Württemberg-Hohenzollern
- Landesjugendamt -

7000 Stuttgart 1
Postfach 2613

Dezernat 4 / Sachbearbeiter Theisinger Durchwahl 185- 280

Ihre Nachricht vom	Ihr Zeichen	(Bitte bei Antwort angeben) Unser Zeichen	Ulm,
5.12.1974	313-466 Herrlingen	41.1-466	21. Januar 1975

Betreff
Kinderkurheim der Arbeiterwohlfahrt, Herrlingen

Das staatl. Gesundheitsamt teilt auf Anfrage folgendes mit:
" Den vertraulichen Angaben von zwei Zivildienstleistenden des Kinderkurheims der Arbeiterwohlfahrt in Herrlingen über Vorkommnisse in dem genannten Heim wurde keine Bedeutung beigemessen. Die Namen der Informanten wurden deshalb auch nicht festgehalten. Erst als eine inhaltlich etwa gleichlautende Klage von Herrn Prof. Dr. Gostomzyk der Universität Ulm hier fernmündlich vorgebracht wurde, wurden zur Bestätigung oder Entkräftung von hier aus Schritte eingeleitet."

Zu Ihrer Information fügen wir 1 Ablichtung des Schreibens des Staatl. Gesundheitsamts Ulm an Professor Gostomzyk bei.

(Theisinger)

Dienstgebäude	Sprechzeiten	Fernsprechnummer	Bankverbindungen
Friedrich-Ebert-Straße 2	Montag bis Freitag 8 bis 12 Uhr	(Vermittlung) (0731) 185-1	Sparkasse Ulm Nr. 24 (BLZ 630 500 00) PSchA Stgt Nr. 67 83-709 (BLZ 630 100 70)

5 Zivildienstleistende hatten auf die missbräuchliche Verwendung der Spritzen hingewiesen. Erst als ein Professor der Universität Ulm ihre Beobachtung bestätigte, handelte das Gesundheitsamt. Vorlage: Landesarchiv Baden-Württemberg, Staatsarchiv Ludwigsburg E 180 a II Bü 433.

Staatliches Gesundheitsamt
79 Ulm

Tg.B.Nr.

7900 Ulm, den 5.11.1974
Prittwitzstraße 43
Postfach 3930
Tel. 1991, bei Durchwahl 199/App. 327

12 NOV. 1974

Herrn
Prof. Dr. Gostomzyk
Universität Ulm

79 Ulm

Auf das Ferngespräch vom 16.10.74

Betr.: Kinderkurheim der Arbeiterwohlfahrt Herrlingen,
Erin-Rommel-Steige 11 – 13

Sehr geehrter Herr Professor,

im Nachgang zu dem Schreiben vom 22.10.1974 teile ich Ihnen mit, daß ich mich mit Herrn Dr. Scheuerecker, Blaustein II, Bahnhofstraße 3, dem Heimarzt des Kinderkurheims Herrlingen nach seiner Rückkehr aus dem Urlaub in Verbindung gesetzt haben. Herr Kollege Scheuerecker bestätigt, daß in das Kinderkurheim Herrlingen regelmäßig Bettnässer zur Aufnahme kommen. Es ist eines der wenigen Heime, die sich der Mehrarbeit durch diese Kinder unterziehen. Die Behandlung erfolge ausschließlich auf ärztliche Anordnung lege artis. Ein selbständiges Handeln der Heimleiterin sei ausgeschlossen. Die Unterstellung, daß Injektionen nicht unter therapeutischen, sondern unter pädagogischen Gesichtspunkten erfolgen würden, weist Herr Kollege Scheuerecker entschieden zurück.

Herr Kollege Scheuerecker ist jederzeit zu einer Rücksprache mit Ihnen bereit.

Ich hoffe, daß damit alle Zweifel beseitigt sind.

Landratsamt Alb-Donau-Kreis
Eing. 7. NOV. 1974

Nachrichtlich
Kreisjugendamt Ulm
Arbeiterwohlfahrt Nord-Württ.
Stuttgart

Mit kollegialer Hochachtung
Ihr

Dr. Aldinger

Herrn Müller i. Hause

K. gen. Mü. 11.11.74

6 Das Gesundheitsamt befragte zwar das Personal, nicht aber die Kinder. Vorlage: Landesarchiv Baden-Württemberg, Staatsarchiv Ludwigsburg E 180 a II Bü 433.

Harald, 4 Jahre, 1954 in Stieg bei Albbruck

Zum Ritual nach dem Bad gehörte es, dass wir in der großen Küche warme Milch trinken mussten.
Ich habe nie gerne warme Milch getrunken, doch wehe ich hätte sie verweigert.
In der Küche gab es keine Sitzgelegenheiten, nur einen Hocker. Um den haben sich alle gerissen. Als Kleiner hatte ich nie eine Chance, diesen zu erobern.
Da sah ich eine Tür zu einem Nebenraum. Dort war ein Stuhl, riesig für mich. Ich habe ihn in die Küche gezerrt und mich auf diesen Thron gesetzt.

Für einen Moment war ich der König.
Nicht lange …
Das Ende habe ich nicht mehr mitbekommen.
Ich habe buchstäblich Prügel bis zur Bewusstlosigkeit bezogen.

7 Die Sanitäranlagen in den Einrichtungen nahmen auf die Intimsphäre der Kinder keine Rücksicht. Hier das Bad im Kindersolbad der Stadt Stuttgart in Bad Rappenau, Anfang der 50er Jahre. Vorlage: Stadtarchiv Bad Rappenau, Foto: Kettling & Krüger, Schalksmühle.

Gewalt

Wie Zeitzeugenberichte deutlich machen, spielte Gewalt – in allen Formen – im Alltag der meisten Verschickungsheime eine große Rolle. Dazu gehörte es beispielsweise, auf einem Stuhl im kalten Flur schlafen zu müssen, die Duldung oder sogar Befürwortung von Gewalt unter Kindern, sexualisierte Gewalt oder psychische Herabwürdigungen. Kleinste *Vergehen* konnten unverhältnismäßige Strafen nach sich ziehen.

8 Waschraum im Kindererholungsheim Sonnhalde des DRK bei Ober-Ibach im Schwarzwald, 1950er Jahre. Vorlage: Deutsches Rotes Kreuz.

IV. Aufarbeitung

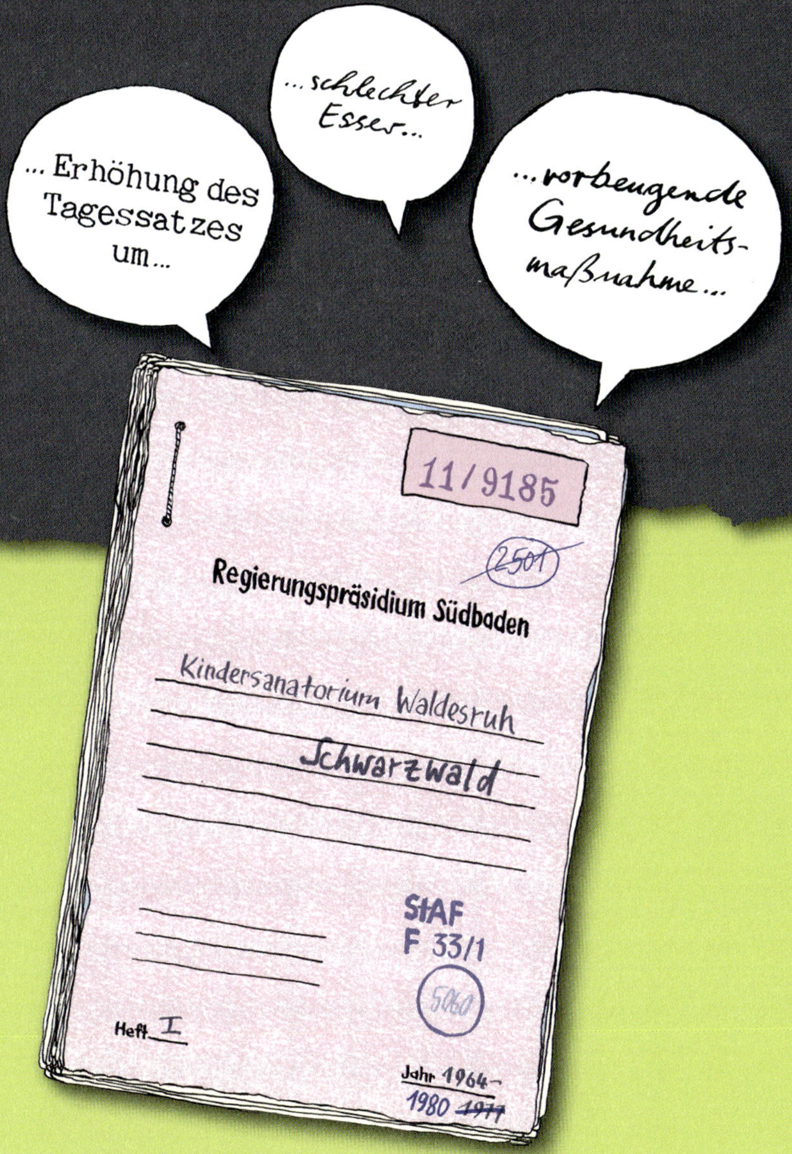

Aufarbeiten: Was heißt das?

Wenn es um die Erforschung von Missständen geht, spricht man häufig von Aufarbeitung. Allerdings handelt es sich hierbei um einen nicht endenden Prozess. Oft ist unklar, womit er überhaupt beginnt. Sind es die ersten Betroffenenberichte im Sommer 2019, ohne die wir nicht über die Verschickungsheime sprechen würden? Oder das mediale Interesse, Runde Tische, erste Fördergelder und -projekte?

Auf welcher Ebene wird aufgearbeitet? Betroffene bearbeiten ihre Geschichte, einzeln oder in Vereinen organisiert. Die Suche nach Akten spielt dabei eine wichtige Rolle, womit Archive Teil der Aufarbeitung werden. Die institutionelle Ebene betrifft die Akteure und die Frage nach Verantwortung. Die historische Forschung beschäftigt sich unter anderem mit den Strukturen, die solche Missstände erst möglich machten. Auf all diesen Ebenen befinden wir uns aktuell mitten in einer notwendigen gesellschaftlichen Debatte.

Landesarchiv Baden-Württemberg

Arbeitsgemeinschaft der Kreisarchive beim Landkreistag Baden-Württemberg

Arbeitsgemeinschaft der Archive im Städtetag Baden-Württemberg

Anbietungsmoratorium Verschickungskinderakten

Das Landesarchiv Baden-Württemberg, die Arbeitsgemeinschaft Kreisarchive beim Landkreistag Baden-Württemberg und die Arbeitsgemeinschaft Archive im Städtetag Baden-Württemberg haben sich für alle Unterlagen, die dazu dienen können, das Schicksal von Verschickungskindern aufzuhellen, auf die Empfehlung eines „Anbietungsmoratoriums" verständigt. Das bedeutet, dass diese Unterlagen bis auf weiteres in den Ämtern und Behörden aufbewahrt werden sollen. Das entspricht dem Weg, zu dem seinerzeit der bundesweite „Runde Tisch Heimerziehung" für die Akten und Unterlagen zu Heimkindern aufgerufen hat. Die ehemaligen Verschickungskinder, Behörden und Archive sollen bis Ende 2025 Zeit erhalten, um Heimaufenthalte zu erforschen und Recherchen in Auftrag zu geben.

Das Landesarchiv Baden-Württemberg, die AG Kreisarchive beim Landkreistag Baden-Württemberg und die AG Archive im Städtetag Baden-Württemberg haben die Empfehlung eines Anbietungsmoratoriums vereinbart. Mit dem Moratorium sind drei Appelle verbunden:

- Den staatlichen und kommunalen Behörden in Baden-Württemberg wird empfohlen, bis Ende 2025 keine Akten mehr anzubieten, die Informationen zu den Verschickungskindern enthalten. Anschließend wird geprüft, ob der allgemein übliche Prozess von Anbietung, Bewertung, Archivierung der archivwürdigen Akten und Kassation der nicht archivwürdigen Akten wieder aufgenommen werden kann. Dabei werden die bis dahin unternommenen Anstrengungen zur Aufklärung der Schicksale der Betroffenen als zentrales Kriterium berücksichtigt.
- Die Archive werden gebeten, bei Anbietungen vor dem 31.12.2025 auf das Moratorium hinzuweisen.
- Den ehemaligen Verschickungskindern wird empfohlen, bis Ende 2025 ihre Zeit im Heim selbst zu erforschen oder eine Recherche in Auftrag zu geben.

Zum Hintergrund

Verschickungskinder wurden in der Nachkriegszeit für einige Wochen oder Monate in sogenannte Erholungsheime gebracht. Jahrzehnte später geht vielen von ihnen die oft unmenschliche Behandlung immer noch nach und sie fragen heute nach den Ursachen und Verursachern. Mittlerweile sind Initiativen entstanden und Projekte angelaufen bzw. geplant, die das Leid der Menschen dokumentieren und die Strukturen, die dazu geführt haben, aufarbeiten sollen.

Mit dem Moratorium soll die Suche nach einschlägigen Dokumenten und Informationen in den nächsten Jahren unterstützt werden, denn sie wird im Laufe der Zeit immer schwieriger. Üblicherweise bieten Verwaltungen nicht mehr benötigte Unterlagen ihrem zuständigen Archiv an. Da die Archive von diesen Papierbergen nur einen kleinen Teil aller Dokumente erhalten können, müssen sie auswählen (bewerten), was archiviert werden soll. Der Rest muss vernichtet werden. Zugleich sind diese Akten oft die einzigen Quellen zum Schicksal der aktuell nach Dokumenten suchenden Menschen. Daher soll dieser Auswahlprozess mit dem Moratorium zeitlich hinausgeschoben werden, damit genügend Zeit für Recherche und Aufarbeitung gegeben ist. Am Ende des Moratoriums soll das Erreichte beurteilt und weitere Schritte beschlossen werden.

Stuttgart, den 9. Dezember 2020

Der Präsident des Landesarchivs Baden-Württemberg
(Prof. Dr. Gerald Maier)

Der Vorsitzende der AG Kreisarchive beim Landkreistag Baden-Württemberg
(Prof. Dr. Wolfgang Sannwald)

Der Vorsitzende der AG Archive im Städtetag Baden-Württemberg
(Prof. Dr. Roland Müller)

1 2

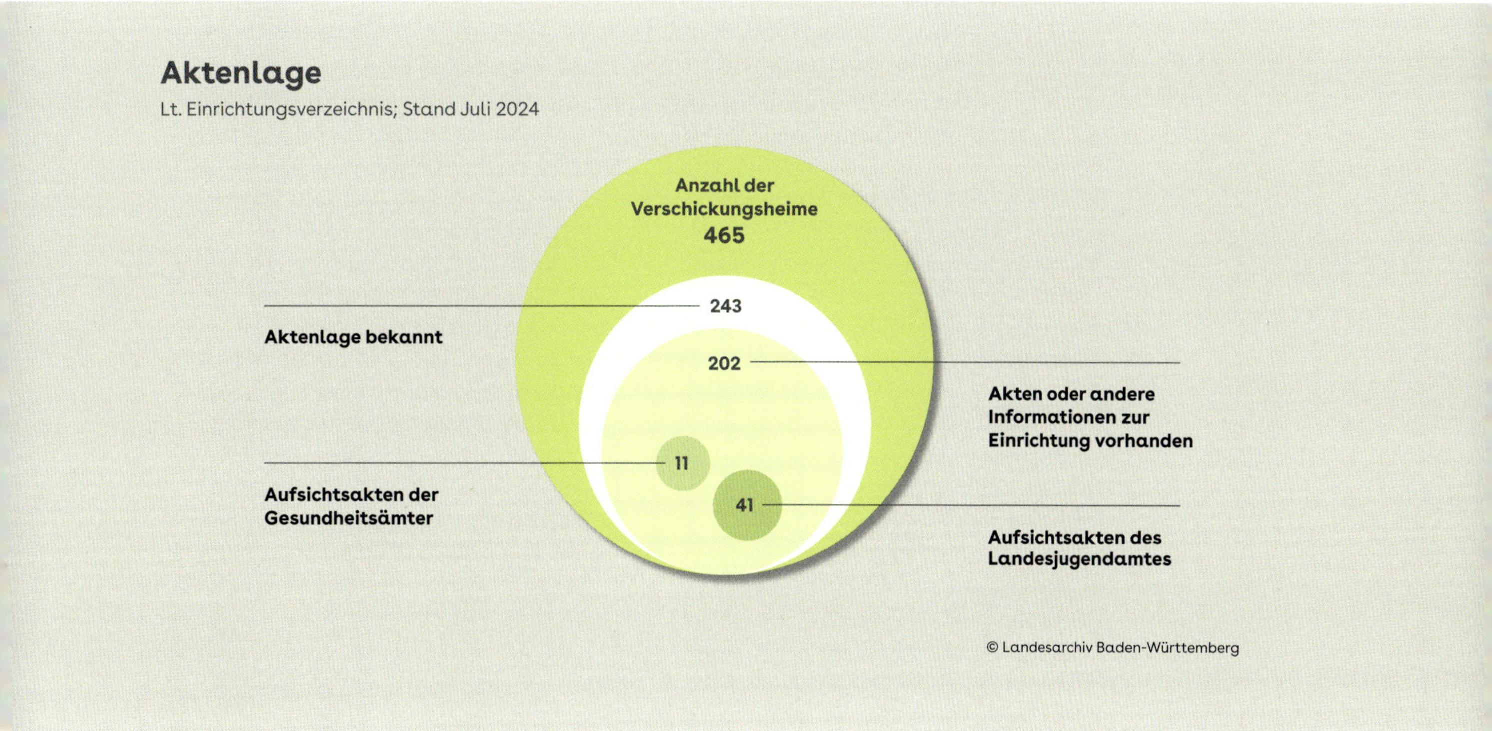

1 und 2 Behörden und Ämter müssen ihre Unterlagen Archiven zur dauerhaften Aufbewahrung anbieten. Archive führen dann eine Bewertung durch, wählen also einen kleinen Teil der Unterlagen aus. Die übrigen Unterlagen werden vernichtet. Um ehemaligen Verschickungskindern Zeit zu geben, haben die baden-württembergischen Archive ein Anbietungsmoratorium bis Ende 2025 vereinbart. Damit werden die Bewertung und damit auch die Vernichtung von Akten aufgeschoben. Vorlage: Landesarchiv Baden-Württemberg.

Welche Akten gibt es noch?

Anders als bei Heimen, in denen Kinder und Jugendliche längere Zeit untergebracht waren, gibt es in Verschickungsfällen kaum personenbezogene Unterlagen. In seltenen Fällen finden sich in Archiven Akten mit Namenslisten verschickter Kinder. Es existieren aber vielfältige Verwaltungsunterlagen, anhand derer mehr von Struktur und Alltag ersichtlich wird. Hierzu zählen etwa Konzessionsakten, Bauakten, Werbeflyer, Aufsichtsakten und Akten zum Schriftwechsel der zuständigen Behörden und Kostenträger.

Das Einrichtungsverzeichnis des Landesarchivs

Wer die Kinderverschickung in Baden-Württemberg erforschen möchte, für den ist ein Verzeichnis der Einrichtungen unerlässlich. Mit seiner Hilfe können Heimlandschaft und Strukturen untersucht und Betroffene bei der eigenen Recherche unterstützt werden. Alle Einrichtungen, die nachweislich zwischen 1949 bis mindestens 1980 existierten, werden aufgenommen. Eine Bewertung der Zustände wurde nicht vorgenommen. Das Verzeichnis enthält kurze Beschreibungen der Einrichtungen und informiert darüber, wo man Akten finden kann.

Der Verein *Aufarbeitung Kinderverschickungen Baden-Württemberg*

Ausgeliefert war am 20. November 2019 ein Artikel in der Stuttgarter Zeitung überschrieben, der eine große Zahl erwachsener Menschen an etwas erinnerte, das nicht nur ihre Kindheit verbittert, sondern ihrem Leben eine negative Prägung gegeben hatte: Als Kleinkinder, vor der Einschulung, als Schüler, Jugendliche in die *Erholung* verschickt, wurde ihnen alles genommen, das Zuhause, Eltern, Freunde. Es war ein Fort-Müssen aus heiterem Himmel ohne nachvollziehbare Erklärung, für eine Zeitspanne, für die es im Verschickungsheim die Androhung der Ewigkeit gab: *Wenn du nicht artig bist, darfst du nicht wieder nach Hause!* Wie belastend und unverarbeitet die Erfahrung von Erholung und Kinderkur war, zeigte sich an der Resonanz von Betroffenen auf die Veröffentlichung des Zeitungsartikels und an der folgenden medialen Präsenz des Themas. In Baden-Württemberg – wie parallel auch bundesweit – begannen Verschickungskinder sich zu treffen mit dem Ziel, ein großes und unbearbeitetes Kapitel der eigenen und der bundesdeutschen Geschichte aufzuarbeiten. In Baden-Württemberg fand am 27. November 2019 in Stuttgart ein erstes Selbsthilfetreffen statt. Ein knappes Jahr später, am 17. Oktober 2020, folgte die Gründung des Vereins *Aufarbeitung Kinderverschickungen Baden-Württemberg e.V.* Im Verein vernetzten sich die Aktiven und bündelten ihre Erkenntnisse. Er organisierte außerdem Selbsthilfetreffen und eine Hotline für Betroffene, sammelte zahlreiche Berichte von Zeitzeuginnen und Zeitzeugen und war ein wichtiger Ansprechpartner für die Presse. Für die Aufarbeitung in Baden-Württemberg wurde der Verein zu einem ganz entscheidenden Motor.

Harald Weiß, im Namen des Vereins AKVBW e. V.

Ich wünsche mir, dass …

… das Thema mehr Öffentlichkeit erhält und im gesellschaftlichen Bewusstsein verankert wird. Dies geschieht zunehmend durch die Aktivitäten der Medien, durch die Unterstützung des Sozialministeriums und des Landesarchivs, sowie durch die Erstellung und Veröffentlichung von wissenschaftlichen Haus- und Abschlussarbeiten zum Thema.
Wir wollen die Öffentlichkeit sensibilisieren und aus dem Geschehen lernen.
Es darf sich nicht wiederholen. Erforderlich ist eine bessere Kontrolle der Einrichtungen in der Kinder- und Jugendbetreuung.
Das Geschehen braucht Sprache und Bilder.

Trudel, 1954 im Alter von 3 Jahren nach Bad Dürrheim verschickt

... es einfacher gemacht wird sich bei Trägern/Institutionen zu informieren, also dass es als selbstverständlich gesehen wird, wenn man Information suchen will und dabei unterstützt wird. UND, dass Informationen/Akten, welche momentan noch vorhanden sind, weiterhin sicher aufbewahrt werden für die Verschickungskinder, die sich informieren wollen.

Martina, 1964 im Alter von 5 Jahren nach Schwenningen verschickt

... es ein gesellschaftlich relevantes Thema wird z. B. in Bezug auf Machtstrukturen.

Thomas, 1967 im Alter von 6 Jahren nach Büchlberg bei Passau verschickt

... Aufarbeitung und Recherche weiter ausgebaut werden. Anlaufstellen für persönliche Geschichte ebenfalls notwendig, z. B. Kurhaus Hebelhaus: Welcher leitende Arzt? Gab es Medikamenteneingaben? – Netzwerk von ehemaligen Verschickungskindern schaffen, die damals auf Kur waren – mehr Personal zur Unterstützung – mehr Öffentlichkeitsarbeit und Forschung zu diesem Thema – kostenlose Psychotherapie auch im Ausland (Österreich) für Aufarbeitung des Traumas.

Gabriele, ca. 1970 als etwa 6-jährige nach Badenweiler verschickt

... das Thema einen festen Platz in der deutschen Geschichte erhält. Damit verbunden ist:

- *ein offener und unkomplizierter Umgang mit diesem Thema.*
- *Veröffentlichung z. B. im Haus der Geschichte, damit betroffene Personen, die sich mit dem Thema noch nicht auseinandergesetzt haben, wieder Kontakt zu ihrer eigenen Vergangenheit bekommen*
- *weitere Forschung zu Fragestellungen, die sich immer neu ergeben.*

Heike, 1966 geboren, im Alter von 2 Jahren in die Eifel verschickt, im Alter von 4 Jahren nach Borkum und im Alter von 6 Jahren nach Heimenkirch ins Allgäu

3 Sabine Ludwig hat ihre Verschickungserfahrung in einem Kinderbuch verarbeitet. Es ist ihr wichtig, gerade auch Kinder für das Thema zu sensibilisieren. Vorlage: © Dressler Verlag, Hamburg

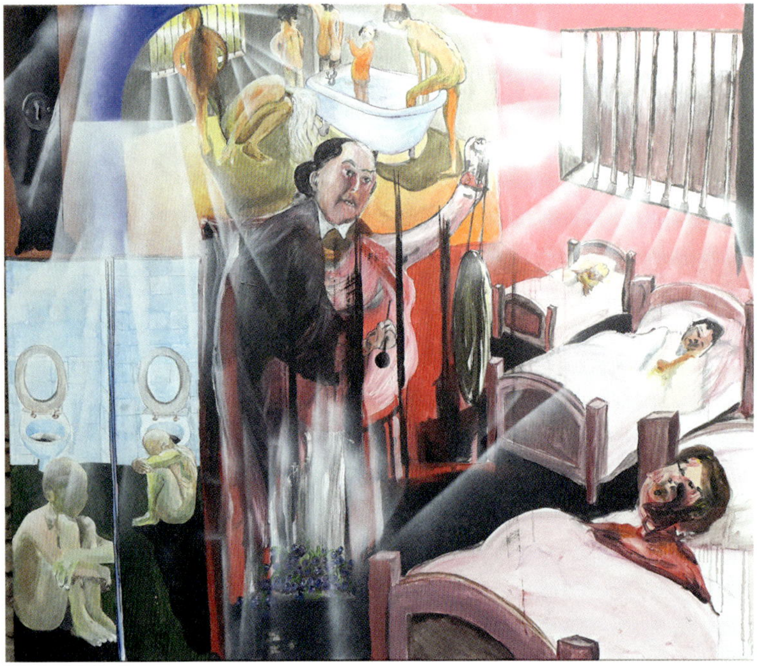

4 Der Künstler Steffen Reber hat seine Erlebnisse bildlich verarbeitet. Das Gemälde ist Teil einer fünfteiligen Serie zum Thema Erziehung, angeregt durch seine Arbeit mit Geflüchteten, in Kinderheimen und einem Kindergarten. Vorlage: Steffen Reber

Mehr Fragen als Antworten

Auch wenn das Projekt zur Aufarbeitung der Kinderverschickung am Landesarchiv mit dieser Ausstellung abgeschlossen ist – die Aufarbeitung des Themas ist es noch lange nicht. Zahlreiche Fragen sind weiterhin offen und werden die Forschung in den kommenden Jahren beschäftigen. Zum Beispiel warum das Thema in Wissenschaft und Gesellschaft so viele Jahre nicht öffentlich diskutiert wurde: Sind es dieselben Gründe wie bei der Heimerziehung oder andere? Wie konnte es passieren, dass Medikamentenversuche nicht kritischer hinterfragt wurden? Wie haben die Eltern den *Erholungsaufenthalt* ihrer Kinder erlebt? Wie bewerten die Mitarbeitenden in den Einrichtungen, die *Tanten*, ihre Arbeit heute im Rückblick?

Aufgabe der politisch Verantwortlichen wird es weiterhin sein, dafür die bestmöglichen Rahmenbedingungen zu schaffen. Als Gesellschaft muss es uns gelingen, Strukturen und Räume für Kinder zu schaffen, in denen sie sich frei entfalten können und wo sie vor Gewalt und Vernachlässigung geschützt sind. Mit der Aufarbeitung der Kinderverschickung können Politik, Wissenschaft, Archive, Wohlfahrtsverbände, Krankenkassen und auch die Betroffenen selbst dazu einen wichtigen Beitrag leisten.

5 Im Rahmen einer SWR-Dokumentation besucht Barbara Zander das Haus in Königsfeld, in das sie 1964 als 5-jährige verschickt wurde und Schreckliches erlebte. Die Rückkehr an den Ort ihres Traumas ist für viele ehemalige Verschickungskinder ein schwerer Schritt, der Erinnerungen hochholt – gibt vielen aber auch ein Gefühl der Selbstbestimmung und Kontrolle zurück. Vorlage: SWR.

> *Es war erschreckend für mich, wie parallel im Gehirn das Anlaufen von einzelnen Erinnerungsfilmen und Geruchserinnerungen aufgekommen ist: Wie ich, nachdem ich mich übergeben musste, zur Strafe die ganze Nacht in meinem Bett in meinem Erbrochenen aus Heidelbeerquark und Joghurt liegen musste, wie einem Mädchen beim Mittagessen das Blut aus der Nase in den Brei getropft ist, der widerliche Geschmack von Schmalzbrot mit Endiviensalat. Das Heimweh.*
>
> **Barbara Zander**

Dank

Freude und Erholung?
Kinderverschickung in Baden-Württemberg 1949–1980
Ausstellung im Hauptstaatsarchiv Stuttgart, 1.10.–6.12.2024

Für die Erarbeitung und Realisierung der Ausstellung bedurfte es vielfältiger Unterstützung. Wir bedanken uns bei allen Beteiligten herzlich:

- Ministerium für Soziales, Gesundheit und Integration Baden-Württemberg
- Runder Tisch Aufarbeitung Kinderverschickung Baden-Württemberg
- Archiven, Institutionen und Einzelpersonen, die uns Bildrechte eingeräumt haben
- Unseren Kolleginnen und Kollegen am Landesarchiv

Unser größter Dank gilt den Betroffenen, die den Mut gefunden haben, mit uns in den Austausch zu gehen und mit viel Geduld Bilder, Dokumente und Erinnerungen geteilt haben. Nur durch das Engagement vieler Betroffener wird Aufarbeitung möglich.

Projektleitung:
Prof. Dr. Christian Keitel

Kuratorin:
Johanna Weiler

Konzept:
Sina Fritsche, Corinna Keunecke, Johanna Weiler

Texte:
Sina Fritsche, Johanna Weiler, Nora Wohlfarth

Grafische Gestaltung:
Katharina Schmid

Architektur:
Katharina und Klaus-Erik Schmid

Comics und Illustrationen:
Birgit Weyhe

Gefördert durch

Baden-Württemberg Stiftung
WIR STIFTEN ZUKUNFT

Die Autorinnen und Autoren

Wolfram Berner
Wolfram Berner, M.A., studierte in Stuttgart Geschichte und Germanistik. Danach absolvierte er beim Landesarchiv Baden-Württemberg die Ausbildung des gehobenen Dienstes zum Diplomarchivar. Von 2006 bis 2014 arbeitete er beim Landesarchiv Baden-Württemberg im Hauptstaatsarchiv Stuttgart und im Archivverbund-Main Tauber als Leiter des Stadtarchivs Wertheim. Seit 2014 stellvertretender Leiter des Kreisarchivs Ludwigsburg. Aussonderungen und Übernahmen von Archivalien aus den Bereichen Gesundheits-, Sozial- und Jugendfürsorge gehören seit 2006 zu seinem Aufgabenspektrum.

Clara Driehsen
Clara Driehsen studiert im neunten Fachsemester Empirische Kulturwissenschaft an der Eberhard-Karls-Universität in Tübingen und steht kurz vor ihrem Bachelorabschluss. Durch das Kulturwissenschaftsstudium konnte sie Kenntnisse der Archivarbeit in den Text mit einfließen lassen und die Thematik aus einer kulturwissenschaftlichen Perspektive bearbeiten.

Sina Fritsche
Sina Fritsche, M.A., ist Historikerin und studierte in Stuttgart und Dublin Geschichte, Anglistik, Philosophie und Text und Literatur und schloss ihr Masterstudium mit einer Arbeit zur Lebenssituation der Heimkinder in einer baden-württembergischen Einrichtung ab. Ihre Forschungsschwerpunkte liegen auf der bundesrepublikanischen Nachkriegszeit und der Sozialgeschichte. Neben ihrer Tätigkeit als Projektmitarbeiterin beim Landesarchiv Baden-Württemberg promoviert sie an der Universität Stuttgart zur Jugendpflege- und Jugendfürsorgepolitik in Baden-Württemberg am Beispiel der Kinder- und Jugenderholung.

Miriam Gebhardt
Miriam Gebhardt ist Journalistin und Historikerin und lehrt als außerplanmäßige Professorin Geschichte an der Universität Konstanz. Neben ihrer journalistischen Arbeit, unter anderem für die Süddeutsche Zeitung, die Zeit und verschiedene Frauenzeitschriften, habilitierte sie sich mit einer Arbeit über die Deutschen und ihre Kinder (*Die Angst vor dem kindlichen Tyrannen. Eine Geschichte der Erziehung im 20. Jahrhundert*. München 2009). Miriam Gebhardt ist Autorin mehrerer Bücher, unter anderem von *Als die Soldaten kamen. Die Vergewaltigung deutscher Frauen am Ende des Zweiten Weltkriegs* (2015). Zuletzt erschienen: *Die kurze Stunde der Frauen. Zwischen Aufbruch und Ernüchterung in der Nachkriegszeit* (2024).

Christian Keitel
Prof. Dr. Christian Keitel hat seit 2012 zwei Projekte zur Heimerziehung und das gegenwärtige Projekt zur Kinderverschickung geleitet. Er ist stellvertretender Leiter der Abteilung Archivischer Grundsatz und koordiniert im Landesarchiv die Überlieferungsbildung und die fachlichen Aspekte der digitalen Archivierung. An der FH-Potsdam unterrichtet er als Honorarprofessor Archivwissenschaft und digitale Archivierung.

Corinna Keunecke
Corinna Keunecke, M.A., ist Historikerin und Kulturanthropologin, mit den Schwerpunkten Geschichte des Nationalsozialismus, dessen Nachwirkungen und Aufarbeitung sowie der bundesrepublikanischen Nachkriegsgeschichte. Sie hat eine Zusatzausbildung als *Fachreferentin für Sammlungsmanagement und Qualitätsstandards in Museen*. Nach Stationen bei mehreren Museen und Gedenkstätten ist sie seit 2021 am Landesarchiv Baden-Württemberg im Bereich der Aufarbeitung rund um die unterschiedlichen Formen von Heimkindheiten tätig. Sie ist Koordinatorin des Themenmoduls *Heimkindheiten. Kinder und Jugendliche in stationären Einrichtungen der baden-württembergischen Nachkriegszeit: Erfahrungen von Leid und Unrecht* auf der landeskundlichen Informationsplattform LEO-BW.

Niklas Lenhard-Schramm
Niklas Lenhard-Schramm, geb. 1985, ist Historiker und wissenschaftlicher Mitarbeiter am Fachbereich Geschichte der Universität Hamburg. Von 2013 bis 2020 war er wissenschaftlicher Mitarbeiter am Historischen Seminar der Universität Münster, wo er 2016 promoviert wurde. Veröffentlichungen unter anderem *Göttliche Krankheit, kirchliche Anstalt, weltliche Mittel. Arzneimittelprüfungen an Minderjährigen im Langzeitbereich der Stiftung Bethel in den Jahren 1949 bis 1975* (2022, Mitautor), *Contergan. Hintergründe und Folgen eines Arzneimittelskandals* (2017, Mitherausgeber) und *Das Land Nordrhein-Westfalen und der Contergan-Skandal. Gesundheitsaufsicht und Strafjustiz in den langen sechziger Jahren* (2016).

Anton Maegerle
Chefredakteur des Vierteljahresjournals *Rechts.Geschehen* der Dokumentationsstelle Rechtsextremismus (DokRex) im Generallandesarchiv Karlsruhe. Dienstältester Fachjournalist in der Bundesrepublik zu Rechtsextremismus und -terrorismus. Im Laufe der Jahrzehnte tätig für alle TV-Politikmagazine der ARD, Printmedien wie *Spiegel, Stern, Zeit, Das Parlament, Jüdische Allgemeine* etc. Über Jahrzehnte hinweg Stammautor in Fachpublikationen wie *blick nach rechts*. Referent bei Parteien, Gewerkschaften, Universitäten, zivilgesellschaftlichen Einrichtungen im In- und Ausland. Buchautor. Parlamentarischer Berater der NSU-Untersuchungsausschüsse im Landtag Baden-Württemberg.

Andreas Mayer
Prof. Dr. Andreas Mayer, Professor für Psychologie an der Evangelischen Hochschule Freiburg, ist spezialisiert auf Entwicklungspsychologie und klinische Psychologie des Kindes- und Jugendalters.

Andreas Oberle
Dr. Andreas Oberle ist Kinder- und Jugendarzt mit Schwerpunkt Neuropädiatrie und Kinderschutzmediziner (DGKiM). Er arbeitet als Ärztlicher Direktor der Pädiatrie 1 – Sozialpädiatrisches Zentrum (SPZ) am Olgahospital Klinikum Stuttgart, ist Mitglied im Präsidium der Deutschen Gesellschaft für Sozialpädiatrie und Jugendmedizin und stellvertretender Vorsitzender des Bündnis Kinder- und Jugendgesundheit e.V. Er betreut Kinder- und Jugendliche von 0–18 Jahre mit Entwicklungs- und Verhaltensauffälligkeiten und chronischen Erkrankungen im multiprofessionellen Team.

Claudia Oberle
Dr. Dipl. Psych. Claudia Oberle ist Eltern-, Säuglings- und Kleinkindpsychotherapeutin und Traumatherapeutin. Sie betreut als Psychologin im Sozialpädiatrischen Zentrum Stuttgart Säuglinge und Kleinkinder mit Verhaltens- und Entwicklungsauffälligkeiten und deren Familien. Sie hat verschiedene entwicklungspsychologische Beiträge in pädiatrischen Fachzeitschriften insbesondere zur Frühen Kindheit veröffentlicht.

Tabea Öhrlich
Tabea Öhrlich ist Masterstudentin der Geschichtswissenschaft und Erziehungswissenschaft an der Universität Erfurt. Zuvor hat sie ihren Bachelor in Erziehungswissenschaft und Soziale Arbeit in Tübingen absolviert. In der Auseinandersetzung mit der Kinderverschickung der 1950er bis 80er Jahre hat sie den Fokus im Besonderen auf eine sozialpädagogische Perspektive gelegt.

Claudia Peter
Claudia Peter ist Soziologin, Kindheitsforscherin und Gesundheitswissenschaftlerin. Lehr- und Forschungstätigkeit an den Universitäten Jena, Bielefeld, Frankfurt am Main, Lüneburg, Koblenz und weiteren Einrichtungen. Derzeit tätig an der Frankfurt University of Applied Sciences.

Hans G. Schlack (†)
Prof. Dr. Hans G. Schlack war langjähriger Leiter des Kinderneurologischen Zentrums Bonn und bis zu seinem Tod 2023 verantwortlicher Autor des Kapitels *Entwicklungsaufgaben im Kindesalter* im Praxishandbuch der pädiatrischen Grundversorgung, das nun von den Dres. Claudia und Andreas Oberle weitergeführt wird.

Hans Walter Schmuhl
Prof. Dr. Hans-Walter Schmuhl ist außerplanmäßiger Professor für Neuere Geschichte an der Universität Bielefeld und freiberuflicher Historiker. Er hat verschiedene Arbeiten über geschlossene Heime für Menschen mit Behinderungen, in der Kinder- und Jugendpsychiatrie, der Fürsorgeerziehung sowie über Kinderkurheime veröffentlicht.

Gudrun Silberzahn-Jandt
Dr. rer. soc. Gudrun Silberzahn-Jandt ist Referentin beim Caritasverband der Diözese Rottenburg-Stuttgart e.V. und freiberufliche Kulturwissenschaftlerin mit Forschungsschwerpunkten zu den Verbrechen der *Euthanasiemorde* während der Zeit des Nationalsozialismus und dem Alltag von Heim- und Verschickungskindern.

Johanna Weiler
Johanna Weiler ist Kunsthistorikerin. Für ihre Promotion an der Universität Heidelberg erhielt sie Stipendien durch die Konrad-Adenauer-Stiftung, die Klassik Stiftung Weimar und das Deutsche Literaturarchiv Marbach. Seit ihrem wissenschaftlichen Volontariat am Technoseum in Mannheim arbeitet sie im Bereich Ausstellung und Vermittlung zu verschiedenen Themen. Seit Juli 2023 ist sie am Landesarchiv Baden-Württemberg im Projekt zur Aufarbeitung der Kinderverschickung schwerpunktmäßig für die Konzeption und Umsetzung der Ausstellung zuständig.

Nora Wohlfarth
Nora Wohlfarth, M.A., studierte in Heidelberg und Aarhus Geschichte, Politik- und Religionswissenschaft mit dem Schwerpunkt Nationalsozialismus und deutsche Erinnerungskultur. Parallel zum Studium arbeitete sie als Pflegehilfskraft und engagierte sich in der Kinder- und Jugendarbeit. Seit September 2014 ist sie in den Projekten des Landesarchivs Baden-Württemberg zur Aufarbeitung der Heimerfahrungen tätig. 2022 hat sie an der FH Potsdam den Master in Archivwissenschaft mit einer Arbeit zu Barrierefreiheit im Archiv abgeschlossen.